中国制造
技术评价与路径选择

袁立科 著

科学技术文献出版社

·北京·

图书在版编目（CIP）数据

中国制造：技术评价与路径选择 / 袁立科著. —北京：科学技术文献出版社，2018.7
ISBN 978-7-5189-4739-3

Ⅰ.①中… Ⅱ.①袁… Ⅲ.①制造工业—技术发展—研究—中国 Ⅳ.①F426.4

中国版本图书馆CIP数据核字（2018）第184454号

中国制造：技术评价与路径选择

| 策划编辑：孙江莉 | 责任编辑：刘 亭 | 责任校对：文 浩 | 责任出版：张志平 |

出 版 者	科学技术文献出版社
地　　址	北京市复兴路15号　邮编　100038
编 务 部	（010）58882938，58882087（传真）
发 行 部	（010）58882868，58882870（传真）
邮 购 部	（010）58882873
官方网址	www.stdp.com.cn
发 行 者	科学技术文献出版社发行　全国各地新华书店经销
印 刷 者	北京虎彩文化传播有限公司
版　　次	2018年7月第1版　2018年7月第1次印刷
开　　本	787×1092　1/16
字　　数	254千
印　　张	15
书　　号	ISBN 978-7-5189-4739-3
定　　价	68.00元

版权所有　违法必究

购买本社图书，凡字迹不清、缺页、倒页、脱页者，本社发行部负责调换

前　言

科学技术是第一生产力，是提升一国国际竞争力的核心要素。随着经济全球化的不断深入，世界范围内的资源和市场竞争日趋激烈，世界上许多国家都在致力于科技创新，以推动本国产业变革和经济发展，提升国家竞争力，赢得未来国际竞争的先发优势。习近平总书记在党的十九大报告中指出，创新是引领发展的第一动力，是建设现代化经济体系的战略支撑。科技创新已经成为提升我国"十三五"时期经济发展的战略基点。目前，我国是制造大国毋庸置疑，但还不是制造强国。随着劳动力、资源、环境成本不断提升，低成本制造的优势空间进一步压缩，支撑经济发展的要素条件发生变化，投资驱动、规模扩张、出口导向的经济发展模式已经变得不可持续。新一轮科技革命和产业变革蓄势待发，技术进步加快，新技术突破带动新兴产业发展，传统的模仿制造和技术引进的道路遇到的障碍越来越多。创新成为中国制造转型升级、提高要素生产率、应对国际竞争的战略选择。

面对新的机遇和挑战，美国、日本、英国、德国、韩国等国家高度重视科技创新发展战略与政策的制定，开展各类型的技术预测前瞻性研究，以期把握未来科技发展趋势及其对经济和社会发展的影响，通过确定重要研发领域，构建符合未来发展的国家创新体系。与此同时，部分发展中国家也纷纷从本国实际情况出发，综合分析优势和劣势，确定研发重点，使有限资源得到优化配置和利用，力争在激烈的竞争中寻找发展之路。技术预测是针对未来较长时期的科学、技术、经济和社会发展所进行的系统研究，通过采用科学、规范的调查研究方法，综合集成社会各方专家的创造性智慧，形成战略性智力，其目标是确定具有战略性的研究领域，选择对经济和社会利益具有最大贡献的技术群。在制造领域，开展技术预测，认清中国制造技术水平，检验中国制造强国之路效果，选择中国制造适宜技术，找准中国制造技术路径，合理、有效地选择中国制造科技创新发展战略和确定发展重点也就成为各级政府、行业主管部门面临的重大问题。

为科学研判世界科技创新和产业变革大势，找准我国科技创新的着力点和突破点，科技部2013年启动了新一轮技术预测工作。面向13个事关我国经济社会发展的重点领域，选择一批未来5~10年可能取得重大突破的关键技术，旨在为研究编制国家科技创新规划，深入实施创新驱动发展战略提供重要依据和支撑。技术预测采用国际常用的基本方法与程序，按照"评价、预测、选择"3个阶段推进。在"评价"阶段，为了全面地评价中国制造技术发展水平，按照"领域—子领域—关键技术"的逻辑对中国制造科技领域进行了系统梳理，形成了重大装备与工艺、系统控制、制造服务、微纳制造和智能机器人5个子领域的关键技术。在"预测、选择"阶段，又增加了绿色制造子领域的关键技术。所遴选出的关键技术主要包括领域基础技术和应用关键技术两类，是各领域具有广泛带动性、应用前景广阔或行业/领域"卡脖子"的技术，能够代表本领域整体技术状况。整个技术预测调查过程以网络调查的形式进行，共组织了3次大规模调查，其中，1次技术竞争评价的调查，2次技术预测德尔菲调查，要求参与调查专家为高等院校、企业、行业协会、学会的研究人员或技术部门管理人员。

本研究基于制造领域技术预测规模调查问卷，构建"愿景需求、现状摸底、未来预测、进路判别"的分析思路，采用对比研究、统计分析、计量回归等手段，勾勒出中国制造的技术全景及趋势路径。

在"愿景需求"部分，主要回答"未来制造呈现什么样的发展趋势？"按照西方新产业组织理论的观点，技术创新是市场需求和技术供给双因素共同推动的结果，需求是决定创新活动速率和方向的重要条件，需求差异影响技术创新活动的激励强度。因此，该部分研究一方面从历史观、国际观的视角，展示全球制造业发展趋势及新工业革命带来的挑战；另一方面围绕需求阐释制造技术所呈现的智能、服务、绿色的发展态势。中国已成为名副其实的世界制造大国，但实现制造强国还须将核心技术掌握在手中，创新自然就成为中国制造的不二之路。

在"现状摸底"部分，主要回答"中国制造处于什么样的竞争地位？"总体上看，一些国家和国际组织对中国制造科技发展水平、创新能力进行了不同维度的评价，但中国制造的技术发展到底处于什么样的水平，所处什么样的技术竞争格局，大家莫衷一是。这里首先介绍中国制造技术的重要性评价。什么样的制造技术对应解决什么样的重大需求、重大问题？这也是决策部门迫切想知道的问题。本书将通过聚类分析，挖掘对应解决重大需求的关键技术群。同时，作为后发国家，还要关注与技术领先国家之间的技术差距是拉大还是缩小，整体技术水平状况与技术领先国家相比所处的格局与位置，进一步还需了解核心技术掌握情况、技术发展阶段等竞争信息，这就需要从多维的视角去评判中国制造技术水平。

在"未来预测"部分，主要回答"中国制造的技术方向在哪里？"自身研发积累和外部技术竞争环境，加上本身技术对于国家经济社会发展的支撑作用，构成产业技术竞争的关键要素。通过判别分析可以明确研发积累对于中国制造走向强国之路的核心位置，以及技术重要性、外部竞争环境等因素的重要影响作用。但是各类因素对于技术进步的影响，各类因素之间的影响，这些变量之间的复杂联系，专家是很难通过调查做出直接判断的。本书采用对应分析方法，将这些分类变量间的联系，以直观并容易被解释的形象显示出来，形成对应关系下的中国制造适宜技术选择。在此基础上，结合需求分析、任务分解，以路线图思维构建中国制造技术实现的时间路径。

在"进路判别"部分，主要回答"中国制造如何走向制造强国？"中国制造技术未来发展趋势变化判断很重要，有利于找准未来技术发展政策的定位，但是仅了解判断结果是远远不够的，更重要的是理解制造技术进步及其影响因素，正确认识中国制造技术的"掣肘"在哪里。通过计量经济分析，本书将判断哪些影响因素显著及影响程度如何。随之，适时做出政策的调整。这也意味着需要预测来帮助获取技术发展预警信号，从技术预测转到集成政策策略，做好中国制造的技术预测评估，谋划促进中国制造技术创新发展的新体系。其中，解决中国制造核心技术短板问题，关键是发挥市场在资源配置中的决定性作用，更好发挥政府作用，"有所为，有所不为"。

本书的完成得益于第五次国家技术预测过程中形成的制造领域大规模调查问卷，同时参阅引用国内外大量文献，构建起本书的基本分析框架体系，在此，对组织本次问卷调查的组织方、参与本次问卷调查的领域专家及参与数据处理的研究人员深表谢意。不然，"巧妇难为无米之炊"，再好的分析逻辑若没有数据的支撑，也很容易成为"空中楼阁"。本书内容源于国家软科学研究计划"我国高端制造业技术前瞻研究"，从课题研究到本书出版获得了科技部创新发展司有关领导的支持与帮助。中国科学技术发展战略研究院时任副院长杨起全研究员对笔者的研究提供了亦师亦友般的帮助，时常不经意地纠偏笔者的研究，在此表示衷心的谢意。感谢王革研究员，为本书选题、构思、修改提供了宝贵意见；感谢韦东远研究员、许晔研究员、李振兴研究员、张俊祥研究员、李修全研究员、谢飞副研究员、韩秋明博士等在课题研究和本书撰写过程中的交流讨论，他们贡献了非常多有益的建议。感谢家人对笔者的理解、关心和支持，他们从各方面为我提供了无私的帮助，使笔者能够安心做研究。本书的出版得到了科学技术文献出版社相关工作人员的大力支持，对他们所做的工作表示衷心感谢。

最后，由于本书的内容主要是基于第五次国家技术预测的调查数据分析所得，更多的是通过设定的分析框架和统计分析方法来反映专家判断的意思表示，受限于笔者的水平，本书一定还存在许多不成熟之处，恳请同行前辈批评指正，以完善今后的研究。

袁立科

2018 年 5 月

目 录

愿景需求
未来制造呈现什么样的趋势？

第1章 全球制造业发展趋势及新工业革命带来的挑战 ············· 3
  1.1 全球制造业格局的变迁 ············· 3
  1.2 新工业革命带来的趋势变化 ············· 7
  1.3 新趋势带来的中国制造挑战 ············· 11

第2章 制造技术趋向智能、绿色、服务发展 ············· 14
  2.1 制造技术向高速高精和自动智能的多学科交叉方向发展 ············· 14
  2.2 绿色制造得到广泛关注 ············· 17
  2.3 "制造＋服务"重塑制造价值链 ············· 20

第3章 创新成为中国制造的不二之路 ············· 24
  3.1 中国成为名副其实的世界制造大国 ············· 24
  3.2 实现制造强国须将核心技术掌握在手中 ············· 28
  3.3 创新成为中国制造走向制造强国的战略选择 ············· 30

现状摸底
中国制造处于什么样的竞争地位？

第4章 中国制造技术的重要性认识 ············· 35
  4.1 中国的发展离不开中国制造 ············· 35
  4.2 制造技术的重要性考量 ············· 40
  4.3 判别中国制造优先发展的技术群 ············· 48

第5章 中国制造技术的"物以类聚" ············· 54
  5.1 高端装备、智能集成制造支撑制造业向高端发展 ············· 54

5.2 系统控制、微纳制造促进传统产业升级和催生新产业 …………… 68
5.3 制造服务、绿色制造着力推动制造转型、可持续发展 …………… 80

第6章 中国制造"三跑并存，跟跑为主" ………………………………… 92
6.1 多维评价中国制造的技术进步 ………………………………………… 92
6.2 中国制造与制造强国的距离显著缩小 ………………………………… 97
6.3 源头储备不足放缓技术追赶加速度 …………………………………… 100

未来预测
中国制造的技术方向在哪里？

第7章 中国制造技术的竞争潜力 ……………………………………………… 109
7.1 研发基础、专利制约与技术竞争 ……………………………………… 109
7.2 中国制造技术发展将实现"并跑为主" ……………………………… 112
7.3 研发积累是中国制造技术进步的关键 ………………………………… 119

第8章 对应关系下的中国制造适宜技术选择 …………………………… 128
8.1 对应分析揭示多维变量联系 …………………………………………… 128
8.2 装备制造、智能机器人、系统控制领域对应分析 ………………… 130
8.3 微纳制造、制造服务、绿色制造领域对应分析 …………………… 137

第9章 中国制造技术的路线图指引 ………………………………………… 144
9.1 路线图助判中国制造技术方向 ………………………………………… 144
9.2 中国制造技术实现的时间路径 ………………………………………… 148
9.3 制造技术呈现交叉融合和群体跃进态势 …………………………… 160

进路判别
中国制造如何走向制造强国？

第10章 正确认识中国制造技术的"掣肘" ……………………………… 173
10.1 理解制造技术进步及影响因素 ……………………………………… 174
10.2 制造技术进步受限于内部积累和外在竞争 ……………………… 176
10.3 竞争与追赶存在非线性关系 ………………………………………… 181

第11章 做好中国制造技术的前瞻预测 …………………………………… 185
11.1 政策调整离不开预测 ………………………………………………… 185
11.2 从技术预测转向集成政策策略 ……………………………………… 186

11.3 科学研判中国制造技术方向与路径 …………………………………… 188

第12章 政府"有所为，有所不为" …………………………………… 193

12.1 认清中国制造技术水平 ……………………………………………… 193

12.2 制造技术的研发经费渠道 …………………………………………… 199

12.3 化解双重失灵的中国制造政策取向 ………………………………… 207

参考文献 ……………………………………………………………………… 214

愿景需求

未来制造呈现什么样的趋势?

第1章 全球制造业发展趋势及新工业革命带来的挑战

2008年金融危机虽然已经过去10多年，但对世界经济竞争格局的影响是深远、深刻的，主要有两个大的发展趋势。一方面，世界主要发达国家重新重视实体经济战略意义，纷纷实施"再工业化"战略，美国、德国、英国等国家都推出了一系列重振制造业的重大举措；另一方面，新一轮科技革命正在孕育之中，产业变革蓄势待发。近期，一些美国学者发表了一批文章，强调新的工业革命即将到来，其核心技术是制造业数字化，应该通过大力发展和广泛应用以数字化和智能化为核心的先进制造技术，实现制造业的革命性变化。回头看中国的制造业经过改革开放40多年的奋斗，已经实现了历史性的跨越式发展，制造业生产总值成为世界第一，中国已成为制造大国，但离制造强国的目标还有一段距离。在此背景下，中国制造要实现由大到强，认清世界经济竞争格局变化带来的挑战，把握中国制造的技术发展路径，加快制造转型升级时不我待。

1.1 全球制造业格局的变迁

在过去200年的时间里，发达国家一直是制造业的领导者，其最大的影响是利用规则制定者身份，从中获得最大收益。然而，近年来，制造业的力量对比正在发生变化。

全球制造业从发达国家向发展中国家阶段性转移，制造业生产率趋于收敛

1800年，工业革命已经开始但未产生重大影响前，中国、印度等东方国家的工业产量占了世界大部分。这之后的一个世纪，工业革命产生的重大影响几乎都集中于英、德等西方国家，落后的东方国家制造业开始衰落。进入20世纪，发达国家在世界制造业的统治地位略微下降，这表明前几次工业革命的先进成果开始从发达国家向发展中国家扩散。2000年，发达国家制造业所占比重高达73%，之后，制造业力量对比开始转变，新兴经济体制造业产出迅速增加。2000—2010年，发展中国家的制造业产出快速增长，而发达国家受到2008—2009年金融危机的影响，其制造业产出增速趋缓。2010年，发达国家占全球制造业总产值的份额下降至59%，其他经济体所占比重达到41%。中国制造业产出的增加是这种转变的主要原因，其他国家，包括印度、巴西等国在内制造业产出也表现出强劲动力。

1800—2010年，发达国家制造业工业的人均产出年均增长了2%，同期，新兴经济体的平均生产率年均增长仅为1.4%。在20世纪的大部分时间里，与新兴经济体相比，发达国家的制造优势在不断扩大，并从制造业技术提升中获得了大部分回报。然而，在20世纪末，新兴经济体国家生产率增长已经开始与发达国家齐头并进。1990—2000年，发达国家人均制造业产出年均增长为3%，新兴经济体国家平均增长为2%，但2000—2010年，发达国家下降至2%，而新兴经济体国家则增加到3.5%（彼得·马什，2013）。这是发展中国家开始赶超其他国家的一个重要标志，其驱动因素是技术和组织创新的扩散。两类国家之间生产率的收敛趋势为技术和经济发展提供了广阔的平台，从而引领新产业变革的蓬勃发展。

区域比较优势呈现新的动态变化

2008年国际金融危机之后，发达经济体在"再工业化"战略的推动下，加之其惯常的核心技术领先优势，进一步强化了发达国家在全球制造业发展中领先地位的凸显，全球制造业的区域比较优势正在发生动态变化，总体趋向是发达国家在制造业价值链的高端环节将进一步强化并稳固其竞争优势，而新兴经济体在技术创新不力、成本优势下降的情况下，其制造业发展面临的压力将进一步加大。

一是发达经济体仍将盘踞高端价值链环节并主导全球制造业分工。虽然制造业在发达经济体经济总量中的比重不断下降，但其国际竞争力依然远远高于新兴经济体，且是世界制造业引领者。例如，制造业在美国经济中的比重只有15%左右，但是在全球所占的份额仍高达约20%，且美国制造业的PMI（purchasing manager's index，采购经理指数）扩张态势领先于全球平均水平[①]，尤其重要的是，美国拥有世界上最先进的技术装备和技能水平最高的劳动力，处于全球产业链高端。作为全球制造装备的"领头羊"，德国制造业拥有强大的设备和车间制造工业，在信息技术领域拥有很高的能力水平，在嵌入式系统和自动化工程方面专业技术水平较高，其提出的"工业4.0"发展战略更是引领了全球制造业智能化发展的风潮。英国方面则早在2008年就推出"高价值制造"战略，推进服务业与制造业的融合，鼓励英国企业在本土生产更多世界级的高附加值产品，因此英国制造业的财富越来越多地产生于技术和设计创新环节。

二是新兴经济体制造业追赶发达经济体的速度将显著放缓，尤其是在高端制造业领域的差距可能进一步加大。发达经济体"再工业化"战略的重心在于高科技含量和高附加值的高端制造业，利用雄厚的技术基础、人才优势、强大的研发能力和良好的市场机制，率先在数字化制造、新能源、下一代信息技术、生物、新材料、智能服务等新兴产业发展方向取得突破，从而实现制造业的革命性升级，这将进一步导致新兴经济体的制造业发展面临分工低端化、技术低级化、低端锁定化的严峻挑战。因此，全球制造领域的实力对比将继续向发达经济体倾斜，新兴经济体在制造业方面追赶发达经济体的速度较上一个10年显著放缓。

三是新兴经济体的制造业成本优势将不再凸显。随着发达经济体逐步形成制造业领域的成本新优势，新兴经济体的制造业成本优势将逐渐弱化。随着新兴国家劳动力工资提升、土地价格上涨等因素的影响，制造业生产成本优势地区的分布逐渐缩小。2005—2015年，中国制造劳动力成本年复合增长率高达16%，劳动力成本优势正在丧失。2015年波士顿咨询公司《全球制造业成本变迁报告》指出，按照多种工业产品的平均指数，以美国为基准（100分），中国制造的成本指数达到96，10年间上升了187%，工业用电成本上升了66%，工业天然气成本上升了138%，接近美国的成本。2004—2014年，全球前25个出口国的制造业工资均上涨，一些传统意义上的低成本国家实际上已名不副实。例如，巴西制造业成本上升超过15%，也开始步入高成本国家行列。

四是新一轮产业转移已经启动。渣打银行在2015年的一项研究显示，未来10

[①] 井水明．从美国再工业化看中国制造［EB/OL］．(2009-12-25)［2018-05-20］．http://finance.ifeng.com/opinion/hqgc/20091225/1627098.shtml.

年里，全球为供应链性质的改变将重塑全球贸易格局①。其中，作为世界最大全球供应链源头的中国，将剥离大部分低成本制造业，而从中国的低成本制造业转移中受益的主要国家是印度，孟加拉国和非洲也将分得一杯羹（傅江帆，2011）。与中国制造业产能迁移相比，全球供应链的最大转变更多来自日本、韩国、美国和欧洲的新投资流向东盟、印度及其他地区，过去部分投资可能会流向中国，但今后它们将会越来越多地寻找新目的地（胡森林，2011）。

技术创新升级重塑全球制造业

2016 年，全球规模五大制造业（化学工业、食品工业、电子和通信设备制造业、机械制造业和汽车制造业）都和正在迅速发展的"新技术"和"新经济"密切相关②。尤其是作为"新技术"代表的电子和通信设备制造业，在 2000 年其还不是主要的制造部门，到了 2016 年已成为全球第三大制造业。高技术行业由于存在明显的规模优势，也反映出高行业集中度的特点，电子和通信设备制造业排名前五的国家和地区的产出占据整个市场份额的 84.5%，是制造业集中度最高的行业③（表 1-1）。

表 1-1 全球五大制造业部门产出经济体排名（2016 年）

全球前 5 名制造业 （实际增加值比重）	前 5 名主要国家、经济体（占全球比重）					前 5 名占比
	排名 1	排名 2	排名 3	排名 4	排名 5	
化学工业（12.3%）	中国	美国	日本	德国	巴西	76.0%
	29.0%	26.1%	10.6%	6.7%	3.5%	
食品工业（10.9%）	中国	美国	日本	巴西	印度尼西亚	61.9%
	21.6%	15.6%	12.6%	6.5%	5.6%	
电子和通信设备制造业（9.7%）	美国	中国	日本	韩国	中国台湾	84.5%
	31.9%	21.0%	13.2%	10.2%	8.2%	
机械制造业（8.6%）	中国	日本	美国	德国	意大利	81.5%
	32.1%	17.4%	14.7%	12.5%	4.7%	

---

① Global supply chains: new directions [EB/OL]. [2018-05-20]. https://www.sc.com/en/media/press-release/global-supply-cha.

② 中国制造业竞争力大数据：金地毯大数据 [EB/OL]. [2018-05-20]. https://item.btime.com/46ak2dun3gn95b818j5ee.

③ 同上。

续表

全球前5名制造业 （实际增加值比重）	前5名主要国家、经济体（占全球比重）					前5名占比
	排名1	排名2	排名3	排名4	排名5	
汽车制造业（8.5%）	中国	日本	美国	德国	韩国	
	26.6%	16.6%	15.6%	13.2%	4.3%	76.3%

资料来源：第一财经研究院、CIP/ChinaKLEMS。

中国制造在全球制造格局中的权重越来越大，一方面，使得中国制造商在加工制造领域的国际竞争中胜出，争得全球范围内产品市场及能源和原材料的议价权；另一方面，同信息技术的迅速发展相辅相成，加快了标准零部件成本下降，进而是组装和整机成本的下降。这不但鼓励了最终消费，更重要的是降低了处于技术高端领域经济体的生产和研发成本，因而推动了技术进步。这个过程在不断通过正反馈推动中国经济扩张的同时，也深化了全球制造业部门之间及主要生产国/经济体之间的专业化分工，形成了全球范围内的生产供应链，以前所未有的速度和深度塑造了全球制造业[①]。

1.2 新工业革命带来的趋势变化

全球金融危机的深层次影响仍在持续，真正走出危机仍需时日，倒逼新科技革命和产业变革步伐不断加快。全球制造业格局不会随着上升的成本和国家的政策引导而迅速改变。机器人、人工智能、3D打印技术及纳米技术等一批以指数级的速度快速发展并相互融合的技术发展将成为打破当前制造业格局的重要力量。发达国家"再工业化"战略不只是通过一系列政策吸引"制造业回归"，更重大的举措是利用人工智能、机器人和数字制造技术来策动制造业变革，重新构筑世界制造业的竞争格局。这一轮的产业变革对制造业的技术研发和产品制造都带来了新的变化。

研发活动将以开放式创新的方式进行，越来越多的国家积极参与技术研发

在变革的时代，科技是最核心的要素。一项新的科学技术的应用会对产品的制

---

① 博鳌亚洲论坛年会："中国权重"重塑全球制造业竞争力版图［EB/OL］．（2018-94-09）［2018-05-20］．http://www.beijingreview.cn/shishi/201804/t20180409_800126120.html.

造和生产方式产生重要的影响，不仅为产品研发者提供平台，也为产品标准设置了更高的技术门槛。在过去，不论是企业独立研发，还是与学术机构进行合作研发，研发与企业的商业活动基本是相互脱离的，科研人员与市场的距离较远。然而，现在的研发活动将更注重研发与消费者需求的紧密结合，研发人员与企业进行合作研发成为大势所趋。这种开放式创新有助于加快新的创新构思向商业模式转化。

新一轮产业变革背景下，技术研发的另一个变化是越来越多的国家开始积极参与技术研发。1990年之前，几乎只有工业发达国家才重视技术研发活动，如今各国的研发人才都在不断壮大。2010年，全球有700万技术研发人员，中国占了150万，几乎与美国持平。在科研论文方面，到2017年，我国国际科技论文数量连续第8年排在世界第2位。以SCI数据库为例，2016年收录中国科技论文32.42万篇，占世界份额的17.1%。我国科技人员发表的国际论文共被引用排名超越英国和德国跃居世界第2位，进步明显[1]。通用电气、ABB等大型跨国公司也通过在中国、印度和巴西等国家设立研发中心来增加研发投入。除中国、印度、巴西等新兴国家的科研影响力日益增大外，还有一些国家也表现抢眼，如土耳其的科研投入在1995—2007年增加了6倍，伊朗从1996年到2008年的科研论文数量更是从几百篇上升到一万多篇，突尼斯、新加坡、卡塔尔等国的科研投入或产出也都有大幅增长[2]。越来越多的国家加入到技术研发的行列中，为世界制造业的发展提供更多的技术思路。

数字化、智能化技术是产品创新和制造技术创新的共性使能技术，是新一轮产业变革的核心技术

曾经居于胶片行业全球垄断地位的柯达公司，早在1975年就研发出了世界上第一台数码相机，但由于战略性决策失误，最终没能将这一技术成果市场化，而走上被数字化颠覆的道路。如果制造业企业继续拒绝数字化、智能化，很难说在不久的将来会重蹈覆辙。正如中国工程院周济院长在第十四届中国科协年会报告中指出，新的工业革命的核心技术就是制造业数字化、智能化。如今的3D打印已经不

---

[1] 中国国际论文被引用数排名上升至全球第二位 [EB/OL]．(2017-11-01) [2018-05-20]．http://edu.people.com.cn/n1/2017/1101/c1053-29620130.html.
[2] 英报告称中国科研产出占全球比重上升 [EB/OL]．(2011-03-29) [2018-05-20]．http://www.chinanews.com/edu/2011/03-29/2937357.shtml.

再是一个概念，而是已经成为实实在在一种新的业态生产模式。从数码相机与3D打印的出现可以看出，产品创新对于企业以至整个制造业的重要性。此外，数控技术也是实现机械产品创新的颠覆性共性使能技术，是先进的信息技术与自动控制、机械制造技术相结合的集成技术，其核心是数字化。数字化技术的应用是机械产品的内涵发生根本性变化，使产品功能极大丰富，性能发生质的变化，进而从根本上提高产品的水平和市场竞争力，并使机械产品向智能化方向发展[1]。

智能制造已经成为制造业未来发展的全新驱动因素，世界主要工业国家都提出明确的政策支持体系来应对该轮制造业革新浪潮，并已经在智能制造领域积累了大量的发展经验。发达工业国家的先行经验表明，通过发展工业机器人、高端数控机床、柔性制造系统等现代装备制造业控制新的产业制高点，通过运用现代制造技术和制造系统装备传统产业来提高传统产业的生产效率，能够对制造业重塑和实体经济腾飞提供充分的可能性（钟史明，2014）。

随着新一代大数据、云计算、物联网、互联网新技术的突破，智能制造的概念进一步向系统化、集成化纵深发展，催生了精准制造方式等革新，目的在于以网络为手段实现对制造的全流程管控，特别是凸显工业物联网对传统制造方式的革命性意义。由德国提出的"工业4.0"即是智能制造在新的技术条件下的愿景（赵爽，2014）。

2015年4月，波士顿咨询公司发布题为"Industry 4.0: the Future of Productivity and Growth in Manufacturing Industries"的研究报告，报告中提出了"工业4.0"的九大支撑技术，分别是：自动机器人、模拟技术、水平和垂直整合系统、工业物联网、网络安全、云计算、增材制造、现实增强技术、大数据分析技术。相应地，一个国家和地区在这九大支撑技术领域的技术发展水平，创新实力及实践应用强度差异，将决定制造业的智能化发展水平的差异。而在美国，与德国"工业4.0"相似的概念是通用电气公司于2012年提出的"工业互联网"，二者在本质上没有根本区别。在工业互联网的思维架构下，通用电气公司希望通过生产设备与信息技术相融合，促进高性能设备、低成本传感器、互联网、大数据收集及分析技术等的组合，大幅提高现有产业的效率并创造新产业。

智能制造已经被普遍认为是此轮工业革命的核心动力，国外主要发达国家都已出台相应政策对智能制造发展积极筹划布局（表1-2）。

---

[1] 参见中国工程院院长周济院士在2012年9月8日第十四届中国科协年会上做的题为"制造业数字化智能化"的报告。

表 1-2　世界主要国家智能制造发展动向

政策名称	国家	提出时间	政策目标
"再工业化"计划	美国	2009 年	发展先进制造业，实现制造业的智能化，保持美国制造业价值链上的高端位置和全球控制者地位
"工业 4.0"计划	德国	2013 年	由分布式、组合式的工业制造单元模块，通过组建多组合、智能化的工业制造系统，应对以智能制造业为主导的第四次工业革命
"创新 25 战略"计划	日本	2006 年	通过科技和服务创造新价值，以"智能制造系统"作为该计划核心理念，促进日本经济的持续增长，应对全球大竞争时代
"高价值制造"战略	英国	2014 年	应用智能化技术和专业知识，以创造力带来持续增长和搞经济价值潜力的产品、生产过程和相关服务，达到重振英国制造业的目标
"新增长动力规划及发展战略"	韩国	2009 年	确定三大领域 17 个产业为发展重点推进数字化工业设计和制造业数字化协作建设，加强对智能制造基础开发的政策支持
"印度制造"计划	印度	2014 年	以基础设施建设，制造业和智慧城市为经济改革战略的三根支柱，通过智能制造技术的广泛应用将印度打造成新的"全球制造中心"

资料来源：《新一轮产业革命的全局战略分析——各国智能制造发展动向概览》，林汉川等（2015）。

新一轮工业革命催生新的制造业生产方式

一些学者指出，第一次工业革命是 18 世纪开始的大机器生产，第二次工业革命是 20 世纪初的大批量大规模机器生产，而第三次工业革命则是会形成多品种、小批量、定制式的新型生产模式。当前，以数字化技术为基础，在互联网、物联网等技术的强力的支持下，制造服务业将得到全面而快速发展，大中型企业正在走向"产业＋服务＋管理"的模式，正在从产品制造商向系统集成和服务商转变（杨明，2012）。而"制造业数字化智能化"带来的产品技术、制造技术与管理技术的进步使企业具备快速响应市场需求的能力，产品设计和制造的方式将更加复杂，研发、生产和服务将构建遍布全球的"价值链"体系（闫海潮，2013）。特别是形成适应全球市场丰富多样的客户群，实现远程定制、异地设计、就地生产的协同化新型生产模式，使产品制造模式、生产组织模式，以及企业商业模式等众多方面均发生根本性的变化（杨明，2012）。

近年来，世界经济论坛、MIT（麻省理工学院）、麦肯锡等机构组织发布了对未来影响深远的前瞻技术，有很多是制造行业的革新技术，也有的是制造业的共性技术等，而且很多技术是即将或正在成为制造业带来颠覆式变革的重大共性技术。在这些技术中，大部分技术都是与信息技术直接或间接相关的，新一轮工业革命正是基于信息物理系统、物联网和互联服务的革命，它将产生大量的数据流，这些大数据能够被搜集和分析用于指导高效高质的生产，预计未来制造业80%的创新都将基于信息通信技术。新一代信息技术与制造业深度融合，正在引发影响深远的产业变革，形成新的生产方式、产业形态、商业模式和经济增长点。网络众包、协同设计、大规模个性化定制、精准供应链管理、全生命周期管理、电子商务等正在重塑产业价值链体系，制造业整体的技术革新与产业融合正呈现如下特点和趋势。

一是制造业的产业边界渐趋模糊，新行业不断衍生。新技术产业应用步伐的加快，推动着生产边界的扩大和市场对产品服务的广泛需求，使得制造业的生产与生产性服务的界限变得模糊起来，可能需要对先前的制造业与服务业的划分重新认识。而生产上前后接续的上下游产业，也正开始作为不同的生产工序日趋融合为全产业链条上的各个环节。

二是生产组织形式将出现颠覆性变化，"互联网＋"成为产业发展新常态。借助互联网技术打造的新平台，创新载体由单个企业向跨领域多主体的创新网络转变，满足客户需求的个性化生产，触角遍及各地的物联网络，整个生产过程将有设计者、生产者和消费者共同参与，生产小型化、智能化、专业化特征日益突出。同时，这一高效的新型生产方式将不再受地理位置与区域上的距离限制，基于信息物理系统的智能装备、智能工厂等智能制造正在引领制造方式变革。

三是制造业的后大规模生产时代或将来临。机器人技术、人工智能、3D打印和新型材料等技术正在引发一场新的工业革命，它将改变制造商品的方式，并改变就业格局。一个后大规模生产的制造时代正在来临，这场革命不仅将影响到如何制造产品，还将影响到在哪里制造产品，传统的以无个性规模制造的模式必将受到冲击。

1.3 新趋势带来的中国制造挑战

1990—2010年，中国在世界制造业中的份额从3%上升到19.4%，增长了6倍之多。中国在世界制造业中产出排名也从1990年的第7位升至2010年的第1位，以微弱的优势从美国手中夺得"世界第一制造大国"称号。低成本是中国制造业快速发展的一个重要因素，驱使很多公司把其大部分制造环节放在了中国。当然，我国政府致力于本国市场的开放，以及基础设施的巨额投入也给制造业的发展提供了机遇。但是随着生产率水平的收敛，我国制造业低成本优势正在削弱。此外，美、英等发达国家也正加紧重振制造业，再加上新一轮产业变革正蓄势待发，生产朝着数字化、智能化方向发展。我国制造业的发展面临着诸多挑战与风险。

中国制造业传统优势地位遭遇"双重挤压"

我国凭借土地、劳动力等要素成本的比较优势，在2010年超越美国成为制造业第一大国，但随着我国低成本制造优势的不断削弱，我国制造业开始面临来自发达国家与发展中国家的"双重挤压"。一方面，美、英、法等发达国家重振制造业给我国制造业在承接产业转移、技术进步与产品出口等方面带来新挑战。事实上，对中国制造业资本的抽离，也仅仅是欧美等国的"再工业化"所产生的影响之一。由于发达国家的"再工业化"瞄准的是高端制造业及其竞争优势的打造，而现阶段中国也正在进行从低端走向中端和高端的产业结构调整和产业升级，双方由此必然产生产业领域新的"交集"，中国制造业未来在高端制造领域所面临的竞争将更加激烈（王婷，2014）。另一方面，越南、印度尼西亚、印度、墨西哥等发展中国家开始以更低成本优势成为接纳发达工业国家产业转移的新阵地。根据波士顿咨询公司的报告，中国的劳动力成本已经高于亚洲其他7个国家，其中，越南的生产成本比中国低15%～30%，印度尼西亚比中国低40%，而劳动力成本最低的孟加拉国仅是中国的1/5。

此外，美国还试图通过迫使人民币快速升值、加大出口贸易制裁等因素进一步推高中国制造业成本，弱化中国制造业的传统成本优势。在此背景下，如果我国制造业不能快速实现转型升级，在高端制造业产品尚未具备竞争力的条件下，中低端制造业产品的竞争力也将被削弱，制造业"产业空心化"的风险将不断增加，我国全球制造业大国的地位将受到严重威胁。

发达国家抢占了制造业制高点，会在一些关键领域加大对我国技术输出的控制，延缓我国先进制造业赶超的进程

发达国家信息渠道通畅、分销网络广泛合理、市场环境交易便捷，而且发达国家民众总体富裕，更具备个性化消费条件。这就为它们在新一轮产业变革及制造业生产方式的变革创造了条件，为它们成为21世纪产业分工体系中的领先者、控制者创造了条件。在新一轮科技革命和产业变革过程中，发达国家将凭借专利、技术标准等手段，加大对高新技术的控制和市场垄断，并对发展中国家提出更高的标准，通过制定新的贸易、环境保护等规则，以巩固发达国家在全球产业格局中规则制定者的地位。发达国家在制造业的一些关键领域，会继续加强对我国技术输出的控制，减缓产业链高端环节及其核心技术向我国转移的进程，迟滞我国的产业升级。例如，美国在一些具有战略意义的关键领域提出对中国保持领先30年的优势，技术封锁不仅涵盖军用技术，而且包括生物医药、卫星通信和电脑芯片三大民用领域，以"N－2"政策将中国半导体制造技术限制在至少比美国落后两代的水平（崔淼，2013）。目前，我国正处在工业转型升级的关键时期，亟须发展生物医药、高端装备、电子信息等先进制造业，并以此改造提升传统制造业，发达国家一方面进行技术封锁；另一方面将高端制造业搬回本国，这将延缓我国向国外先进企业学习的时间，对我国学习外国先进技术造成负面影响，增加我国先进制造业赶超发展的难度。

中国制造的后发优势逆转为后发劣势，延缓了对新生产方式的应用

国家间产业的竞争正越来越多地表现为技术创新能力的竞争。我国R&D投入占产品总成本的比重过低使中国出口的劳动密集型产品只具有比较优势而无竞争优势。技术进步主要还是引进外来先进技术，自己学习、模仿和消化。由于起始发展水平较低，学习模仿所产生的巨大后发利益，推动了中国经济高速增长30年（所谓的"后发优势"），但也逐渐把技术创新的主动权交给了西方发达国家，从而对发达国家的技术创新产生了依赖，热衷跟踪追随来获得发达国家"技术前沿后面的技术"。当"引进—消化—模仿"的潜力耗尽，当国际劳动分工的网络变得日益复杂，这种跟随模仿策略的长期代价将大大超过被动技术进步带来的短期利益，后发优势就逐渐转变为"后发劣势"（王立宏，2013）。对于中国的制造业来说，尤为如此，长期沉淀的积累投资、巨大而分层次的市场还会延长陈旧产品的寿命，使传统的技术工艺和管理方式具有使用惯性，从而造成技术依赖和产业转型刚性，延缓了路径转换的步伐，加长了为适应新的生产方式而需进行的一系列调整的时间。

第 2 章　制造技术趋向智能、绿色、服务发展

近年来，制造技术的发展仍然处于从以机器为特征的传统技术时代，向全球化、绿色化、信息化、专业化和服务化技术时代迈进阶段。但随着经济全球化进程加快，生产要素在更大空间范围内自由流动和优化配置，资源、环境压力增大和国际金融危机导致的全球制造业价值体系重构，先进制造技术越来越成为控制制造业发展方向和增值收益的主要方面。使得发达国家的制造技术更注重于加强专业化分工，实现管理的精益化，发展绿色制造技术和信息化技术，追求与生产性服务技术的融合。

2.1　制造技术向高速高精和自动智能的多学科交叉方向发展

新材料和新工艺技术引爆装备制造技术新发展

新材料的新加工技术和产品制造采用智能化的复合材料是制造业未来20年的发展趋势之一。开发新材料是制造业发展的主要驱动力。现在主要是轻型材料引导了新加工工艺的开发，诸如铝和镁这样的轻型材料，以及加工化合物和聚合物的能力在未来非常重要。如今，由于新材料的采用，很多已有的加工方法（如焊接、连接、成型）正经历着根本的改变（如传统的铝材冲压加工已经被液压成形所取代）。为了适用于新材料，传统的切削工艺需要重新设计（如新的刀具涂层，更高的转速）。

新材料之下，一系列新的工艺技术产生与出现。例如，增材制造技术、材料—结构—工艺一体化技术、强场制造技术等新工艺的出现和发展，已经成为装备制造技术发展的重要趋势和特点。增材制造在20世纪80年代后期出现时被称为快速成型技术（rapid prototype），属于一种非传统加工工艺，是近30年来全球先进制造

领域兴起的一项集光机电、计算机、数控及新材料于一体的先进制造技术。增材制造技术较传统机加工及铸锻焊等工艺在微观成形机制、工艺控制、材料可用性、产品性能等一系列技术正在发展和变革，其在个性化、内部结构复杂和产品研发创新等制造方面中极具优势。该技术特别适合于航空航天、生物医学、模具等领域中批量小、结构非对称、去面多及内控结构零部件的快速制造，成为用于高性能关键基础件制造的新一代技术。

多学科技术交叉融合，智能集成制造技术发展迅速

进入 21 世纪以后，制造学科与生物学科、信息学科、材料学科和管理学科的交叉融合是其发展趋势。其中，制造技术与生物学科交叉的生物制造、与信息学科交叉的远程制造、与材料学科交叉的微机电系统等为制造技术提供了更为广阔的发展空间。制造技术与生物工程的结合已成功应用于人体器官的再制造。不同患者病损的组织和器官各不一样，而同类器官的大小和形状也不尽相同。

通过在软件、控制、传感器、网络及其他信息技术的交叉融合，使得智能集成制造技术发展迅速，产品创新时间缩短，成本可预测，通过简单地采用或改装生产能力高的、安全可靠的生产机械与系统，可以响应不断变化的环境及出现的新机会。智能与集成制造技术的发展，可以显著改善制造企业的生产、组织及商业能力，并促进集成电路与数据存储设备的微型化与大批量生产的长期可持续性发展。智能与集成制造技术具体包括：高可信工业软件技术、人机交互与自主可控技术、制造大数据处理及应用、无线传感与过程控制等技术内容。

微纳制造技术成为纳米技术的未来

微纳制造研发旨在促成纳米材料、结构、设备元件与系统的规模性、稳定与低成本生产。它包括超小型的自上而下流程及不断复杂化的自下而上或自装配流程的研发与集成。微纳制造研究用于纳米级物质控制的自装配、引导式自装配、编程条件下自装配、生物驱动自装配及扫描探测基础技术（包括生物启发过程与技术）的使用，以及将纳米级产品集成到大型应用结构中的方法。

为应对纳米技术在电子领域获得广泛商业应用时遇到的挑战，实现纳米电子的性能要求，在材料、结构、设备、电路、系统及建构微纳制造方面研究成为热点和趋势。作为微电子行业的延伸，这一领域需要与工业界的伙伴开展合作。

纳米生物技术是将纳米原理与技术应用于生物系统（生命的或是无生命的）理解与转化的领域，它采用生物学原理与材料创造新的从纳米级集成出来的设备与系统。纳米技术与生物技术的结合，以及与信息技术与认知科学的集成，预计将在下一个10年间获得加速发展。纳米科学与现代生物学与医药学的结合是一种趋势。

泛在感知与分布式控制成为系统控制技术的重要方向

先进制造技术是传统制造技术与信息技术等相关领域技术相融合而产生的，在其后的发展中将不断以更快的速度与信息、材料、能源、微纳等技术结合，以取得更快的发展速度，其中，信息技术的发展将更加为先进制造技术增加新的内容。

信息技术是在信息获取、传递、存储、处理和使用过程中所涉及的各种技术的总称，它是以传感技术、通信技术、计算机技术、控制技术为核心的技术综合体。回顾历史，不难发现，信息技术的迅猛发展正在深刻改变着人类的生产与生活方式，为传统制造业注入了新的活力，引发新的工业技术革命，对先进制造领域带来巨大的影响，产生了诸如数字化制造、网络化制造等新型制造模式。沿着这样的思路，随着工业控制网络、无线传感器网络（WSN）、无线射频识别（RFID）、微电子机械系统（MEMS）、嵌入式处理等技术的成熟，人类在信息的获取、识别、处理、传递、检索、分析和利用的各个技术层面都得到了很大的提高。由此可见，信息技术已成为促进先进制造技术进步的主要驱动力，各种各类先进制造模式的出现，无不以信息技术的进步为支撑，是实现未来先进制造的基础。

泛在感知（ambient ubiquitous，AU）是指基于个人和社会的需求，实现人与人、人与物、物与物之间按需进行的信息获取、传递、存储、认知、决策、使用等服务。泛在感知网络具有超强的环境感知、内容感知及智能性，为个人和社会提供泛在的、无所不含的信息服务和应用。这项以感知和智能为特征的新技术对工业生产与管理主要的影响将体现在信息和智能的泛在化方面，面向工业自动化的泛在感知网络是工业现场级传感器执行器网络、工厂控制网络、企业信息网络及面向物流及供销管理网络的集成与融合，是未来制造环境中实现人与人、人与机器、机器与机器之间信息交互的主要手段。

物联网是泛在感知网络的前期形态，是继电信网和互联网实现人与人通信之后，着重连接物理世界的应用。它是通过信息传感设备，按约定的协议把任何物品与互联网连接起来,进行信息交换和通信,以实现智能化识别、定位、跟踪、监控和管理的一种网络。传感网提供局域或小范围物与物之间的信息交换,是物联网末端采用的关键技术之一,一般采用协同感知与处理的方式,对不同位置的物理或环境状况进行测量和监控。

全分布式控制系统是由高度自治并相互配合的设备通过各种网络连接而成的系统,能在全系统范围内实现物理上和逻辑上的资源管理配置,动态地实现任务分配或功能划分。基于泛在感知网络的全分布控制系统采用各种类型的传感器探测和获取外界信息,进一步强调了资源、任务、功能和控制的全面分布和并行处理,其智能设备将嵌入式处理器、存储器、通信模块和传感器集成在一起,具备计算、通信、传感、控制和开放扩展功能。物理上分散的各个节点平等地分担控制任务或功能,独立自主地发挥各自的控制作用,且又相互合作,在通信协调的基础上实现系统的全局管理。

随着传感网、互联网、无线射频辨识(RFID)、新型传感器等泛在信息技术不断进步和成熟,以及嵌入式处理能力的提升,泛在感知环境下的网络化分布式处理控制的制造系统,将是先进制造技术发展长期的、重要的技术特征。以泛在感知技术为基础的计算模式将具有状态信息采集、无线通信、上下文感知的终端,以分布式控制为基础的处理模式将具有全分布式、智能处理的设备和软件,将深刻地融入制造业所能触及的各个角落,极大地扩展人们对信息的感知和使用能力,这将为制造业带来全新的制造模式和信息服务方式。

2.2 绿色制造得到广泛关注

绿色制造,是一种综合考虑环境影响和资源效率的现代制造模式,其目标是使产品在从设计、制造、包装、运输、使用到报废处理的整个产品生命周期中,对环境负面的影响极小,资源利用率极高,并使企业经济效益和社会效益协调优化。从国际发展趋势分析,绿色制造技术不是孤立存在的,而是成体系,并与产业需求紧密结合的,是全新的设计、制造理念创新,主要表现为绿色设计与制造、绿色回收处理与再制造成套技术和装备。而且,绿色制造技术正在成为发达国家构筑新型贸易壁垒的重要方面,绿色制造技术最终将以技术标准、技术规范、应用模式的形式得以实施和推广。

加快推进制造业绿色发展刻不容缓

根据我国环保、工业、科技等部门，学术界和中国工程院重大咨询项目"绿色制造发展战略研究"等综合研究结果显示，我国工业排放的二氧化硫、氮氧化物和粉尘分别占排放总量的 90%、70% 和 85%，资源环境承载能力已近极限。我国工业化水平提升很快，为社会创造积累了大量财富，人民物质生活水平显著提高，同时资源消耗问题日益突出，生态环境压力陡增。绿色制造是工业转型升级的必由之路。中国作为制造大国，尚未摆脱高投入、高消耗、高排放的发展方式，资源能源消耗和污染排放与国际先进水平仍存在较大差距，加快推进制造业绿色发展刻不容缓（施定国，2013）。

主要国家重视能效监测技术研发

在能源危机日益严重的环境下，工业生产依然占据了能源消耗的很大比重。据《2009 国际能源展望》显示：工业生产消耗了 51% 的能源，美国能源信息署（Energy Information Administration，EIA）（2008）统计显示美国在工业生产中的能源消耗占 33%，二氧化碳的排放占 28%。为此，降低能源的消耗量和提高能源的利用率成为欧洲、美国和日本等先进工业国家十分关注的一个话题。《2009 国际能源展望》提出了 2006—2030 年国际平均工业生产的能源消耗增长率为 1.4%，经济合作与发展组织成员国增长率为 0.6% 的要求。美国作为工业生产大国和强国，其能源信息署（2008）要求美国到 2030 年的年平均能源消耗增长率为 0.3%，二氧化碳的排放增长率为 0.2%。能源带来的压力引起了世界各个国家特别是发达国家对能源效率的重视，推动了生产制造业的能效监测、管理和控制的研发和实施。美国科学院（2010）在《未来美国能源前景》这一报告中展望了美国在接下来 5 年、10 年和 30 年的能源前景。报告指出"在过去的几十年间，美国通过提高制造业能效的研究和应用，保持和提高了美国制造业在国际上的竞争力"。同时还指出"在制造业中能效监测和管理控制依然还有很多地方需要改进和很多地方有机会得到应用，特别对未来能源消耗最大的四大制造业（化学药品制造业、石油化工业、钢铁制造业和造纸业）的具体能效提高进行了分析，并提出了一系列相应的措施和政策"。总的方案可以归纳为：面向产品全生命周期，实现泛在感知条件下的信息化制造，结合现代传感技术、网络技术、自动化技术、信息化技术、拟人化智能技术等先进技术的基础上，通过智能化的感知、人机交互、决策和执行技术，实现能效监测过程智能化、能效管理和控制过程智能化，从而进一步提高能源的利用率，实现绿色制造，缓解经济发展与环境恶化的矛盾。

能效监测技术的研发和实施一直是欧洲、美国和日本等先进工业国家所重视的。在美国，通过结合先进传感器技术、信息处理技术、机器人技术、现代控制与自动化技术及无线网络技术形成了高效的监测系统。该监测系统通过高效、智能反馈连续监测的数据进行自动分析，实现了制造业每年节约 12 万亿 Btu（British thermal unit，英国热量单位，1 Btu=1.055 kJ）的能量。在此基础上，为了适合不同的工作环境和工况要求，对智能监测系统进行了改进，并在石化、化工、冶金等多个制造过程中得到推广应用。在造纸行业，设计了基于纤维传感器的监测系统，提高了造纸过程的湿度监测精度，从而实现了更好的控制，有效地提高了能源的利用率。据统计该监测系统的投入，美国造纸业每年节约了 2 亿美元的能量费用。美国能源工业技术部还设计了基于 X 射线的监测系统实现在线监测，通过测量颗粒结构、形状和大小，该系统广泛地应用于铝、半导体、水泥、药物和陶瓷的生产与制造过程。宾夕法尼亚州立大学成功研制了能监测 0.5%～99% 范围的氮气监测系统，并广泛地应用到了很多气体监测领域。总之，欧、美、日等发达国家，通过技术突破和不同学科的交叉融合，实现了能效监测系统的智能化。

能效监测与管控是确保制造过程提高生产效率、节约资源、降低能耗的重要措施

近年来，在对能源综合平衡模型的研究方面，能源管理、关系模型、各类能源间的平衡调整及负荷预测等技术仍是国外各大钢铁生产企业研究的重点和难点。目前日本、欧美一些大型钢铁企业应用全新的能源控制技术，将信息网络技术、自动化技术、现场工艺技术充分融合，形成了网络化的能源平衡控制框架，促进了能源在线管理和优化平衡调度水平的进一步发展。印度钢铁企业曾利用仿真优化技术、预测分析技术对整个能源介质系统建立了综合平衡模型，并建立了基于专家系统的智能操作指导系统（intelligent operator guidance system），此系统接受现场数据和预测分析数据，通过内置的平衡模型进行自训练、自学习后，对能源的平衡调度给予自动指导。奥钢联、西门子、ABB、Rockwell、PSI 等国外公司都有自己的能源管理产品或相应的解决方案，主要功能包括电力、煤气、蒸汽等的潮流监视，在线能耗数据的比较，能源状态的可视化，短期和长期能源产生与消耗的预测，生产计划的能源需求分配，根据生产计划和控制系统数据对能源需求进行评估，在预测的基础上优化能源调度等。面向强烈的工业节能需求，各大工业自动化技术供应商纷纷投入到工业能效优化技术的开发和实践。核心的研发思路大体相同，均以能效检测、能量管理与优化为技术核心。工业节能的重点领域集中在工业锅炉窑炉节能改造工程、内燃机系统节能工程、电机系统节能改造工程、余热余压回收利用工程、热电联产工程、工业副产煤气回收利用工程、企业能源管控中心建设工程。当前工业能效优化技术还主要集中在设备级和管理级，针对现场级的在线能源流分析、仿真及控制策略优化的技术和产品较少。

2.3 "制造＋服务"重塑制造价值链

由于技术进步和先进管理理念的应用，新产品真正处于生产制造环节的时间只占少部分，大部分时间处在研发、采购、储存、销售、售后服务等阶段，制造业正加快从生产型制造向服务型制造转型。同时，将非核心业务专业化外包，实现成本的最小化，制造服务化已成为制造企业走向价值链高端的重要途径，成为先进制造发展的新内容。制造服务技术的影响力越来越大，发展制造服务技术已成为占领制造业价值链高端的主要手段之一。

生产性服务内容已成为制造业增值盈利的重要环节

服务能力、服务水平已成为决定企业成败的重要环节。通用电气（GE）传统制造业产值所占的比例不断降低，70％以上的业务是由与主业密切关联的"技术＋管理＋服务"构成；罗·罗公司（Rolls-Royce）2007年服务收入占公司总收入的53.7％；IBM已成功转型为"提供硬件、网络和软件服务的整体解决方案供应商"，2005年其服务业务收入比重上升到52％，硬件制造下降到27％。目前，发达国家服务业增加值已占GDP的70％，而以面向制造业为主的生产性服务业又占到全部服务业的70％。2005年，美国生产性服务产值接近6万亿美元，约占美国经济总量的47.73％。

近年来，云计算技术迅猛发展。2006年，亚马逊开发并发布云计算服务EC2技术，颠覆了计算的概念，使得利用虚拟机技术，任何企业都可以轻易实现很强的计算能力。2008年，谷歌的"Google App Engine"与微软的"Windows Azure"等竞争性的云计算服务也相继推出，2012年开始提供类似于EC2的服务。据IDC（国际数据公司）报告显示，全球云计算市场规模有望急剧增长——从215亿美元（2010年）到730亿美元（2015年）；使用云计算的公司在信息与计算机技术上所节约的开支在20%～50%；到2014年，云计算为全球经济创造1130万个新的工作岗位。

2012年9月27日，欧盟委员会发布了一份名为《在欧洲释放云计算潜能》的公告，宣布启动一项新的云计算战略，在各领域推广云计算的应用。为落实该项战略，欧盟委员会制定了一系列具体措施，目标是到2020年，在欧洲创造250万个新就业岗位，每年创造1600亿欧元的产值（占欧盟GDP的1%）。

信息技术发展形成制造服务的核心使能技术

互联网、云计算、物联网、数据仓库、信息安全等信息技术的迅猛发展，与制造技术结合，形成了制造业信息化新的核心使能技术，主要包括集成协同技术、制造服务技术和制造物联技术等。

制造业务信息系统集成与协同。集成协同技术是借助网络技术，对相对独立的资源系统中的数据对象、功能业务进行融合、聚类、重组和优化的信息技术。产品全生命周期管理（PLM）、企业应用集成（EAI）、数据中心等集成协同技术贯穿产品全生命周期，覆盖企业内外部价值链，支撑企业实现精益管理、参与全球协作。制造服务技术是支持制造企业走向服务化和为制造企业提供第三方服务的信息技术总称，包括面向服务的架构（SOA）、软件即服务（SaaS）、云制造等技术。制造服务技术将促进制造企业服务化，加快专业化制造服务与公共资源服务的发展，提高企业效益与竞争力，推动制造产业结构优化调整。物联技术与大数据技术驱动制造业务过程的智能化。制造物联技术是面向制造的嵌入式、RFID（无线射频辨识系统）、物联网等的综合应用技术。现场总线、实时操作系统等嵌入式技术是提升产品与装备智能化与网络化程度的重要手段，RFID技术可用于生产流程、资产管理、销售与售后服务等环节。制造物联技术可以显著提高制造企业的产品品质、生产能力和供应链运行效率，从而支撑企业向高端发展。

全球经济发展普遍放缓并面临结构性调整，世界各国都在加强科技创新，努力占领未来经济发展和科技竞争的战略制高点。美国学者提出了"人工智能＋机器人＋数字制造技术＝制造业革命"，其核心思想是大力发展智能技术和机器人技术为代表的智能装备，运用全数字化的先进制造模式，实现制造业的深层次结构性调整及变革。其宗旨是使高端制造朝着无人或者少人的方向发展，调整劳动密集型的制造产业模式，提升制造业的数字化与智能化。制造业的数字化与智能化需要高端嵌入式系统的支撑，同时也为高端嵌入式系统的发展带来了历史性的机遇。

嵌入式系统是高端制造业的重要技术基础与支撑。现场总线技术、系统芯片、高性能处理器及实时操作系统等嵌入式技术的发展，使得嵌入式系统成为提升产品智能化、网络化程度及提高产品附加值的重要手段，在制造业复杂产品的数字化制造、实时控制、关键装备高精高效技术提升、生产过程集成优化等应用中，显著提高制造系统的加工质量、数字化程度及生产效率，实现制造过程全数字化与智能化。嵌入式系统是一些关键装备的核心控制系统。嵌入式技术及系统在一些重要装备的生产过程中及装备本身的创新开发及集成应用，有助于提高装备的核心技术，改善装备性能与指标。

重大装备关键零部件的全数字化及自动化制造；重大装备及智能化产品的嵌入式系统集成应用，例如，复杂产品高可靠实时控制系统开发应用，如船舶设备及船舶状态监控的电子控制集成系统、面向轨道交通电子设备的智能化集成系统、面向节能环保及新能源设备的嵌入式集成系统等；再如，高可靠高精度成套技术设备监控与嵌入式远程诊断系统等。特别是，随着智能制造的兴起，针对智能制造所要求的现场控制设备实时性、分布式、自组织及冗余控制等应用要求，开展嵌入式系统在现代制造智能化管理与控制领域的创新开发与集成应用，提高制造业现场管理与控制的技术水平，实现制造过程的最优化、智能化和自动化，如分布式智能制造嵌入控制技术等，都有着良好的应用前景与技术效益。

云制造技术是云计算、物联网等新兴信息技术在制造业应用的具体形式。纵观国内外，该项技术尚处于初兴创新阶段，在具有广阔发展与不断丰富空间的同时，也需要多方面共同努力，最终将以云制造的服务模式带动云制造系统的开发，以系统的开发和应用带动云制造技术的突破，再在技术突破的基础上促进云制造的进一步发展。

从发展前景看，云制造技术将以不同的模式在集团企业及中小企业的制造资源与能力共享中发挥巨大作用。对于大型集团企业而言，私有云制造模式将盘活企业内部和外部制造资源，实现制造资源节约和利用最大化。对于中小企业而言，公有云制造模式将提升中小企业产品研发创新能力、管理水平和手段、市场竞争力、产业链集群协作能力及抵御风险能力。总之，云制造技术的发展与应用将促进企业内部与社会制造资源存量，实现制造资源可持续均衡利用，有助于"集中资源办大事，盘活资源办好事"，从而推进企业发展，支撑制造业转型升级。从技术角度，云制造技术的发展将进一步与物联网、大数据中心、移动互联网等技术集成融合。物联网技术将进一步推进加工与生产设备等制造资源的虚拟化，为制造资源状态采集、传输、加工提供有效手段；大数据中心技术将满足云制造平台海量数据组织、管理与加工的需求；移动互联网技术将进一步提高云制造服务平台使用的便利程度。

云制造技术作为云制造服务模式，通过推进制造服务化发展，对世界科技、经济、社会、生态等带来正面影响。首先，直接带动云计算、物联网等新兴信息技术的发展，实现相关技术的实践落地。其次，服务型制造模式的实施，将改变我国制造业规模不经济的发展方式，提升我国制造企业竞争力。再次，云制造模式将实现制造资源整合共享，减少资源与能源浪费，促进生态文明发展。

第 3 章　创新成为中国制造的不二之路

全球制造业经历的历次发展、转移轨迹显示，每次大转移都是通过技术革命和技术创新得以实现的，每次大转移都伴随着作为跨时代标志的重大发明、创造。改革开放以来，中国积极顺应全球化的发展趋势，国际分工体系的调整，特别是全球产业转移，逐渐发展成为全球制造中心。但规模的背后，"质"的问题一直存在，缺乏核心技术的有力支撑，中国制造有挥之不去的隐痛。

3.1　中国成为名副其实的世界制造大国

进入 21 世纪以来，我国制造业整体规模实现快速增长，已成为制造业大国，特别是 2012 年我国制造业增加值达到 2.08 万亿美元，首次超过美国成为世界第一制造大国。具体来说，2012 年我国制造业增加值占工业增加值的 63.6%，占 GDP 的 25.3%，占全国工业总产值的 86.9%；工业制成品出口占货物出口总量的 94.7%；22 种工业产品大类中 7 大类产量位列世界第一，220 种工业产品产量位居世界第一。此外，在核心装备产品、世界级大企业、产业创新体系建设等方面也取得了显著成果。

一批具有核心竞争力的装备产品进入国际市场

2000 年，中国高技术产业增加值占世界比重仅为 3.16%，到 2015 年提高了 25.92 个百分点，达到 29.08%，超过美国。中国利用后发优势、对外开放优势、自主创新优势、市场规模优势、国家政策制度优势等，快速缩小与美国等发达国家的相对差距，借助创新赶超成为世界高技术第一大国。中国制造各领域涌现出了一批较有影响、意义深远的重大成果。国内发电设备装机中国产发电机组已达 80%以上，年产千万吨级大型炼油厂设备国产化率达 90%，国产 100 万千瓦超超临界火电机组、国产 750 千伏交流输变电成套设备已投入运行，打破了一直以来国外垄断的局面。日产 4000 吨大型新型干法水泥生产线、60 万吨乙烯、30 万吨级合成氨、百万吨级钾肥等一大批大型成套技术装备实现自主化。"神舟"系列航天飞船的成功发射，实现了载人航天工程的重大突破。"蛟龙号"载人潜水器在声学通信、自动控制及大深度作业等性能方面拥有领先优势，最大深度达 7062 米，可在占世界海洋面积 99.8%的广阔海域使用，先后完成了 1000 米级、3000 米级、5000 米级和 7000 米级海试，标志着中国跻身世界载人深潜先进国家行列。LED 激光显示技术方面开发了具有我国自主知识产权、光源高亮度的颠覆性方法，相比三组激光（红蓝绿激光）的方式，成本降低 80%以上，光源利用率提高，相关的 100 英寸激光显示产品已经在欧美市场开始销售，成为下一代新型显示中最具市场竞争力的技术之一。攻克了无线技术在工业测控应用中的关键核心技术，我国自主研究制定的 WIA-PA 工业无线网络标准成为正式 IEC（International Electro technical Commission，国际电工委员会）标准。掌握了工业控制系统核心技术并实现了产业化，研制了具有自主知识产权且自主可控的大型集散型控制系统，并在石化装置、核电和火电机组等重大工程中得到应用，占领了国内市场并积极开拓国际市场，技术水平达到国际高端产品的先进水平。

涌现出一批世界级的大企业

2000 年《财富》杂志公布的世界前 500 大企业中，中国企业有 10 家（不包括台湾），其中属于制造业领域部分的只有中国石化集团公司和中国石油天然气集团公司 2 家。而 2014 年《财富》世界 500 强排行榜中，中国企业达 100 家，其中以工业为主的有 50 余家。某些领域如工程机械更是实现了较大突破，例如，2012 年中国北车、中国南车分别以 146.96 亿美元、143.82 亿美元的销售收入位居全球轨道交通装备第一和第二。

初步形成企业、高校、院所联动的产业创新体系

近年来，中国制造始终围绕促进科技与经济结合，以加强科技创新、促进科技成果转化和产业化为目标，以调整结构、转换机制为重点，取得了重要突破和实质性进展，基本形成了产业创新体系。我国《制造业领域评估报告》中指出：企业成为制造业科研投入的主体，2006年中长期科技发展纲要实施以来企业共投入1868.6亿元，占总投入的80%，中央财政投入166.4亿元，占7.1%。装备制造业领域国家工程技术研究中心51个，占全国总量的22%；国家级企业技术中心241个，占全国总量的36.5%。2012年，装备制造业领域发明专利申请数占全国总量的43.82%，创新了产学研合作机制，建立制造业领域若干个国家产业技术创新战略联盟，这些都为中国制造的健康持续发展提供了重要保障。

创新投入不足，中国制造竞争力有待提升

中国是制造业大国，但制造业企业创新投入仍显不足，在国际产业链分工中仍处于"制造—加工—组装"低技术含量和低附加值环节，创新能力不强。第一，中国制造研发强度明显低于发达国家。2016年《科技经费统计公报》显示，2015年中国制造业规模以上工业企业研究与实验发展（R&D）经费为9650亿元，研发强度仅有0.97%。尽管中国多年来一直是全球规模最大的制造业基地，但是中国制造研发强度却明显低于美国的4%（2014年）、德国的3.4%（2014年）的研发强度。中国高技术制造业研发强度相较于美国、日本等国家更低。2015年，中国制造研发强度较高的高技术产业中，仪器仪表制造业是2.08%，计算机、医药制造业是1.72%，通信和其他电子设备制造业是1.76%、专用设备制造业是1.58%、通用设备制造业是1.35%，除了仪器仪表制造业，研发强度均低于2%，相比较而言，美国高技术制造业研发强度达到16.9%（2007年），日本为10.5%（2008年）。第二，中国制造在质量、效率方面与发达国家存在较大差距。据测算，中国制造劳动生产率、增加值率较低，只相当于美国的4.38%、德国的5.56%。从中间投入贡献系数来看，中国制造价值创造能力相差较大，发达国家1个单位价值的中间投入大致得到1个单位或更多的新创造价值，而中国只有0.56个单位。另外，科睿唯安（Clarivate Analytics）发布的"2016年全球创新企业百强"名单中，中国大陆仅有华为一家入围；美国品牌咨询机构BCG公布的"2016年全球最创新企业排行榜"，美国企业占据近70%位置，中国仅有小米、华为进入前50强。2015年，我国集成电路进出口逆差高达1600多亿美元，大量高端芯片核心技术一直没有重大突破，企业不得不将大部分利润用于购买国外专利授权，产业自主发展的能力不强，难以打破市场垄断。

中国制造基础能力薄弱，产品质量不高

中国制造质量基础相对薄弱，基础研究、高性能液压件与气动元件、高速精密轴承、大功率变频技术、特种执行机构、仪器仪表传感器等发展滞后，仍然依靠进口。产品质量和技术标准整体不高，近年来，中国出口产品召回问题不断。2012年，欧盟 RAPEX 对华发出通报 1118 起，占欧盟通报总数的 57.93%，美国 CPSC（消费品安全协会）共对华发布不安全产品召回通报 174 批次，在总召回批次中所占比例高于前 3 年，并首次突破 65%，达到 65.17%。出口产品质量问题严重影响着中国制造的国际形象。此外，制造业每年直接质量损失超过 2000 亿元，间接损失超过万亿元[①]。

资源利用效率偏低，与互联网技术结合不够

我国部分传统制造行业高投入、高消耗、高污染、低效益的发展模式造成资源大量开采、大量生产、大量排放的粗放式生产方式，加剧了对生态环境的破坏。我国国内生产总值约占世界的 8.6%，能源消耗却占世界的 19.3%，单位国内生产总值能耗仍是世界平均水平的 2 倍以上。2010 年，全国钢铁、建材、化工等行业单位产品能耗比国际先进水平高出 10%～20%。造纸行业大部分企业吨浆纸综合能耗平均约为 1.38 吨标准煤，而国际先进水平为 0.9～1.1 吨标准煤。机电产品中量大面广的燃煤工业锅炉运行效率约为 65%，比国外先进水平低 15%～20%[②]。

我国大部分地区和行业的信息化仍处于以初级或局部应用为主的阶段，且不同地区、行业及不同规模企业间信息化水平尚存在明显差距。而以大数据、云制造为代表的面向未来的制造业生产模式给传统制造业的发展带来了前所未有的冲击，其带来的大规模定制化生产形成了新的生产制造理念与经营模式，我国企业在此方面生产经营管理上管控与服务水平较低，传统制造业的发展将面临二次淘汰的风险。

---

① 参见《科技部关于印发"十三五"先进制造技术领域科技创新专项规划的通知》（国科发高〔2017〕89 号）。

② 同上。

3.2 实现制造强国须将核心技术掌握在手中

当今世界,科学技术已经成为一个国家的强国之基,而原创性基础理论和核心技术则是科学技术中最重要的部分。在一系列国际竞争中,掌握相关的核心技术是制胜的关键。所谓核心技术,是指支撑产品生产的关键技术和工艺。核心技术是不可复制的,因而具有独特的市场价值和竞争优势(胡化凯,2015)。习近平同志强调:"只有把核心技术掌握在自己手中,才能真正掌握竞争和发展的主动权,才能从根本上保障国家经济安全、国防安全和其他安全。"

掌握核心技术是成为制造强国的必由之路

国际经验表明,制造业要迈向中高端,根本上靠的是核心技术的创新突破。20世纪以来,主要发达国家之所以长期保持制造强国的地位,根本原因就是在装备、材料、信息、生物等关键领域的核心技术上始终保持领先(苗圩,2018)。16世纪,葡萄牙和西班牙依托先进的航海技术而驰骋全球。18世纪,英国凭借其率先掌握的蒸汽机技术而成为第一个工业化国家。19世纪,电能的开发与应用使美、法、德等国家得到快速发展。20世纪发展起来的信息技术,对现代社会产生了重要影响,而信息技术的核心是芯片制造技术。美国几乎掌握了全部的芯片核心技术,大到中央处理器芯片、网络路由器芯片、全球定位系统芯片,小到手机基带芯片、摄像机芯片等,其核心技术大多被美国垄断。由于受制于这些核心技术,我国不仅在相关商品生产上获利微薄,而且国家的信息安全也面临巨大威胁(胡化凯,2015)。

核心技术攻关是中国制造高端化的根本要求

当今世界正处于大发展、大变革、大调整时期,国内外形势发生深刻复杂变化。我国经济已由高速增长阶段转向高质量发展阶段,转变发展方式、优化经济结构、转换增长动力的要求愈加迫切。同时,全球科技创新空前密集活跃,新一轮科技革命和产业变革加速重构全球创新版图、重塑全球经济结构,各国围绕关键领域核心技术的竞争日趋激烈[①]。

工业和信息化部苗圩部长在《求是》撰文指出，我国已成为全球制造大国，但离制造强国仍有较大距离，症结就在于核心技术积累不足，严重制约了制造业转型升级。而我国在通信设备、高铁、核电等领域之所以能实现快速发展，很重要的一个经验就是聚焦核心技术，持之以恒地开展研发攻关。推动全球经济发展的新动能首先来源于新兴产业的培育发展，而新兴产业通常是关键核心技术突破、科技成果转化和大规模商用的直接结果。20世纪70年代中期石油危机后，美国加快了信息通信技术的创新突破，到90年代实现了信息技术革命和"新经济"的崛起，率先走出低谷并重新拉开了与其他国家的距离。从全球看，新一轮科技革命和产业变革从蓄势待发到群体迸发，变革的速度、广度、深度及影响都前所未有。重大科学问题加速突破，不断创造新的科学思想和科学理论，催生颠覆性技术，不仅将重塑产业形态、分工方式和组织模式，改变人们的生活、学习和思维方式，而且可能引发全球价值链重构，深刻影响世界政治经济格局。新一代人工智能深入发展，数据、计算、算法快速迭代，各领域从网络化、数字化向智能化加速跃升，人、机、物共融的三元世界将展现未来的无限可能。量子科学、基因编辑和合成生物学技术快速发展，3D打印、新材料、新能源等技术与信息网络技术融合发展，成为推动产业变革的重要力量。世界主要国家不断强化创新部署，密集出台规划，制定政策，聚集人才，力图在战略必争领域赢得一席之地。我国科技创新面临跨越赶超的巨大机遇，更面临进一步拉大差距的严峻挑战。

核心技术创新公关是保障产业安全的关键举措

习近平总书记多次强调，核心技术是国之重器，是我们最大的命门，核心技术受制于人是我们最大的隐患。发达国家在一些关键技术与核心产品上对我国实施出口管制，我国集成电路、基础软件、互联网、高端生产装备、新材料等多个领域都存在产业安全风险隐患，中国制造不仅面临低端锁定困境，产业链安全和供应链安

[①] 工业和信息化部辛国斌副部长在2018年世界制造业大会发表主旨演讲，指出：2017年入围世界500强的企业中，中国企业平均营业收入比美国企业高11%，但平均利润却低了30%。从核心技术看，中国80%的集成电路芯片制造装备、90%的通用计算机CPU和基础软件都依赖进口。从产品质量看，中国通用零部件产品寿命一般为国外同类产品寿命的30%到60%，模具产品使用寿命一般较国外先进水平低30%～50%。

全也得不到保障。例如，在关系国计民生的基础设施和信息系统中，大量使用进口的芯片、软件和控制系统，一旦被"卡脖子"，就难以保障设备和系统的安全稳定运行。

3.3　创新成为中国制造走向制造强国的战略选择

当前，世界经济和产业格局正处于大调整、大变革和大发展的新的历史时期。中国已经成为全球制造业大国，但中国制造的核心技术和关键元器件受制于人，大而不强的问题依然十分突出，整体素质和竞争力与工业发达国家相比仍然差距很大。中国制造发展对科技创新的需求从来没有像今天这样迫切。

发挥科技创新作用成为各国推进结构性改革的核心

结构性改革的推进，是在世界面临新一轮科技革命和产业变革的形势下，打造和培育经济增长新动力，而这个新动力只能来自产业转型升级及新业态的培育。从全球来看，各国推进结构性改革的路径和重点各有特点，但都有一个共同点，就是无论是国家重点任务部署，还是产业培育和改进投资方式方面，科技创新的战略导向都是非常明确的。美国为解决长期以来虚拟经济过度膨胀，实体经济发展不足的问题，连续发布多份国家创新战略文件，重点放在促进创新和振兴实体经济上，强调技术创新是经济增长的核心动力，掀起"制造业回流""再工业化"风潮，实质上也是推动高端产业发展和制造业转型升级以打造竞争新优势的战略。德国集成政府与产业界力量着力打造、实施"工业4.0"计划和高技术战略，顺应制造业智能、绿色化发展趋势，提升制造业科技含量，打造制造业新的竞争优势。2014年，英国出台《高价值制造战略》，应用智能化技术和专业知识，以创造力带来持续增长和高经济价值潜力的产品、生产过程和相关服务，达到重振英国制造业的目标。近期，主要国家都把科技创新作为推动经济再生的引擎。例如，日本的《机器人战略计划》，强调科技和服务来创造新价值，重点放在"智能制造系统"，促进日本经济的持续增长，应对全球大竞争时代。法国的《新工业法国》战略，通过创新重塑工业实力。印度2014年出台《印度制造计划》，欲将印度打造成新的"全球制造中心"，重点突出基础设施、制造业和智慧城市为经济改革战略的三根支柱。不难看出，各国近期所推出的一系列创新战略，实质就是在系统推进科技进步的同时，突出科技创新在培育智能制造新兴产业，推动经济转型升级上的战略地位。

创新是抓住新科技革命和产业变革机遇的有效手段

新一轮科技革命和产业变革正在孕育兴起，一些重要科学问题和关键核心技术已经呈现出革命性突破的先兆，带动了关键技术交叉融合、群体跃进，变革突破的能量正在不断积累。新一轮的科技革命和产业变革是信息技术与制造技术的深度融合，以"制造业数字化网络化智能化"为核心，同时加上新能源、新材料、生物技术等方面的突破而引发的新一轮产业变革。新科技革命将使全球技术要素和市场要素配置方式发生深刻变化，将给产业形态、产业结构、产业组织方式带来深刻影响，很可能带动整个制造业升级换代，催生全新产业，并对人类经济活动和社会生活产生根本性的影响。

为在新一轮科技创新浪潮中占据优势地位，世界主要发达国家以关键领域技术创新为核心，积极加强新一代信息技术创新及在新能源、新材料、生物等领域的深度应用，加速推进生产方式向个性化、定制化转变，力图掌控新科技革命和产业革命的主导权。美国提出积极开发和应用数字化设计与制造技术、人工智能技术、工业机器人等技术，试图确保美国制造业在全球的竞争优势。欧盟在以宽带为代表的信息基础设施方面投入了较大的关注，重点在中小企业稳步推广云计算应用，设立研发经费，支持建立增材制造研究中心。德国发布"工业4.0"战略，认为新一轮科技革命的核心是数字化、网络化、智能化技术带来的从大规模生产到定制化柔性生产的变革。日本也积极推进新一代无线网络技术的应用，鼓励云计算应用与模式创新，研发新一代机器人。

新一轮科技革命和产业变革是最难掌控但必须面对的不确定性因素之一。当前，新一轮的科技革命和产业变革将重塑全球经济结构和竞争格局，对世界范围产生大变动、大转折，将带给中国，尤其是对于中国的制造业影响深远的多重挑战，如果我们仍然固守传统的发展路线，必然被在更高层面发展的西方社会远远地甩在后面。

新一轮科技革命和产业变革与我国加快转变经济发展方式形成历史性交汇，为我们实施创新驱动发展战略提供了难得的重大机遇。首先，新科技革命和产业革命是建立在传统制造技术基础上，多年来，我国经济水平和综合国力明显提高，中国制造业已积累相当的技术基础和研发能力，具备完整的产业体系和高素质的从业人员，已经具备了新一轮科技和产业竞争的基础。虽然中国未来 20 年在信息技术方面超过美国是不太可能的，但是在新科技革命和产业革命的核心技术方面，也就是在信息技术和制造技术的深度融合方面，我们完全有可能走在世界前列，从这个方面来说，新科技革命和产业革命是中国实现制造强国的重大机遇。其次，我国巨大市场的优势使得先进制造技术在中国有着更为广阔的市场空间，容易形成规模经济，降低研发成本，并实现产业化。再次，新科技革命和产业革命催生新的制造系统和生产设备产业的发展，这些产业的发展会带动信息产业、新材料产业等新的产业门类的出现和增长，从而为我国战略性新兴产业的培育和发展创造很好的机会。

现状摸底

中国制造处于什么样的竞争地位?

第 4 章　中国制造技术的重要性认识

当前世界正在发生日新月异的变化，科技创新越来越成为支撑、引领经济发展和人类文明进步的主要动力。科学技术是第一生产力。要充分估量未来科学技术特别是高技术发展对综合国力、社会经济结构和人民生活的巨大影响，把加速科技进步放在经济社会发展的关键地位，使经济建设真正转到依靠科技进步和提高劳动者素质的轨道上来。世界科学技术酝酿着新的突破，一场新的科技革命和产业革命正在孕育之中。未来科学技术引发的重大创新，将会推动世界范围内生产力、生产方式及人们生活方式进一步发生深刻变革，也将会进一步引起全球经济格局的深刻变化和利益格局的重大调整。纵观人类发展历史，创新始终是一个国家、一个民族发展的重要力量，也始终是推动人类社会进步的重要力量。实施创新驱动发展战略，是应对发展环境变化、把握发展自主权、提高核心竞争力的必然选择，是加快转变经济发展方式、破解经济发展深层次矛盾和问题的必然选择，是更好引领我国经济发展新常态、保持我国经济持续健康发展的必然选择。

4.1　中国的发展离不开中国制造

国家的崛起与式微和制造的发展紧密相关

英国因工业革命成就日不落帝国。1733 年，机械师约翰·凯伊发明飞梭，大大提高了织布效率，之后，织工兼木工詹姆斯·哈格里夫斯发明的珍妮纺纱机，更是将纺纱效率提升了 15 倍。1785 年，工程师埃地蒙特·卡特莱特发明了能将工作效率提高 40 倍的水力织布机，这样一来，机械化大生产逐步取代传统手工业。随着纺织工业的兴起，传统动力系统已无法满足现实需求，1784年英国建立第一座使用改良蒸汽机作为动力的蒸汽纺纱厂。之后，蒸汽机又被应用于冶金工业、铁路运输、蒸汽船等领域。至1850年，英国工业总产值占世界工业总产值的39%，贸易额占世界总量的21%，这为英国成为日不落帝国奠定了基石。

德国因强大的工业实力具备挑战旧有国际秩序的能力。德国工业化比英国晚了50年。直到1830年，德国的工业人口也仅为3%左右，是典型的农业国。1834年，德意志关税同盟的建立，才使德意志国家走上了工业化的道路。1848年，德意志诸国铁路线总长达2500千米。随后，德意志国家抓住了第二次工业革命的机会，钢铁工业蓬勃而起，涌现出鲁尔工业区、萨尔工业区等工业重镇。1870年，德国煤产量达3400万吨，生铁产量达139万吨，钢产量达17万吨，铁路线长度达18 876千米。至此，德国工业一举超越法国，也为普鲁士在1871年普法战争中取胜奠定了物质基础。

至第一次世界大战前夕，德国城市化率达到60%，工业产量占世界工业总产量的15.7%，钢产量是英国的2.26倍，发电量是英国的3.2倍，铁路里程达60 521千米，是英国的90%，煤炭产量为英国的95%。德国也因为雄厚的工业基础，敢于挑战英国霸权，成为欧洲第一大工业国。

美国因强大的工业奠定战后国际新秩序。美国在南北战争之前，一直是个落后的农业国家，战后，美国同样抓住了第二次工业革命的机遇，凭借其资源优势工业得到爆炸式增长。1868—1880年，美国钢铁产量以年均40%左右的速度增长，至第一次世界大战前夕，美国的工业产量居世界首位，占全球工业总产量的32%，钢、煤、石油和粮食产量均居世界首位。至第二次世界大战前夕，美国的工业产量占全球工业总产量的38.7%。强大的工业基础为赢得第二次世界大战提供了坚强的后盾。美国制造业领域的技术创新一直是美国技术创新的重点领域。据统计，1963—2003年40年间，全美专利总量的90%属于美国制造业，全美研究开发经费总投入量的2/3也来源于制造业。2009年，美国制造业企业研究开发经费投入占所有行业企业的70%。

制造技术创新成为经济社会发展的重要推动力

总体来看，中国制造还尚未完全摆脱粗放型、外延式的发展倾向，提高创新能力是提高中国制造业竞争力的关键。唯有依靠创新驱动，才能实现中国制造的改造提升。随着技术的不断创新发展,不仅会带动传统制造领域的生产率提高和产品性能提升,还会带来战略性新兴产业数量众多的新材料、新能源、新生物产品、新设备的出现,推进制造业的转型升级,提高中国制造的竞争能力,乃至推动人类生产生活方式的革命性改变。

培育战略性新兴产业、带动高技术产业发展

纵观历史上英国、美国和日本的发展,都是发生在技术革命重大突破后,抓住重大技术突破的历史机遇,注重创新,并在政府支撑社会重视的条件下,在经济发展和产业技术竞争中独占鳌头。20 世纪初美国的跨越式发展以法拉第的电磁感应理论和爱迪生的技术发明为基础,实现电力工业的迅猛发展,并在第二次世界大战后充分利用大规模集成电路、晶体管等技术,很快在计算机技术领域走在世界经济发展的前列。可见大国崛起通常与其抓住了当时新兴产业技术创新带来的发展机遇有关。20 世纪 90 年代以来,美国仅仅抓住高科技,信息网络技术及信息革命核心的"芯片"技术,从 1991 年到 2000 年下半年经济持续增长 110 个月,1999 年经济增长达 6.9%。这也证明了一国新兴产业的发展首先以重大技术创新突破为基础。姜江(2014)综述了历次新技术革命及产业革命的产生条件和主要影响,以及世界新技术革命和产业革命的发展趋势,认为产业革命会对经济和社会带来革命性变革,全球科技与产业革命进入到一个新的历史性突破关头。万钢(2010)强调科技创新是培育和发展战略性新兴产业的关键要素;姜大鹏和顾新(2010)、黄幸婷和杨煌(2010)等认为我国战略性新兴产业发展的关键是掌握核心技术。制造业是技术创新的主战场。2012 年,我国仅装备制造领域发明专利申请数就占全国总量的 43.82%。制造业技术创新不仅能提高产品竞争力,而且能为国家的产业结构、产业布局带来重大变化。制造技术的创新突破对于培育和发展战略性新兴产业、发展高技术产业的支撑作用非常明显。

改造和提升传统产业

我国已进入新的发展时期,经济由较长时期的两位数增长进入个位数增长阶段,发展中不平衡、不协调、不可持续的问题依然非常突出,中国制造在发展过程中形成的依靠低成本劳动力、资源能源消耗及投资驱动的粗放型增长方式已经不可持续，必须加快实现从要素驱动向创新驱动转变，切实把发展的立足点转到提高质量和效益上来，以创新驱动战略促进经济持续健康稳定发展。在中国进入工业化后期和转变经济发展方式的特殊阶段，传统产业的改造和升级是构建现代产业体系和实现工业强国战略目标的重要内容（邓洲，2013）。传统产业的根本出路在于必须通过不断的技术创新进行脱胎换骨的技术改造，通过持续的结构调整实现产业升级（常建坤，2006）。技术创新不仅是新兴产业壮大发展的重要动力，而且也是传统装备制造业再造辉煌、持续发展的动力之源（王鸿康，2007）。吕乃基（2000）探讨了有中国特色的技术创新之路，即以技术创新为桥梁，一头联系高技术产业化，另一头联系传统产业改造，从而实现技术创新、高技术产业化和传统产业改造三方的共同发展。

节约资源能源、保护生态环境，促进绿色发展

我国的资源对外依赖度不断增加，环境污染问题日趋严重，传统的制造业发展模式难以为继。一方面，中国制造业的快速增长，表现出高度依赖能源和资源的特征，矿产资源供需矛盾日益尖锐、进口依存程度日益增加。预计2020年，中国石油消费量达到6.2亿吨，对外依存度将超过70%。另一方面，我国制造业既是资源消耗大户，也是污染环境的大户。与发达国家相比，我国单位国民生产总值（GDP）的SO_2排放量是美国的6.0倍、德国的26.4倍、日本的68.7倍。随着环境压力加大，减少废物排放、把对环境影响降至"接近于零"，是制造业面临的长期挑战。

在以工业化为核心的近代社会，尽管技术的"双刃"现象早有显现，但实际上人们总是乐于肯定技术进步的正面效应，而倾向于忽视技术进步的负面效应，在政策上则表现为一味鼓励技术发展，缺乏对技术进步的必要选择机制（宁淼 等，2008）。这种倾向往往造成技术创新价值的背离，其中，由于滥用技术而导致资源能源浪费、生态环境破坏进而威胁到人类自身生存的后果，显得尤为突出。提高资源节约与利用技术水平，推进资源节约技术进步与创新，成为建设资源节约型社会的重要支撑与保障（余小平，2007）。近年来，新能源、页岩气开发、分布式能源、储能系统、碳循环系统等重大能源技术被逐步突破，新一轮能源技术革命正在孕育，技术进步是推进能源持续发展的重要动力（张玉卓 等，2015）。但也有学者认为，技术进步同时会产生"回弹效应"，即技术进步会促进经济增长，后者将加剧对能源的需求，使得最终对能源效率有何种影响难以界定。Karen 和 Nick（2010）运用 CGE 模型研究认为，技术进步可以改善能源效率，减轻经济增长对环境质量的影响。李彦军和刘志高（2012）研究认为，尽管科技进步会带来资源利用的反弹效应，但是依靠科技进步实现以最少的资源满足尽可能多人的需要，是符合社会发展需要的。实现绿色发展，仅靠资金、人力、政策是不行的，必须从要素驱动发展向创新驱动发展转变，通过制造节能减排技术创新，通过技术进步带领产业结构升级，解决资源环境问题。

改善和提高人民生活水平与质量

科学技术从本质上联系着国计民生，改善民生的需求是科技发展的重要驱动力之一（李孔燕 等，2013）。民生科技是涉及民生改善的科学技术，是围绕人民群众最关心、最直接、最现实的社会发展重大需求开展的科学研究、产品开发、成果转化和科技服务。加快发展民生科技，是保障和改善民生，深入贯彻落实科学发展观、构建和谐社会的必然要求和价值选择（王明礼 等，2010）。实证研究表明，科技进步与民生改善之间具有相辅相成的互动关系，尤其是科技进步对民生改善的促进作用巨大（黄立新，2015）。通过大力发展民生科技，加快培育和发展了节能环保、生物医药、绿色建筑等民生科技产业，促进了产业结构调整，促进了传统产业转型升级。民生科技已成为加快转变经济发展方式，保持经济平稳较快增长的重要抓手，成为我国经济社会可持续发展的重要支撑。通过大力发展民生科技，我国在提高医疗健康水平，加强资源综合利用效率，恢复和改善生态环境，应对突发自然灾害等方面取得了巨大成就（中国科技产业编辑部，2013）。当然，民生科技直接服务于民生问题，因而，民生科技本身的成熟水平是制约民生科技转化的重要环节（苏玉娟 等，2009）。

保障国家安全

当代科学技术的飞速发展尤其是科技全球化的迅猛推进，不仅对各个民族国家的社会经济活动产生重大影响，而且也对其国家安全带来不同于冷战时期的新的风险和挑战，在某种程度上，我们完全可以说，科学技术已经成为当代国家安全整体系统中的一个突出层面（冯鹏志，2003）。前沿高新技术具有强烈的渗透性、带动性、扩散性等特点，它正深刻改变着人类所有的生产和生活领域，而且丰富了社会成员的社会福利，更加影响着一国政治经济和社会的发展方向，导致国家政治格局的变化，改变着国家间的交流竞争方式乃至未来战争的形势，从而改变了受其界定的国家安全的概念，在国家安全中的地位迅速提升。高新技术的发展在战略层面为我们维护国家经济安全提供了重要的物质技术基础（尹文书，2003）。其中，振兴制造业是我国走向经济强国的根本措施，必须重视制造业技术进步，形成技术创新能力，在国际分工中由产业链末端向上游挺进，唯此才能掌握我国经济发展的主动权，确保国家经济安全（徐根兴，2001）。历史经验也表明，必须从国家安全和国家经济安全的高度，来审视前沿技术的开发（宿景祥，2006）。就国防安全来说，21世纪的军事竞争必定是国家与国家之间科学技术的竞争，要在竞争中占领制高点，就要在科学技术领域上不断创新不断突破，当代科学技术的发展对国家国防安全的影响直接而深刻。在国防关键技术领域抢占先机，就意味着抢占了未来的战略制高点，就能在激烈的国际竞争和新军事变革中掌握战略主动权（孙智信，2006）。

4.2 制造技术的重要性考量

制造技术对经济社会发展的推动力表现

2013年启动的第五次国家技术预测，以中国高端制造领域的151项关键技术作为调查对象，参与调查的专家主要来自高等院校、企业、行业协会、学会的研究人员或技术部门负责人，通过网上调查的形式，共回收有效问卷14 252份。在这次制造领域的技术预测调查中，根据总体研究组对于未来技术、经济、社会发展的重大需求，技术进步对经济社会发展的主要推动力表现在培育新兴产业、提升传统产业、保护资源环境、改善民生质量、增强国家安全5个方面。基于这5个方面的作用表现，设计技术重要性指标，如表4-1所示。

表4-1 技术重要性指标设计

指标	题干	指标设计
培育新兴产业	对培育战略性新兴产业和带动高技术产业发展的作用	A. 作用很大　B. 作用较大　C. 作用一般　D. 作用较小　E. 没有作用

续表

指标	题干	指标设计
提升传统产业	对改造和提升传统产业的作用	A. 作用很大　B. 作用较大　C. 作用一般 D. 作用较小　E. 没有作用
保护资源环境	对资源能源节约和生态环境保护的作用	A. 作用很大　B. 作用较大　C. 作用一般 D. 作用较小　E. 没有作用
提高民生质量	对改善和提高人民生活水平与质量的作用	A. 作用很大　B. 作用较大　C. 作用一般 D. 作用较小　E. 没有作用
增强国家安全	对国家和国防安全的作用	A. 作用很大　B. 作用较大　C. 作用一般 D. 作用较小　E. 没有作用

对于技术重要性指标，这里的分析采取了指数法的处理形式。针对该技术对各类需求的重要贡献，专家对技术在解决不同需求时的作用做出判断，选择"作用很大、作用较大、作用一般、作用较小、没有作用"的人数分别为 n_1，n_2，n_3，n_4 和 n_5，则该指标的指数为：

$$index = \frac{100 \times n_1 + 75 \times n_2 + 50 \times n_3 + 25 \times n_4 + 0 \times n_5}{n_1 + n_2 + n_3 + n_4 + n_5}。 \tag{4-1}$$

指数值越大，表明该技术的重要性越明显。最后，以等权重的形式，对 5 个技术重要性指标取平均值，最终得到每一项技术的总的技术重要性指数。

信度分析检验测量可信

调查问卷是收集数据的重要途径，它广泛应用于科学研究和生产实践的方方面面。当我们收回成百上千份调查问卷后，最关心的是问卷表中的题目能否反映调查意图，以及所得数据的可靠性怎样。信度指对同一事物的重复测量结果的一致性程度，它能够反映测量工具的稳定性或可靠性，一般用信度系数表示。信度本身与测量结果的正确与否无关，它的用途在于检验测量本身是否稳定。一致性高的问卷表明同一群人接受性质相同、题型相同、目的相同的不同问卷测验后，在各结果之间显示出较强的正相关性。测验的信度越高，表示检测结果越可信。

Cronbach's α（克朗巴哈系数）是在企业研究中常用来作为测量信度的标准，其公式如下：

$$\alpha = \frac{k}{k-1}\left(1 - \frac{\sum_{i=1}^{k}\sigma_i^2}{\sum_{i=1}^{k}\sigma_i^2 + 2\sum_{j}^{k}\sum_{j}^{k}\rho_{ij}}\right)。 \tag{4-2}$$

式中，k——测量某一观念的题目数；

σ_i——题目i的方差；

ρ_{ij}——相关题目的协方差。

信度系数越大，表明测量的可信程度越大。究竟信度系数为多少时才算有高的信度。Cronbach's $\alpha \geqslant 0.70$ 时，为高信度，$0.35 <$ Cronbach's $\alpha < 0.70$ 时，属于尚可，Cronbach's $\alpha \leqslant 0.35$ 时，则为低信度（Gilford，1954）。学者 DeVellis（1991）认为，Cronbach's α 取值 0.60～0.65（最好不要）；0.65～0.70（最小可接受值）；0.70～0.80（相当好）；0.80～0.90（非常好）。由此，一份信度系数好的量表或问卷，最好在 0.80 以上，0.70～0.80 还算是可以接受的范围；分量表最好在 0.70 以上，0.60～0.70 可以接受。若分量表的内部一致性系数在 0.60 以下或者总量表的信度系数在 0.80 以下，应考虑重新修订量表或增删题项。信度系数与量表的题目数量关系密切，一个含有约 10 个题目的量表，Cronbach's α 应能达到 0.8 以上，如果题目增加到多于 20 个时，Cronbach's α 会很容易地升至 0.9 以上，如果量表的题目减少，Cronbach's α 也会随之降低。因此判断量表信度时，首先应当了解该量表所含题目的数量，再以此为基础判断 Cronbach's α 是否达到了可以接受的水平。

在社会或经济活动中，对某个事物做出综合评价以获得其信度是一件极为普遍的事情。信度颇佳是生活中的可信度及可靠度的一种表现。信度颇佳是对同一事物进行多次同样方法测量并能获得一致性结果的一种统计分析方法，是评价一个由若干的题目编制而成的测验、量表或问卷优劣的重要指标。表4-2的可靠性统计量给出了对于技术重要性指标的 Cronbach's α 的计算结果，表中 0.680 是对真实 Cronbach's α 的估计，由于它大于 0.6，故可以推断此问卷对于技术重要性的判断的可信度还是不错的。

表4-2 技术重要性指标信度检验

Cronbach's α	基于标准化项的 Cronbach's α	项数
0.680	0.714	5

表4-3给出了如果将相应的变量删除，则整个问卷调查的信度如何改变的统计量。依次为总分的均值改变、方差改变、该项与总体的相关系数和 Cronbach's α 的改变情况。其中，重要的是后两项，如果相关系数太低，则说明该变量的调查结果与总体调查的高低相关性不强，可考虑删除或改进该变量。从该表中，可以看出，"增强国家安全"变量的相关性系数相对较低，删除该变量后，Cronbach's α 还会上升，信度将提高。但是也要看到，对于国防安全技术重要性基本上也涵盖了它所

要测量的关于国家安全与国防安全的所有项目，可以认定为具有内容效度。表 4-4 显示的是技术重要性描述统计量。

表 4-3　技术重要性指标项总计统计量

	项已删除的刻度均值	项已删除的刻度方差	校正的项总计相关性	多相关性的平方	项已删除的 Cronbach's α
培育新兴产业	334.2007	522.579	0.733	0.630	0.519
提升传统产业	333.6412	542.531	0.647	0.529	0.552
保护资源环境	341.3897	608.627	0.261	0.250	0.708
提高民生质量	343.9581	491.724	0.529	0.400	0.583
增强国家安全	339.4926	634.721	0.175	0.217	0.749

表 4-4　技术重要性描述统计量

	N	极小值	极大值	均值	标准差
培育新兴产业	136	66.70	100.00	88.9699	7.084 58
提升传统产业	136	69.40	100.00	89.5294	7.174 84
保护资源环境	136	50.00	100.00	81.7809	9.150 00
提高民生质量	136	48.50	100.00	79.2125	9.631 41
增强国家安全	136	58.30	100.00	83.6779	9.550 22
有效的 N（列表状态）	136				

高端制造对于战略性产业和传统产业的重要性凸显

离散系数判断

为进一步考察分析各类技术重要性在不同子领域之间的差异的表现，可以用离散系数的计算来解释。离散系数是消除平均数影响后的标志变异指标，用来对不同数据的差异程度进行相对比较，其形式为相对数，因此，也称为变异相对数指标。常见的离散系数是标准差系数 V_σ，其计算公式为：

$$V_\sigma = \frac{\sigma}{\bar{x}}。 \tag{4-3}$$

这里，σ 为总体标准差，$\bar{x}$ 为总体均值。

离散系数值越大，说明数据集中相对于均值的变化越大。将高端制造整体及各个子领域对战略性新兴产业重要性的指标离散系数计算出来,如图 4-1 所示。高端制造领域整体上对于培育战略性产业的重要性离散程度为 0.08,而专家认为对于制造服务、智能机器人子领域的技术重要性认识较为一致,智能机器人代表新兴产业的发展方向,认为对于战略性新兴产业和高技术产业有较好的促进作用。

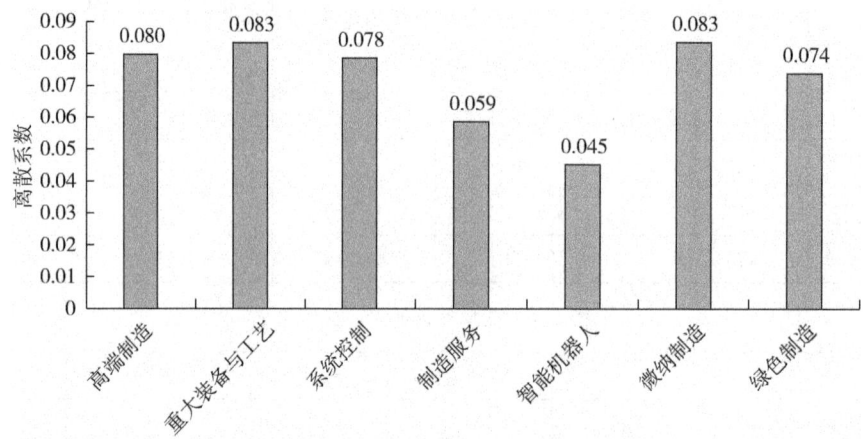

图 4-1　对于培育战略性新兴产业和发展高技术产业的作用指标离散系数

如图 4-2 所示,高端制造领域整体上对于传统产业的重要性离散程度为 0.080,而专家认为对于制造服务、智能机器人子领域的技术重要性认识较为一致,对于提升改造传统产业作用,这一点得到专家的广泛认同。

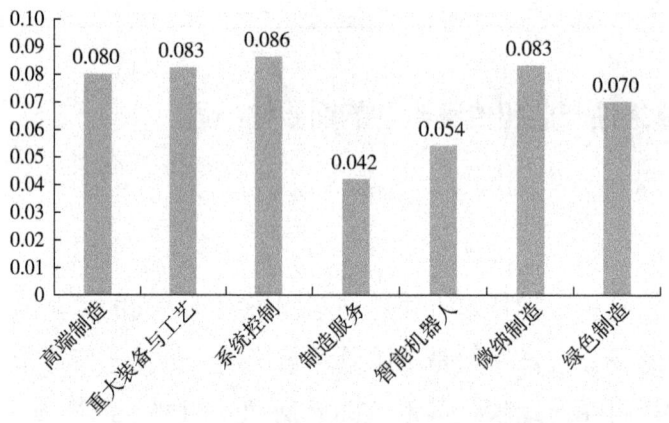

图 4-2　对于改造和提升传统产业的作用指标离散系数

如图 4-3 所示,高端制造领域整体上对于生态环境改善的重要性离散程度为 0.112,而专家认为对于制造服务、绿色制造子领域的技术重要性认识较为一致。生态环境与生产制造的矛盾日益激化,推动了工业设计理念的革新和传统技术的改造升级,以实现资源能源的高效利用和对生态环境破坏的最小化。欧美的"绿色供应链""低碳革命",日本的"零排放"等新的产品设计理念不断兴起,"绿色制造"等清洁生产过程日益普及,节能环保产业、再制造产业等静脉产业链不断完善都表明制造的绿色化发展目标已经成为制造业的共识(上海市经济和信息化委员会 等,2015)。这一点同样得到国内专家的广泛认同。系统控制和微纳制造对于生态环境的改善作用不如绿色制造直接,因而专家的判断较为分散。

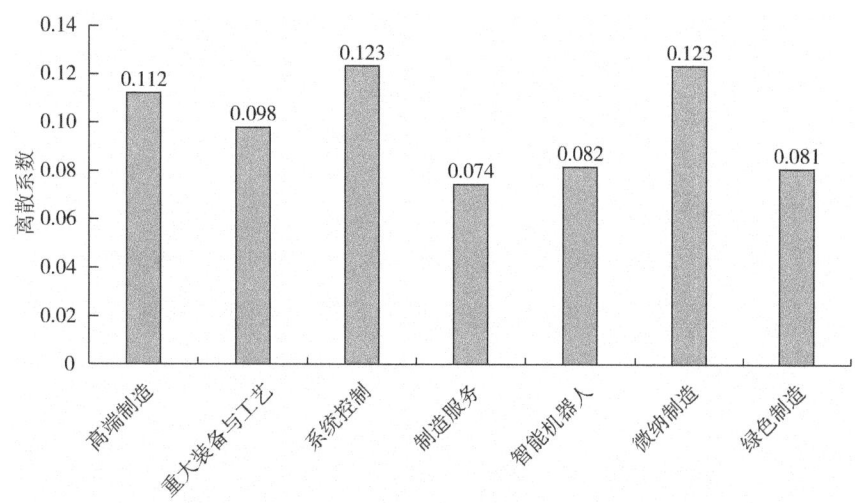

图 4-3 对于资源能源节约和生态环境保护的作用指标离散系数

如图 4-4 所示,高端制造领域整体上对于民生改善的重要性离散程度为 0.122,而专家认为对于制造服务、智能机器人子领域的技术重要性认识较为一致。在同质化竞争和供大于求的全球市场环境下,制造业产业价值链的高端向研发和产品运营维护等服务生命周期转移,制造企业不再仅仅提供产品,而是成为提供产品、服务、支持、自我服务和知识的集合体。服务与制造相互渗透与融合,从生产型制造走向服务型制造,与每位客户自身密切相关,制造业的服务化已成为当今制造业发展的大趋势。智能机器人尤其是服务机器人,随着语言、视觉等人工智能水平不断提升,发展方向在于提升其与人的沟通和互动能力,其在改善人们生活等服务领域的潜力不可估量。

如图 4-5 所示,高端制造领域整体上对于国家安全产业的重要性离散程度为 0.114,而专家认为对于重大装备与工艺、绿色制造子领域的技术重要性认识较为一致。装备制造业是为国民经济发展和国防建设提供技术装备的基础性产业。重大装备与工艺是制约我国国家安全的关键环节。绿色制造和环境治理密切相关,环境问题关系到国家治理能力和人民群众生活质量,和国家经济社会安全密切相关。专

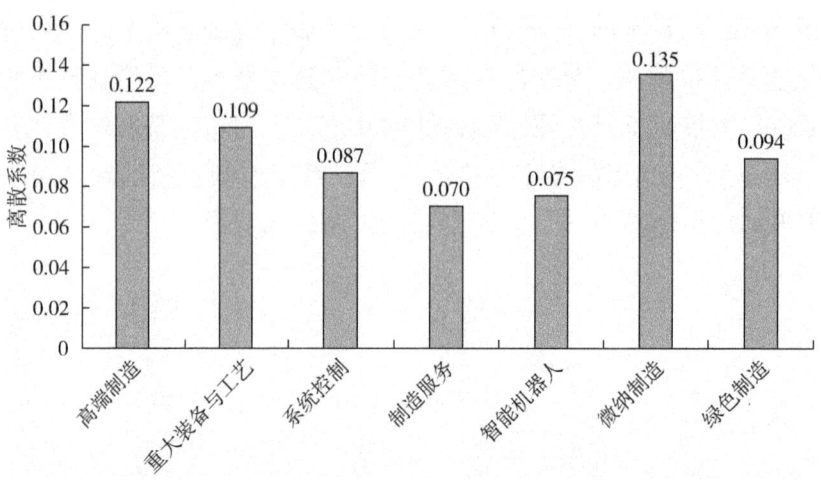

图 4-4 对于改善和提高人们生活水平与质量的作用指标离散系数

家对于绿色制造对于国家安全的作用有较大的共识。系统控制则不如其他子领域能得到专家相对集中的判断。

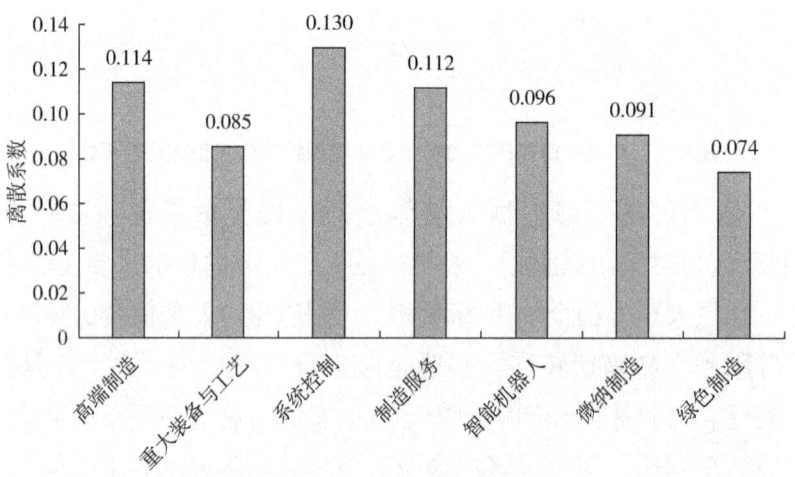

图 4-5 对于增强国家和国防安全的作用指标离散系数

频率分布

各项技术重要性指标的频数分布如表 4-5 所示，主要显示了各种观测值所出现的次数。通过出现的次数可以快速了解测试的整体情况，并可以清晰地看出某分值区间技术数量及其占比情况。从对"培育战略性新兴产业和发展高技术产业"的技术重要性来看，超过半数的技术的重要性取值高于 90 分。同样对于"改造传统产业",有 78 项技术超过 90 分,占全部技术的 53%,甚至有"机器人机电一体化技术、机器人人机接口技术、多机器人协作技术、数控机床伺服驱动与数字控制系统、物联网环境下的制造系统体系结构及关键技术研究、认知制造"等 6 项技术,得到参与调查专家的高度认可,形成共识,对于改造传统产业,有非常明显的推动作用。高端制造的 136 项关键技术中,对于"保护资源环境"和"提高民生质量"有重要推动作用的关键技术数量相对较少,重要性指数高于 90 分的技术分别有 25 项、22 项,不到总数的 20%。其中,也有部分技术,专家判断认为重要性贡献不足 50 分,而且各有两项技术,对于提高民生质量和增强国家安全的重要性相对较低。

总体上看,高端制造对于战略性产业和传统产业的重要性凸显,相对而言,高端制造对于民生改善的作用来得不够直接,其重要性也不如其他方面突出。

表 4-5 技术重要性指标技术数量分布

区间	培育新兴产业		提升传统产业		保护资源环境		提高民生质量		增强国家安全	
	技术数/项	百分比	技术数/项	百分比	技术数/项	百分比	技术数/项	百分比	技术数/项	百分比
45~49	0	0	0	0	0	0	1	0.74%	0	0
50~54	0	0	0	0	1	0.74%	0	0	0	0
55~59	0	0	0	0	0	0	2	1.47%	2	1.47%
60~64	0	0	0	0	5	3.68%	4	2.94%	2	1.47%
65~69	2	1.47%	1	0.74%	8	5.88%	12	8.82%	10	7.35%
70~74	2	1.47%	2	1.47%	7	5.15%	19	13.97%	11	8.09%
75~79	15	11.03%	13	9.56%	35	25.74%	40	29.41%	18	13.24%
80~84	18	13.24%	18	13.24%	33	24.26%	25	18.38%	26	19.12%
85~89	28	20.59%	24	17.65%	22	16.18%	11	8.09%	23	16.91%
90~94	37	27.21%	42	30.88%	14	10.29%	11	8.09%	31	22.79%
95~99	31	22.79%	30	22.06%	6	4.41%	7	5.15%	11	8.09%
100	3	2.21%	6	4.41%	5	3.68%	4	2.94%	2	1.47%
合计	136	100.00%	136	100.00%	136	100.00%	136	100.00%	136	100.00%

4.3　判别中国制造优先发展的技术群

聚类可以技术群分

聚类分析的实质就是按照距离的远近将数据分为若干个类别,以使得类别内数据的"差异"尽可能小,类别间"差异"尽可能大。因此,在进行聚类分析时要重点明确以下一些问题。

所用的变量类型

变量可以被分成两类,一类是分类变量(如民族、性别等),另一类是连续性变量(如身高、销售收入)。这两类变量在聚类时常用的距离测量方式完全不同,例如,连续性变量一般使用欧平方距离,而分类变量则使用 x^2 作为距离指标。因此,多数传统聚类方法只能使用单一种类的变量进行分析,如果数据中同时有这两类变量,则或者只采用连续性变量进行分析,将分类变量用于结果的描述和验证;或者将分类变量按照哑变量的方式拆分成多个二分类变量,然后,按照连续性变量的方式进行分析。

聚类方式的选择

传统的聚类方法大致可以分为两大类,一类是层次聚类法(hierarchical),另一类是重新定位聚类法(relocation),也称非层次聚类法。各种聚类方法分别有着不同的适用条件,对于不同数据会有不同的表现,很难有统一的标准说明什么时候应该选用什么样的方法。

距离的定义

在聚类分析中最重要的问题就是如何描述"差异",通常的做法是通过距离或者相似性的方式来描述。统计学家发明了各种各样描述距离和相似性的方法。SPSS 提供的距离和相似性度量就有多达 30 余种。而在统计学中最常用的距离表达是欧几里得距离,对于两条数据 (x_1, y_1, z_1) 和 (x_2, y_2, z_2),欧几里得的距离计算公式是:

$$Euclid\ (1,2) = [(x_1-x_2)^2 + (y_1-y_2)^2 + (z_1-z_2)^2]^{\frac{1}{2}}。 \quad (4-4)$$

但是在聚类分析中,往往会使用欧几里得距离的平方来度量距离,大多数的聚类过程默认都采用这样的距离度量。

聚类分析的方法体系

在实际的聚类分析中,研究者不可能去考察所有可能的类别组合情况,这在拥有强大计算能力的今天也是不太现实的。因此,有必要发展各种各样的聚类算法,以期能尽快找到"合理"的聚类,而又不必考察所有可能的结构。聚类方法经过多年的发展,已经逐渐形成了自身的方法体系。以前曾经按照方法是对观测还是对变量进行分类,将对观测的分类称为 Q 型聚类,对变量的分类称为 R 型聚类,但实际上这两种聚类在数学上是对称的,没有什么不同。如果按照方法原理区分,经典的聚类方法大致可被分为两类:层次聚类法(hierarchical cluster)和非层次聚类法(non-hierarchical clustering)。

(1) 层次聚类法

层次聚类法首先会确定距离的基本定义,以及类间距离的计算方式,随后按照距离的远近,把距离接近的数据一步一步归为一类,直到数据完全归为一个类别为止,或者首先认为所有的数据都是一个类别,然后把距离远的数据一步一步分离开来,直到所有的数据各自成为一类为止,这样就得到了一系列(从被合并为一大类到这 n 个元素各自被分为一类)可能的聚类结果,最后再利用一些相应的指标来确定哪个聚类结果是最为合适的。显然,这一系列的聚类结果间存在着嵌套,或者说层次的关系,因此这一类方法的名称被称为层次聚类法。由于这种结果上的层次关系,整个分析过程,特别是每一步中完成的合并或分割都可以用一张二维空间的图形来表示,这种图被称为"树状图",是层次聚类法结果解释的重要工具。

(2) 非层次聚类法

设计非层次聚类法或者说重新定位法的目的是为了将案例快速分成 k 个类别,一般而言,具体类别个数需要在分析前就加以确定,整个分析过程使用迭代的方式进行。参与聚类的变量必须是数值型变量,且至少要有一个;为了清楚地表明各观测量最后聚到哪一类,还应指定一个对观测量的标识变量,而且聚类个数须大于

2，但不能大于数据集中的观测量个数。

若有 n 个数值型变量参与快速聚类，它们组成一个 n 维空间，把每个观测量看作是空间中的一个点，设最后要求的聚类个数为 k。首先，选择 k 个观测量（由系统自动制定或由用户指定）作为聚类的初始种子，它们就是 k 个初始聚类中心点；然后把每个观测量都分派到与这 k 个中心距离中最小的那个类中，得到第一次迭代形成的 k 个类别；接着根据组成每一类的观测量计算每个变量的均值，每一类的 n 个均值在 n 维空间中又形成 k 个点，这就是第二次迭代的类中心；按照这种方法依次迭代下去，直到达到制定的迭代次数或中止迭代的判据要求时，聚类过程结束。这种聚类也称为 k-均值聚类，该聚类过程不仅是快速样本聚类，而且是一种逐步聚类分析，即先把被聚对象进行初始分类，然后通过逐步调整得到最终分类。

聚类分析的关键步骤之一就是确定聚类的数量，但这一数量的确定并没有绝对标准。根据 Demirmen（1972）提出的分类原则，各类必须在邻近各类中突出，并且各类中包含的元素不宜过多，分类的数量应符合实际应用的目的。经验一般可以借助展示"距离"和"类别"关系的"碎石图"来辅助判断。

当聚类个数已知时，使用快速聚类过程可以快速地将观测记录分到各类中去，其特点是处理速度快、占用内存少。快速聚类适用于对大样本的聚类分析。这里的快速聚类过程使用的是 k-均值聚类法，是一种非分层的聚类方法。按照如下步骤来进行：①首先确定要聚类的类别数量，这个是由分析者自己指定，在实际分析过程中，往往需要研究者根据问题，反复尝试把数据分成不同的类别数，并进行比较，从而找出最优方案；②根据分析者自己指定的聚类中心，或者由数据本身结构的中心初步确定每个类别的原始中心点；③逐一计算每一记录到各个类别中心点的距离，把各个记录按照距离最近的原则归入各个类别，并计算新形成类别的中心点；④按照新的中心位置，重新计算每一记录距离新的类别中心点的距离，并重新进行归类，更新类别中心点；⑤重复步骤，直到达到一定的收敛标准，或者达到分析者事先制定的迭代次数为止。

44 项关键技术聚类成解决当前重大发展需求的技术群

聚类分析变量筛选的首要原则是必须依据现有的理论或经验研究成果挖掘其分类意义，此外还应该考虑变量之间的相关性问题，如果变量之间存在"强相关"关系，则会使权重远高于其他变量，从而影响聚类结果的区分度。表 4-6 的结果表明

"培育新兴产业"指标与其他指标的相关性很显著,因此可能会影响整个的聚类结果区分度。因为,参与本次调查的专家主要是以小同行为主,即主要是以子领域内的专家对本子领域的多项技术进行调查,对于整个领域进行指标分析结果比较可能会有所偏差,因此,这里的结果供参考使用。

表4-7分析中所给出的方差分析表,主要显示了聚类的均方、误差的均方和F检验值,以及显著性水平。实际上就是按照类别分组后对所有变量依次进行的单因素方差分析,然后将结果汇总到该表。从中可以看出哪些变量在各类间的差异具有统计学意义,并根据F值的大小近似得到哪个变量在聚类分析中的作用更大的结论。表4-7显示,在聚类分析的结果中,各变量之间均存在显著性差异$P<0.01$,表示对该案例的分类具有一定的合理性和有效性。各个变量对聚类结果的重要程度排序为:增强国家安全>培育新兴产业>提高民生质量>保护资源环境>提升传统产业。

表4-6 技术重要性指标相关性分析

		培育新兴产业	提升传统产业	保护资源环境	提高民生质量	增强国家安全
培育新兴产业	Pearson 相关性	1	0.676**	0.249**	0.610**	0.394**
	显著性(双侧)		0.000	0.004	0.000	0.000
	N	136	136	136	136	136
提升传统产业	Pearson 相关性	0.676**	1	0.428**	0.461**	0.202*
	显著性(双侧)	0.000		0.000	0.000	0.018
	N	136	136	136	136	136
保护资源环境	Pearson 相关性	0.249**	0.428**	1	0.298**	−0.131
	显著性(双侧)	0.004	0.000		0.000	0.128
	N	136	136	136	136	136
提高民生质量	Pearson 相关性	0.610**	0.461**	0.298**	1	0.143
	显著性(双侧)	0.000	0.000	0.000		0.096
	N	136	136	136	136	136
增强国家安全	Pearson 相关性	0.394**	0.202*	−0.131	0.143	1
	显著性(双侧)	0.000	0.018	0.128	0.096	
	N	136	136	136	136	136

**在0.01水平(双侧)上显著相关。

*在0.05水平(双侧)上显著相关。

表 4-7 技术重要性指标的 ANOVA 分析

	聚类		误差		F	Sig.
	均方	df	均方	df		
培育新兴产业	989.414	4	21.513	131	45.992	0.000
提升传统产业	842.079	4	27.338	131	30.803	0.000
保护资源环境	1457.350	4	41.780	131	34.882	0.000
提高民生质量	1765.591	4	41.685	131	42.355	0.000
增强国家安全	1981.458	4	33.489	131	59.167	0.000

注：F 检验应仅用于描述性目的，因为选中的聚类将被用来最大化不同聚类中的案例间的差别。观测到的显著性水平并未据此进行更正，因此，无法将其解释为是对聚类均值相等这一假设的检验。

可以看出，k-均值聚类过程不仅是快速样本聚类，而且是一种逐步聚类分析，即事先把被聚对象进行初始分类，然后通过逐步调整得到最终分类（表 4-8）。

表 4-8 技术重要性快速聚类结果最终聚类中心

	聚类				
	1	2	3	4	5
培育新兴产业/分	86.24	94.59	95.50	75.31	88.29
提升传统产业/分	89.30	94.68	87.10	75.74	88.11
保护资源环境/分	89.31	83.71	73.56	66.86	77.41
提高民生质量/分	78.42	85.70	97.68	63.65	74.58
增强国家安全/分	73.39	89.97	71.54	79.70	89.42
类内个数/个	38	44	5	11	38

第二类别共有 44 项关键技术，是所有类别中最能有效支撑传统产业改造与提升，以及保障国家安全，同时在战略性新兴产业培育、发展高新技术产业、促进资源能源节约、提高和改善人民生活水平与质量等方面都具有很好的支撑推动作用。这 44 项关键技术也是中国制造领域技术需要优先发展的技术。

针对培育战略性新兴产业和发展高技术产业来说，第三类别关键技术群的技术重要性评价最高，其次是第二类别的关键技术群，两者共计 49 项关键技术，相对而言，第四类别的 11 项关键技术平均得分仅为 75.31，在培育新兴产业中的技术支撑作用不如其他类别的关键技术来得明显。就改造和提升传统产业而言，第二类别的 44 项关键技术平均得分高达 94.68，明显要高于其他类别的关键技术，同样分值最低的是第四类别的 11 项关键技术，其他类别的关键技术对于改造和提升传统产业的技术重要性差别不大。对于促进资源能源节约、生态环境保护方面，第一类别的关键技术群的技术支撑作用最为明显，其次是第二类别的关键技术群，而第四类别的关键技术对于保护资源环境方面的技术重要性相对最弱。第三类别的关键技术群对于提高人民生活水平和质量的作用最为明显，5项关键技术的平均得分为97.68，得到了调查专家的高度共识，而第四类别的关键技术群同样处于垫底的位置。第二、第五类别的关键技术群对于增强国家和国防安全方面的技术重要性都具有较高的评价，而且分值接近，第三类别的关键技术群相对而言对于增强国家安全的技术重要性要弱些。

第 5 章　中国制造技术的"物以类聚"

"物以类聚，人以群分"。在科学研究和社会生产的许多领域都渗透着聚类分析的研究与应用。什么样的制造领域技术对应解决什么样的重大需求、重大问题？这些是决策部门迫切想知道的问题。

聚类分析作为单独使用的工具，可以用来帮助分析技术重要性指标数据的分布、了解数据特征，找出分组的数据子集，挖掘对应解决重大需求的关键技术群。系统聚类是实际工作中使用的最多的一种聚类方法，它具有十分明显的优点：可以对样品聚类，也可以对变量聚类，变量可以是连续性或分类变量，提供的距离测量方法和结果表示方法也十分丰富。在层次聚类法中，当每个类别由多于一个的数据点构成时，就会涉及如何定义两个类别间的距离问题。根据计算两个类别之间距离的不同，会得到不同的结果，也就进一步构成了不同的层次聚类方法。常见的有最短距离法、最长距离法、重心法、组间平均距离法、离差平方和法（Ward's method）。这里使用离差平方和法，这一方法的思想直接来自方差分析，是使得各类别中的离差平方和较小，而不同的类别之间的离差平方和较大。使用该方法，将倾向于使得各个类别间的样本量尽可能相近。

5.1　高端装备、智能集成制造支撑制造业向高端发展

重大装备与工艺

在重大装备与工艺子领域中，强场制造技术为生物、材料、信息、纳米技术等高科技领域提供强有力的支撑手段。当前，复合材料成为飞机、航天器、汽车、能

源等领域关键产品零件的重要新型材料，其制造装备与工艺将成为先进制造需要重点发展的方向。针对国防军工、光电子、新能源重大需求发展我国亚微米精密加工技术，对高附加值产品研制，占领相关产业链高端具有重要意义。

表 5-1 显示了重大装备与工艺子领域各项技术重要性指标的相关性分析，观察数据可以发现，各变量之间存在弱相关或中等相关，因此可以做聚类分析。

表 5-1 重大装备与工艺子领域技术重要性指标相关性分析

		培育新兴产业	提升传统产业	保护资源环境	提高民生质量	增强国家安全
培育新兴产业	Pearson 相关性	1	0.709**	0.287	0.539**	0.596**
	显著性（双侧）		0.000	0.124	0.002	0.001
	N	30	30	30	30	30
提升传统产业	Pearson 相关性	0.709**	1	0.428*	0.584**	0.475**
	显著性（双侧）	0.000		0.018	0.001	0.008
	N	30	30	30	30	30
保护资源环境	Pearson 相关性	0.287	0.428*	1	0.601**	−0.075
	显著性（双侧）	0.124	0.018		0.000	0.692
	N	30	30	30	30	30
提高民生质量	Pearson 相关性	0.539**	0.584**	0.601**	1	0.286
	显著性（双侧）	0.002	0.001	0.000		0.125
	N	30	30	30	30	30
增强国家安全	Pearson 相关性	0.596**	0.475**	−0.075	0.286	1
	显著性（双侧）	0.001	0.008	0.692	0.125	
	N	30	30	30	30	30

**在 0.01 水平（双侧）上显著相关。
*在 0.05 水平（双侧）上显著相关。

图 5-1 展示了本次聚类的过程及所有可能的聚类结果，图中显示各组间距离较大，组内距离较小，聚类效果比较理想。如前所述，本研究通过"碎石图"来辅助判断聚类的数量，如图 5-2 所示，各类别之间的距离随着类别的凝聚和类数的减少而逐渐扩大，但在凝聚成 4 类之前的各类别间的聚类扩大幅度缓慢，之后迅速扩大，据此可以判断聚类数目确定为 3~5 类较为合适。类别确定后，即可对装备制造与工艺子领域关键技术所属类别做出判断。

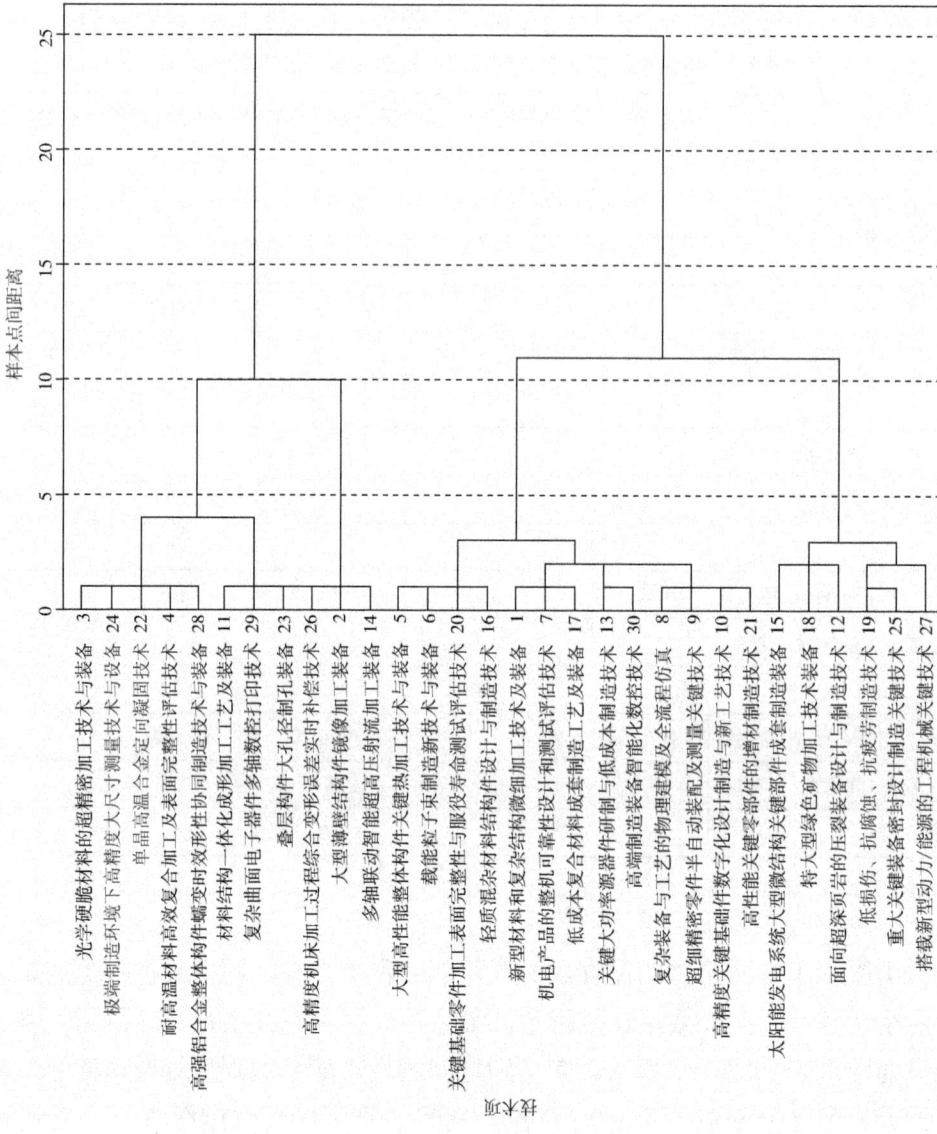

图5-1 重大装备与工艺子领域技术重要性指标聚类

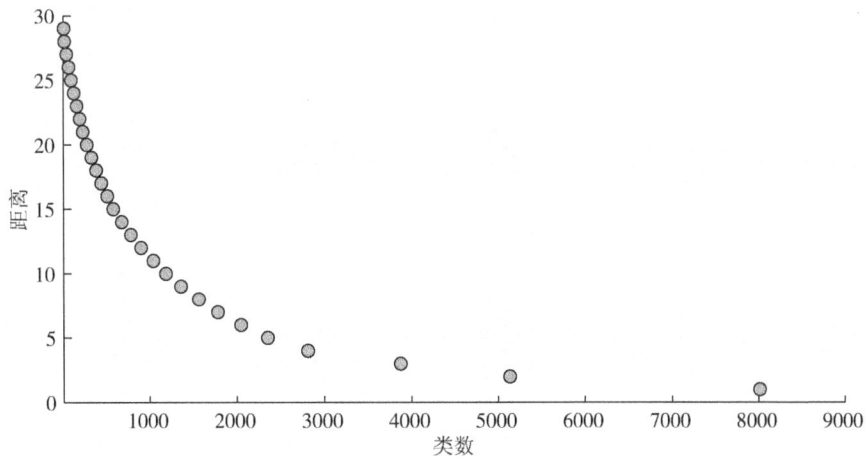

图 5-2 重大装备与工艺子领域技术重要性指标聚类分析"碎石图"

表 5-2 列出了聚类分析的详细步骤,可见第一步是光学硬脆材料的超精密加工技术与装备、极端制造环境下高精度大尺寸测量技术与设备两项技术聚为一类,第二步是关键大功率源器件研制与低成本制造技术、高端制造装备智能化数控技术两项技术合并,以此类推,直至全部合并为一类。其他子领域过程与此相同,就不再赘述。

表 5-2 重大装备与工艺子领域技术重要性聚类分析过程

阶	群集组合		系数	首次出现阶群集		下一阶
	群集 1	群集 2		群集 1	群集 2	
1	3	24	4.685	0	0	10
2	13	30	11.260	0	0	20
3	5	6	35.115	0	0	11
4	11	29	60.790	0	0	17
5	8	9	89.060	0	0	15
6	19	25	120.915	0	0	23
7	4	28	154.250	0	0	14
8	10	21	188.260	0	0	15
9	1	7	223.895	0	0	12
10	3	22	270.597	1	0	14
11	5	20	323.775	3	0	18
12	1	17	378.220	9	0	21
13	23	26	436.530	0	0	17
14	3	4	504.884	10	7	26

续表

阶	群集组合		系数	首次出现阶群集		下一阶
	群集1	群集2		群集1	群集2	
15	8	10	574.369	5	8	20
16	2	14	673.164	0	0	27
17	11	23	780.762	4	13	26
18	5	16	899.906	11	0	24
19	15	18	1042.411	0	0	22
20	8	13	1187.059	15	2	21
21	1	8	1359.515	12	20	24
22	12	15	1562.330	0	19	25
23	19	27	1780.055	6	0	25
24	1	5	2046.978	21	18	28
25	12	19	2353.690	22	23	28
26	3	11	2811.354	14	17	27
27	2	3	3874.229	16	26	29
28	1	12	5133.630	24	25	29
29	1	2	8013.425	28	27	0

表5-3中的第2至第4列分别列出了重大装备与工艺子领域技术重要性指标分成3～5个类别时的结果。根据"碎石图"的判断，这里重点考察分成4类后的聚类结果。观察数据不难发现，新型材料和复杂结构微细加工技术及装备等13项技术构成一类；大型薄壁结构件镜像加工装备等2项技术构成第二类别技术群；光学硬脆材料的超精密加工技术与装备等9项关键技术构成了第三类别技术群；面向超深页岩的压裂装备设计与制造技术等6项关键技术即构成了第四类别技术群。

表5-3 重大装备与工艺子领域技术重要性指标聚类分析结果

编号	案例	5群集	4群集	3群集
1	新型材料和复杂结构微细加工技术及装备	1	1	1
2	大型薄壁结构件镜像加工装备	2	2	2
3	光学硬脆材料的超精密加工技术与装备	3	3	2
4	耐高温材料高效复合加工及表面完整性评估技术	3	3	2
5	大型高性能整体构件关键热加工技术与装备	1	1	1
6	载能粒子束制造新技术与装备	1	1	1

续表

编号	案例	5群集	4群集	3群集
7	机电产品的整机可靠性设计和测试评估技术	1	1	1
8	复杂装备与工艺的物理建模及全流程仿真	1	1	1
9	超细精密零件半自动装配及测量关键技术	1	1	1
10	高精度关键基础件数字化设计制造与新工艺技术	1	1	1
11	材料结构一体化成形加工工艺及装备	4	3	2
12	面向超深页岩的压裂装备设计与制造技术	5	4	3
13	关键大功率源器件研制与低成本制造技术	1	1	1
14	多轴联动智能超高压射流加工装备	2	2	2
15	太阳能发电系统大型微结构关键部件成套制造装备	5	4	3
16	轻质混杂材料结构件设计与制造技术	1	1	1
17	低成本复合材料成套制造工艺及装备	1	1	1
18	特大型绿色矿物加工技术装备	5	4	3
19	低损伤、抗腐蚀、抗疲劳制造技术	5	4	3
20	关键基础零件加工表面完整性与服役寿命测试评估技术	1	1	1
21	高性能关键零部件的增材制造技术	1	1	1
22	单晶高温合金定向凝固技术	3	3	2
23	叠层构件大孔径制孔装备	4	3	2
24	极端制造环境下高精度大尺寸测量技术与设备	3	3	2
25	重大关键装备密封设计制造关键技术	5	4	3
26	高精度机床加工过程综合变形误差实时补偿技术	4	3	2
27	搭载新型动力/能源的工程机械关键技术	5	4	3
28	高强铝合金整体构件蠕变时效形性协同制造技术与装备	3	3	2
29	复杂曲面电子器件多轴数控打印技术	4	3	2
30	高端制造装备智能化数控技术	1	1	1

以上分析解决了重大装备与工艺子领域技术的类型归属问题，在此基础上，可以通过分析各类别之间在不同重要性变量上的表现差异，进一步提取关于技术重要性的信息。

第一类别的关键技术对培育战略性新兴产业和带动高技术产业发展，以及改造和提升传统产业具有突出的作用，而且对于增强国家和国防安全也是最为明显的（表5-4）。尤其是关键大功率源器件研制与低成本制造技术、载能粒子束制造新技术与装备等技术对于培育战略性新兴产业的作用最受专家的肯定，在改造和提升传统产业方面，高端制造装备智能化数控技术、超细精密零件半自动装配及测量关键技术、关键大功率源器件研制与低成本制造技术等技术的推动作用是该子领域最强的,同时该类别关键技术集中了诸如关键基础零件加工表面完整性与服役寿命测试评估技术、轻质混杂材料结构件设计与制造技术等一些有助增强国家和国防安全的关键技术。

表 5-4 重大装备与工艺子领域第一类别技术重要性指标的比较

编号	技术名称	培育新兴产业	提升传统产业	保护资源环境	提高民生质量	增强国家安全
1	新型材料和复杂结构微细加工技术及装备	90.9	86.4	77.3	79.5	93.2
5	大型高性能整体构件关键热加工技术与装备	88.5	92.3	86.5	69.2	94.2
6	载能粒子束制造新技术与装备	94.2	90.4	88.5	71.2	92.3
7	机电产品的整机可靠性设计和测试评估技术	85.5	91.9	78.2	82.7	92.3
8	复杂装备与工艺的物理建模及全流程仿真	91.7	93.5	84.3	77.8	84.3
9	超细精密零件半自动装配及测量关键技术	92.3	96.2	78.8	78.8	88.5
10	高精度关键基础件数字化设计制造与新工艺技术	87.9	91.7	78.0	72.7	87.9
13	关键大功率源器件研制与低成本制造技术	95.0	95.0	82.5	80.0	95.0
16	轻质混杂材料结构件设计与制造技术	84.1	88.6	88.6	79.5	95.5
17	低成本复合材料成套制造工艺及装备	85.7	85.7	75.0	78.6	85.7
20	关键基础零件加工表面完整性与服役寿命测试评估技术	89.1	92.4	79.3	69.6	95.7
21	高性能关键零部件的增材制造技术	93.3	89.2	80.8	70.8	83.3
30	高端制造装备智能化数控技术	92.1	96.1	81.1	79.4	93.9
	均值	90.0	91.5	81.5	76.1	90.9

第二类别的关键技术是技术重要性相对较低的技术。在所有技术作用指标中,都处于偏低的位置,包括大型薄壁结构件镜像加工装备和多轴联动智能超高压射流加工装备两项技术(表 5-5)。

表 5-5 重大装备与工艺子领域第二类别技术重要性指标的比较

编号	技术名称	培育新兴产业	提升传统产业	保护资源环境	提高民生质量	增强国家安全
2	大型薄壁结构件镜像加工装备	73.5	73.5	66.2	48.5	77.9
14	多轴联动智能超高压射流加工装备	69.4	75.0	69.4	58.3	69.4
	均值	71.5	74.3	67.8	53.4	73.7

第三类别的关键技术对于增强国家和国防安全具有较为明显的推动作用,相对而言,对于资源节约和生态环境保护、改善和提高人民生活水平与质量的作用等方面不如第一、第四类别来得明显(表 5-6)。其中,光学硬脆材料的超精密加工技

术与装备、单晶高温合金定向凝固技术等技术都是专家认为能有效增强国家安全的关键技术；高精度机床加工过程综合变形误差实时补偿技术是重大装备与工艺子领域中专家判断对于促进资源能源节约和生态环境保护的作用相对是最不容易显现的，该项技术同样对于改善和提高人民生活水平的作用相对较弱。

表 5-6 重大装备与工艺子领域第三类别技术重要性指标的比较

编号	技术名称	培育新兴产业	提升传统产业	保护资源环境	提高民生质量	增强国家安全
3	光学硬脆材料的超精密加工技术与装备	88.2	81.6	72.4	71.1	93.4
4	耐高温材料高效复合加工及表面完整性评估技术	88.6	77.3	77.3	68.2	90.9
11	材料结构一体化成形加工工艺及装备	77.8	75.0	75.0	63.9	83.3
22	单晶高温合金定向凝固技术	93.8	84.4	68.8	65.6	93.8
23	叠层构件大孔径制孔装备	75.0	72.7	70.5	63.6	90.9
24	极端制造环境下高精度大尺寸测量技术与设备	88.6	84.1	71.6	70.5	92.0
26	高精度机床加工过程综合变形误差实时补偿技术	80.4	80.4	66.1	66.1	89.3
28	高强铝合金整体构件蠕变时效形性协同制造技术与装备	86.1	83.3	75.0	63.9	91.7
29	复杂曲面电子器件多轴数控打印技术	77.3	77.3	75.0	70.5	81.8
	均值	84.0	79.6	72.4	67.0	89.7

第四类别的关键技术对于改善和提升传统产业、保护资源环境、提高民生质量的作用仅次于第一类别技术（表 5-7）。特大型绿色矿物加工技术装备、太阳能发电系统大型微结构关键部件成套制造装备等技术都对资源能源节约和生态环境保护有较好的促进作用。特大型绿色矿物加工技术装备对于改善和提升传统制造业的作用同样得到参与调查专家的认可。

表 5-7 重大装备与工艺子领域第四类别技术重要性指标的比较

编号	技术名称	培育新兴产业	提升传统产业	保护资源环境	提高民生质量	增强国家安全
12	面向超深页岩的压裂装备设计与制造技术	94.2	80.8	88.5	84.6	82.7
15	太阳能发电系统大型微结构关键部件成套制造装备	80.0	77.5	95.0	80.0	75.0
18	特大型绿色矿物加工技术装备	85.3	89.7	95.6	70.6	79.4
19	低损伤、抗腐蚀、抗疲劳制造技术	76.3	85.5	85.5	76.3	88.2
25	重大关键装备密封设计制造关键技术	79.7	82.8	82.8	73.4	82.8
27	搭载新型动力/能源的工程机械关键技术	77.5	82.5	81.3	68.8	68.8
	均值	82.2	83.1	88.1	75.6	79.5

智能机器人

人机合作及友好交互技术是智能机器人领域的重要发展方向。美国、日本、欧洲各国分别在下一代机器人研发中强调新型人机合作的重要性。美国前总统奥巴马宣布美国国家机器人计划：创造可与人类操作员密切配合的下一代机器人。自主技术是机器人研究长期追求的目标。自主问题所涉及的共性关键技术受到各机器人强国的重视。目前，美国正在组织公司、研究机构和大学形成联合体，针对自主行为能力涉及的各项技术开展研究。还有深空探测、极地科考、国家安全、公共安全、应急响应、辅助救援等领域对机器人技术需求迅猛。

表5-8至表5-10分别显示了智能机器人子领域技术重要性指标的相关性分析结果、聚类过程及聚类分析结果，表明各项指标之间存在弱相关，适合做聚类分析。聚类过程和聚类分析结果可以判断，智能机器人子领域关键技术群分成4类是比较合适的。图5-3的聚类树状图更是清晰直观地表现了该子领域关键技术的聚类过程及结果。

表 5-8 智能机器人子领域技术重要性指标相关性分析

		培育新兴产业	提升传统产业	保护资源环境	提高民生质量	增强国家安全
培育新兴产业	Pearson 相关性	1	0.531**	0.139	0.164	0.136
	显著性（双侧）		0.004	0.482	0.403	0.490
	N	28	28	28	28	28
提升传统产业	Pearson 相关性	0.531**	1	0.186	0.120	0.489**
	显著性（双侧）	0.004		0.345	0.544	0.008
	N	28	28	28	28	28
保护资源环境	Pearson 相关性	0.139	0.186	1	−0.054	0.108
	显著性（双侧）	0.482	0.345		0.785	0.584
	N	28	28	28	28	28
提高民生质量	Pearson 相关性	0.164	0.120	−0.054	1	−0.050
	显著性（双侧）	0.403	0.544	0.785		0.799
	N	28	28	28	28	28
增强国家安全	Pearson 相关性	0.136	0.489**	0.108	−0.050	1
	显著性（双侧）	0.490	0.008	0.584	0.799	
	N	28	28	28	28	28

**在0.01水平（双侧）上显著相关。

表 5-9 智能机器人子领域技术重要性聚类分析过程

阶	群集组合		系数	首次出现阶群集		下一阶
	群集 1	群集 2		群集 1	群集 2	
1	1	17	2.575	0	0	9
2	5	8	8.855	0	0	8
3	15	16	20.315	0	0	5
4	7	28	35.905	0	0	8
5	2	15	60.072	0	3	14
6	6	11	91.547	0	0	16
7	4	24	128.507	0	0	11
8	5	7	168.212	2	4	12
9	1	21	209.230	1	0	17
10	9	12	251.095	0	0	12
11	4	14	304.982	7	0	23
12	5	9	361.670	8	10	18
13	22	26	423.935	0	0	24
14	2	23	491.383	5	0	17
15	3	13	562.033	0	0	26
16	6	19	650.538	6	0	22
17	1	2	770.856	9	14	22
18	5	25	892.993	12	0	19
19	5	10	1051.641	18	0	24
20	20	27	1227.111	0	0	21
21	18	20	1436.948	0	20	25
22	1	6	1649.106	17	16	23
23	1	4	1962.420	22	11	27
24	5	22	2370.557	19	13	25
25	5	18	3094.312	24	21	26
26	3	5	4117.211	15	25	27
27	1	3	5501.368	23	26	0

表 5-10 智能机器人子领域技术重要性指标聚类分析结果

编号	案例	5 群集	4 群集	3 群集
1	工业机器人技术	1	1	1
2	专业服务机器人技术	1	1	1
3	家庭服务机器人技术	2	2	2
4	机器人机电一体化技术	1	1	1
5	机器人机构与传动技术	3	3	3
6	机器人传感器技术	1	1	1
7	机器人控制技术	3	3	3
8	机器人驱动技术	3	3	3
9	机器人通信技术	3	3	3
10	极端环境下服役机器人技术	3	3	3
11	机器人仿生技术	1	1	1
12	机器人交互技术	3	3	3
13	机器人安全技术	2	2	2
14	机器人人机接口技术	1	1	1
15	机器人人机协作技术	1	1	1
16	机器人智能技术	1	1	1
17	机器人感知技术	1	1	1
18	机器人导航技术	4	4	3
19	机器人认知技术	1	1	1
20	发育和自适应技术	4	4	3
21	多机器人协作技术	1	1	1
22	云机器人技术	5	3	3
23	可穿戴智能设备技术	1	1	1
24	机器人系统集成技术	1	1	1
25	机器人模块化技术	3	3	3
26	机器人软件平台技术	5	3	3
27	机器人生机电融合技术	4	4	3
28	机器人微纳操作技术	3	3	3

第 5 章 中国制造技术的"物以类聚"

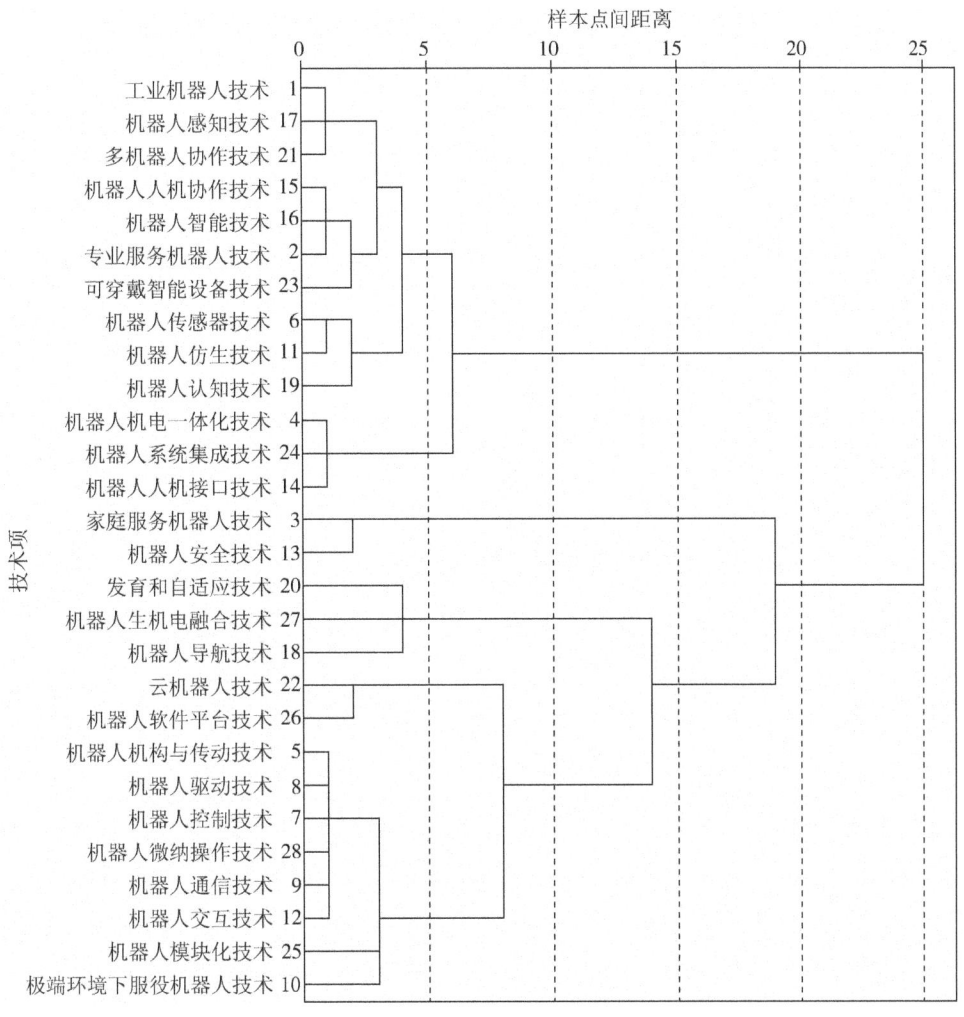

图 5-3 智能机器人子领域技术重要性聚类分析树状图

第一类别关键技术群对于培育战略性新兴产业和发展高新技术产业、改造和提升传统产业的作用非常明显，同时，该类技术能有效促进资源能源节约、生态环境保护，而且对于增强国家和国防安全的作用也是所有类别关键技术中最高的（表 5-11）。该类别技术群中，如机器人机电一体化技术、机器人人机接口技术及多机器人协作技术不仅在培育新兴产业和发展高技术产业方面，还在改造和提升传统产业方面，其技术重要性得到调查专家的高度认同，都认为是作用非常大。其他如可穿戴智能设备技术、多机器人协作技术等分别对于改善和提高人民生活水平与质量、增强国家和国防安全等方面的技术重要性也是专家形成高度共识的。

表 5-11 智能机器人子领域第一类别技术重要性指标比较

编号	技术名称	培育新兴产业	提升传统产业	保护资源环境	提高民生质量	增强国家安全
1	工业机器人技术	97.8	97.8	85.9	90.2	95.1
2	专业服务机器人技术	95.8	92.7	83.3	91.7	90.6
4	机器人机电一体化技术	100.0	100.0	82.4	85.3	86.8
6	机器人传感器技术	96.7	98.3	76.7	86.7	96.7
11	机器人仿生技术	97.7	93.2	79.5	92.0	96.6
14	机器人人机接口技术	100.0	100.0	83.3	95.8	83.3
15	机器人人机协作技术	95.0	97.5	82.5	97.5	90.0
16	机器人智能技术	94.2	96.2	84.6	94.2	92.3
17	机器人感知技术	97.5	96.3	86.3	91.3	96.3
19	机器人认知技术	97.7	86.4	72.7	93.2	97.7
21	多机器人协作技术	100.0	100.0	88.6	95.5	100.0
23	可穿戴智能设备技术	98.1	96.2	78.8	100.0	96.2
24	机器人系统集成技术	98.3	96.7	88.3	90.0	85.0
均值		97.6	96.2	82.5	92.6	92.8

第二类别关键技术群仅有两项，分别是家庭服务机器人技术和机器人安全技术（表 5-12）。相对而言，这里两类技术对于改造和提升传统产业，以及增强国家安全等方面的技术重要性是较弱的。其中，家庭服务机器人技术，是面向个人或者家庭提供家政、教育娱乐、安全健康、个人辅助、助老助残等服务的机器人，对于提高人民生活水平和质量有较好的贡献。

表 5-12 智能机器人子领域第二类别技术重要性指标比较

编号	技术名称	培育新兴产业	提升传统产业	保护资源环境	提高民生质量	增强国家安全
3	家庭服务机器人技术	94.2	84.2	75.8	98.3	61.7
13	机器人安全技术	95.8	83.3	79.2	91.7	70.8
均值		95.0	83.8	77.5	95.0	66.3

第三类别关键技术群对于培育战略性新兴产业和发展高技术产业有较好的技术支撑作用，但对于促进资源能源节约、保护生态环境方面的技术重要性偏弱（表5-13）。其中，机器人模块化技术，将机器人的各个组成部分分离开来进行研究，可以降低机器人研发的复杂度，使设计、制作、调试和维护过程简单化、经济化、高效化，

对于培育新兴产业和提升传统产业方面的技术重要性得到多数专家的较好评价。如极端环境下服役机器人技术,是指在人无法作业的物理场或环境下(如放射性、生化、高低温等),或人不易到达的环境下(如极地、深海、微纳尺寸等),代替人执行危险、复杂,或是精细作业的机器人技术,对我国能源安全、灾害救援、重大事故应急、微纳医疗及特殊地域的前瞻性开发具有重大战略意义。

表 5-13 智能机器人子领域第三类别技术重要性指标比较

编号	技术名称	培育新兴产业	提升传统产业	保护资源环境	提高民生质量	增强国家安全
5	机器人机构与传动技术	92.1	90.8	75.0	80.3	88.2
7	机器人控制技术	95.8	93.8	78.1	83.3	88.5
8	机器人驱动技术	91.7	89.6	75.0	83.3	89.6
9	机器人通信技术	91.7	87.5	79.2	87.5	91.7
10	极端环境下服役机器人技术	91.2	89.7	82.4	76.5	97.1
12	机器人交互技术	94.4	88.9	77.8	86.1	83.3
22	云机器人技术	83.3	87.5	87.5	87.5	83.3
25	机器人模块化技术	97.5	97.5	77.5	77.5	82.5
26	机器人软件平台技术	90.0	85.0	90.0	80.0	80.0
28	机器人微纳操作技术	92.9	96.4	75.0	85.7	89.3
	均值	92.1	90.7	79.7	82.8	87.3

第四类别关键技术群有 3 项,分别是机器人导航技术、发育和自适应技术、机器人生机电融合技术(表5-14)。该类别关键技术群对于培育新兴产业和保护资源环境方面的技术重要性是所有类别中相对而言最弱的。如发育和自适应技术得分仅为 83.3,也是所有智能机器人领域关键技术中对于培育新兴产业方面的技术重要性评价最低的,但该技术突破能帮助提高机器人的智能性和环境与作业的自适应能力,降低机器人使用者的专业门槛,对于提高民生质量具有很好的应用前景。同样,机器人生机电融合技术将生物组织、机电功能单元、脑肌信号等有机融合,为恢复、保持及提高人体行为机能,治疗缺失类疾病开辟新的途径,与民生紧密相关,其对改善民生方面的技术重要性得到专家的一致认可。

表 5-14 智能机器人子领域第四类别技术重要性指标比较

编号	技术名称	培育新兴产业	提升传统产业	保护资源环境	提高民生质量	增强国家安全
18	机器人导航技术	91.7	93.8	60.4	87.5	89.6
20	发育和自适应技术	83.3	91.7	75.0	100.0	91.7
27	机器人生机电融合技术	95.8	91.7	68.8	100.0	79.2
	均值	90.3	92.4	68.1	95.8	86.8

5.2 系统控制、微纳制造促进传统产业升级和催生新产业

系统控制

以感知和分布式智能为特征的新技术的出现和相互融合，将极大地提高我们与物理世界交互的能力，并将为制造业带来全新的制造模式和信息服务方式，其目标是建立一个充满泛在感知和分布式基础的基础环境，在这样的环境中我们可以随时地、透明地获得数字化的服务，同时使这个环境的信息空间和物理空间能够无缝融合，从而对泛在感知和全分布式控制技术下制造业产生巨大的影响。其中，高可信控制系统是国际工业自动化领域的研究热点，目前已应用于制造、电力、水利、石化、医药、交通，以及汽车、航天等各个领域，成为国家关键基础设施的重要组成部分，关系到国家战略安全。对于复杂、大型的制造过程生产线，实现全流程生产线的优化运行，是制造业控制与优化的主要目标。系统控制子领域各项技术重要性指标相关性分析如表 5-15 所示。

表 5-16 展示了本次聚类的过程及所有可能的聚类结果，聚类数量的判断与前面相同。从该表可以看出，系统控制子领域关键技术在第一阶段，基于大数据的制造业宏观调控与决策技术（16）和泛在感知与全分布式控制（19）会聚合在一起，然后就到第五阶段，此时与（16）所已集结的群再加以集结，以此类推。下面的"碎石图"（图 5-4）可以帮助判断类别数量，而树状图（图 5-5）可以更加直观地表现聚类过程。

表 5-15 系统控制子领域各项技术重要性指标相关性分析

		培育新兴产业	提升传统产业	保护资源环境	提高民生质量	增强国家安全
培育新兴产业	Pearson 相关性	1	0.705**	0.623**	0.618**	0.525**
	显著性（双侧）		0.000	0.000	0.000	0.003
	N	29	29	29	29	29
提出传统产业	Pearson 相关性	0.705**	1	0.671**	0.548**	0.251
	显著性（双侧）	0.000		0.000	0.002	0.188
	N	29	29	29	29	29
保护资源环境	Pearson 相关性	0.623**	0.671**	1	0.739**	0.039
	显著性（双侧）	0.000	0.000		0.000	0.842
	N	29	29	29	29	29
提高民生质量	Pearson 相关性	0.618**	0.548**	0.739**	1	0.040
	显著性（双侧）	0.000	0.002	0.000		0.838
	N	29	29	29	29	29
增强国家安全	Pearson 相关性	0.525**	0.251	0.039	0.040	1
	显著性（双侧）	0.003	0.188	0.842	0.838	
	N	29	29	29	29	29

**在 0.01 水平（双侧）上显著相关。

表 5-16 系统控制子领域技术重要性聚类分析过程

阶	群集组合		系数	首次出现阶群集		下一阶
	群集 1	群集 2		群集 1	群集 2	
1	16	19	1.920	0	0	5
2	13	27	10.555	0	0	21
3	3	4	25.680	0	0	20
4	2	9	42.105	0	0	12
5	12	16	68.785	0	1	8
6	5	26	97.020	0	0	11
7	1	24	132.590	0	0	18
8	11	12	171.712	0	5	14
9	14	17	211.662	0	0	16
10	20	22	258.697	0	0	23
11	5	8	308.209	6	0	17

续表

阶	群集组合		系数	首次出现阶群集		下一阶
	群集1	群集2		群集1	群集2	
12	2	7	363.071	4	0	14
13	18	29	420.681	0	0	16
14	2	11	513.052	12	8	17
15	15	28	641.232	0	0	21
16	14	18	773.642	9	13	22
17	2	5	920.241	14	11	22
18	1	25	1067.284	7	0	20
19	21	23	1239.174	0	0	25
20	1	3	1454.912	18	3	27
21	13	15	1701.779	2	15	23
22	2	14	1970.152	17	16	26
23	13	20	2259.691	21	10	25
24	6	10	2581.146	0	0	28
25	13	21	3404.777	23	19	26
26	2	13	4661.217	22	25	27
27	1	2	6503.691	20	26	28
28	1	6	10 432.021	27	24	0

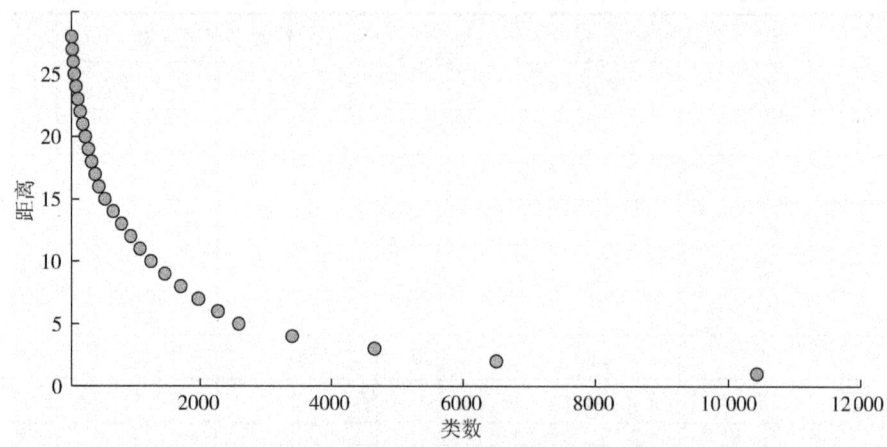

图5-4 系统控制子领域技术重要性指标聚类分析"碎石图"

第5章 中国制造技术的"物以类聚"

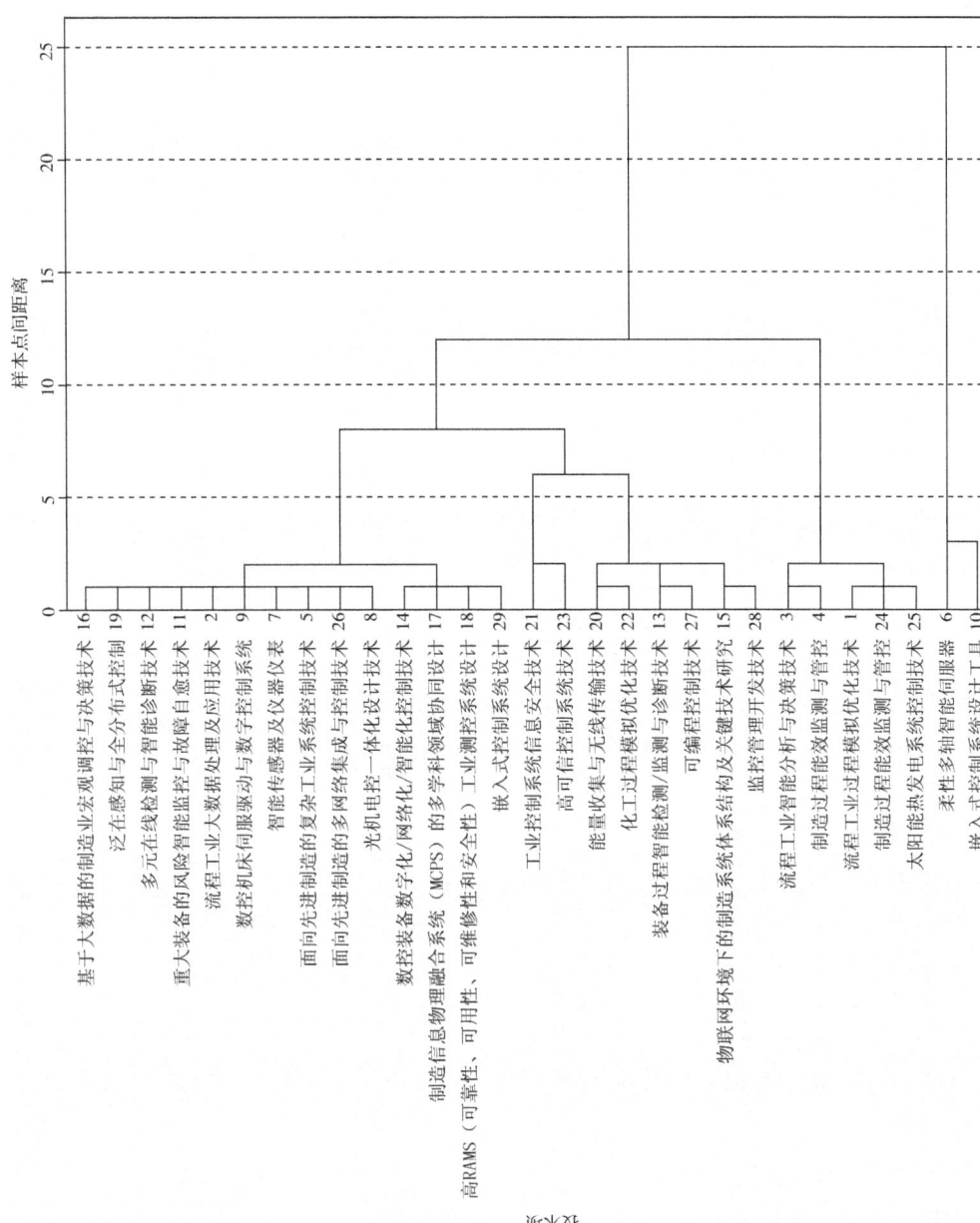

图5-5 系统控制子领域技术重要性指标聚类

表5-17显示了系统控制子领域技术的类型归属问题,在此基础上,可以通过分析各类别在不同重要性变量上的表现差异,进一步提取关于技术重要性的信息。

表5-17 系统控制子领域技术重要性聚类分析结果

编号	案例	5群集	4群集	3群集
1	流程工业过程模拟优化技术	1	1	1
2	流程工业大数据处理及应用技术	2	2	2
3	流程工业智能分析与决策技术	1	1	1
4	制造过程能效监测与管控	1	1	1
5	面向先进制造的复杂工业系统控制技术	2	2	2
6	柔性多轴智能伺服器	3	3	3
7	智能传感器及仪器仪表	2	2	2
8	光机电控一体化设计技术	2	2	2
9	数控机床伺服驱动与数字控制系统	2	2	2
10	嵌入式控制系统设计工具	3	3	3
11	重大装备的风险智能监控与故障自愈技术	2	2	2
12	多元在线检测与智能诊断技术	2	2	2
13	装备过程智能检测/监测与诊断技术	4	4	2
14	数控装备数字化/网络化/智能化控制技术	2	2	2
15	物联网环境下的制造系统体系结构及关键技术研究	4	4	2
16	基于大数据的制造业宏观调控与决策技术	2	2	2
17	制造信息物理融合系统(MCPS)的多学科领域协同设计	2	2	2
18	高RAMS(可靠性、可用性、可维修和安全性)工业测控系统设计	2	2	2
19	泛在感知与全分布式控制	2	2	2
20	能量收集与无线传输技术	4	4	2
21	工业控制系统信息安全技术	5	4	2
22	化工过程模拟优化技术	4	4	2
23	高可信控制系统技术	5	4	2
24	制造过程能效监测与管控	1	1	1
25	太阳能热发电系统控制技术	1	1	1
26	面向先进制造的多网络集成与控制技术	2	2	2
27	可编程控制技术	4	4	2
28	监控管理开发技术	4	4	2
29	嵌入式控制系统设计	2	2	2

系统控制子领域第一类别的关键技术对促进资源能源节约和生态环境保护的作用比较突出,对培育战略性新兴产业和发展高技术产业,以及改造提升传统产业也

有较好的支撑作用。从表 5-18 可以看出，制造过程能效监测与管控技术得到了所有参与调查专家的高度共识，即对于保护资源环境具有十分突出的作用。其他诸如流程工业智能分析与决策技术对于提升传统产业、保护资源环境等都具有重要推动作用，太阳能热发电系统控制技术等则对于保护资源环境、提高民生质量等方面都起到了重要支撑作用。

表 5-18　系统控制子领域第一类别技术重要性指标的比较

编号	技术名称	培育新兴产业	提升传统产业	保护资源环境	提高民生质量	增强国家安全
1	流程工业过程模拟优化技术	90.4	88.5	90.4	76.9	65.4
3	流程工业智能分析与决策技术	93.8	97.9	95.8	83.3	75.0
4	制造过程能效监测与管控	94.4	94.4	100.0	83.3	75.0
24	制造过程能效监测与管控	88.9	91.7	94.4	83.3	66.7
25	太阳能热发电系统控制技术	87.5	93.8	93.8	93.8	62.5
	均值	91.0	93.2	94.9	84.1	68.9

第二类别的关键技术的重要性主要体现在培育战略性新兴产业、改造提升传统产业及增强国家安全等方面（表 5-19）。参与调查专家普遍认为数控机床伺服驱动与数字控制系统对于改造和提升传统产业的作用非常关键，其他诸如流程工业大数据处理及应用技术、光机电控一体化设计技术、智能传感器及仪器仪表等都是提升传统产业的重要支撑。尤其是流程工业大数据处理及应用技术不仅对于提升传统产业非常关键，而且对于培育新兴产业和发展高技术产业的作用得到了广大调查专家的认同。值得注意的是，该类别技术重要性在培育新兴产业和提升传统产业的同时，对于增强国家安全也是该聚类分析中分值最高的，反映出专家们对于系统控制子领域关键技术对于国家安全的重要性的高度认可。一些关键技术，诸如智能传感器及仪器仪表、高 RAMS（可靠性、可用性、可维修性和安全性）工业测控系统设计等对于增强国家安全有显著的积极作用。

第三类别的关键技术仅有两项，即柔性多轴智能伺服器和嵌入式控制系统设计工具（表 5-20）。其中，柔性多轴智能伺服器是系统控制子领域所有 29 项参与调查的关键技术中，除对保护资源环境的技术重要性以外，专家判断其技术重要性程度相对都是最低的。嵌入式控制系统设计工具则对于保护资源环境的技术重要性相对来说是最低的，对于培育新兴产业、提升传统产业，还有民生改善等方面技术重要性也不如其他类别明显。

表 5-19 系统控制子领域第二类别技术重要性指标的比较

编号	技术名称	培育新兴产业	提升传统产业	保护资源环境	提高民生质量	增强国家安全
2	流程工业大数据处理及应用技术	97.4	98.7	88.2	77.6	85.5
5	面向先进制造的复杂工业系统控制技术	89.6	93.8	89.6	80.2	80.2
7	智能传感器及仪器仪表	96.1	97.4	90.8	82.9	94.7
8	光机电控一体化设计技术	87.5	97.9	83.3	79.2	83.3
9	数控机床伺服驱动与数字控制系统	95.3	100.0	87.5	78.1	90.6
11	重大装备的风险智能监控与故障自愈技术	90.9	95.5	90.9	75.0	93.2
12	多元在线检测与智能诊断技术	91.7	93.8	83.3	77.1	87.5
14	数控装备数字化/网络化/智能化控制技术	96.4	94.6	80.4	80.4	83.9
16	基于大数据的制造业宏观调控与决策技术	92.9	92.9	89.3	78.6	89.3
17	制造信息物理融合系统（MCPS）的多学科领域协同设计	97.5	92.5	80.0	80.0	92.5
18	高 RAMS（可靠性、可用性、可维修性和安全性）工业测控系统设计	90.4	82.7	84.6	84.6	94.2
19	泛在感知与全分布式控制	91.7	91.7	88.9	77.8	88.9
26	面向先进制造的多网络集成与控制技术	95.5	95.5	88.6	81.8	84.1
29	嵌入式控制系统设计	88.6	90.9	79.5	81.8	90.9
	均值	93.0	94.1	86.1	79.6	88.5

表 5-20 系统控制子领域第三类别技术重要性指标比较

编号	技术名称	培育新兴产业	提升传统产业	保护资源环境	提高民生质量	增强国家安全
6	柔性多轴智能伺服器	66.7	69.4	63.9	58.3	58.3
10	嵌入式控制系统设计工具	75.0	75.0	50.0	66.7	75.0
	均值	70.8	72.2	56.9	62.5	66.7

第四类别的关键技术的技术重要性相对表现得中规中矩，但也有部分技术，如物联网环境下的制造系统体系结构及关键技术研究不仅对于改造和提升传统产业的作用得到参与调查专家的高度认可，而且也被认为是培育战略性新兴产业、发展高技术产业的重要支撑力量；工业控制系统信息安全技术等对于增强国家安全的作用也是很明显的（表5-21）。

表 5-21 系统控制子领域第四类别技术重要性指标比较

编号	技术名称	培育新兴产业	提升传统产业	保护资源环境	提高民生质量	增强国家安全
13	装备过程智能检测/监测与诊断技术	82.4	94.1	79.4	72.1	83.8
15	物联网环境下的制造系统体系结构及关键技术研究	94.6	100.0	82.1	78.6	71.4
20	能量收集与无线传输技术	84.4	81.3	84.4	78.1	78.1
21	工业控制系统信息安全技术	92.9	75.0	71.4	75.0	92.9
22	化工过程模拟优化技术	78.6	82.1	82.1	75.0	71.4
23	高可信控制系统技术	87.5	87.5	70.0	62.5	92.5
27	可编程控制技术	84.1	95.5	79.5	75.0	81.8
28	监控管理开发技术	85.7	89.3	75.0	78.6	67.9
	均值	86.3	88.1	78.0	74.4	80.0

微纳制造

微纳制造研发旨在促成纳米材料、结构、设备元件与系统的规模性、稳定与低成本生产。它包括超小型的自上而下流程及不断复杂化的自下而上或自装配流程的研发与集成。微纳制造研究用于纳米级物质控制的自装配、引导式自装配、编程条件下自装配、生物驱动自装配及扫描探测基础技术（包括生物启发过程与技术）的使用，以及将纳米级产品集成到大型应用结构中的方法。自从 2009 年年初，美国提出"智慧地球"的提议后，世界各国掀起了物联网的研究热潮。为推进物联网产业的发展，MEMS（微电子机械系统）器件厂商不断进行技术创新与变革，各种以 MEMS 器件为核心部件和关键技术的新型应用层出不穷，进而为 MEMS 传感器产业的进一步壮大迎来了新的机会。随着物联网中消费类电子、智能交通、智能家居、智能农业和智能医疗等行业的快速发展，对 MEMS 传感器的技术创新需求进一步加强，为了满足这种需求，MEMS 传感器正逐步向集成化、智能化、信息化和网络化方向，即智能微纳传感器方向发展。可以说，智能微纳传感器将成为物联网技术及其研究工作的基础，而物联网的提出与兴起，对各国在智能微纳传感器领域的发展带来了前所未有的空间和契机。

表 5-22 至表 5-24 分别报告了微纳制造子领域技术重要性指标的相关性分析结果、聚类过程及聚类分析结果，表明各项指标之间存在弱相关，适合做聚类分析。

表 5-22 微纳制造子领域各项技术重要性指标相关性分析

		培育新兴产业	提升传统产业	保护资源环境	提高民生质量	增强国家安全
培育新兴产业	Pearson 相关性	1	0.746**	0.571*	0.736**	0.097
	显著性（双侧）		0.001	0.017	0.001	0.710
	N	17	17	17	17	17
提升传统产业	Pearson 相关性	0.746**	1	0.825**	0.685**	0.233
	显著性（双侧）	0.001		0.000	0.002	0.368
	N	17	17	17	17	17
保护资源环境	Pearson 相关性	0.571*	0.825**	1	0.493*	0.409
	显著性（双侧）	0.017	0.000		0.044	0.103
	N	17	17	17	17	17
提高民生质量	Pearson 相关性	0.736**	0.685**	0.493*	1	−0.263
	显著性（双侧）	0.001	0.002	0.044		0.308
	N	17	17	17	17	17
增强国家安全	Pearson 相关性	0.097	0.233	0.409	−0.263	1
	显著性（双侧）	0.710	0.368	0.103	0.308	
	N	17	17	17	17	17

** 在 0.01 水平（双侧）上显著相关。
* 在 0.05 水平（双侧）上显著相关。

表 5-23 微纳制造子领域技术重要性聚类分析过程

阶	群集组合		系数	首次出现阶群集		下一阶
	群集 1	群集 2		群集 1	群集 2	
1	5	6	19.515	0	0	6
2	4	7	45.510	0	0	6
3	3	9	77.890	0	0	9
4	14	17	111.945	0	0	7
5	1	2	181.670	0	0	12
6	4	5	273.340	2	1	13
7	8	14	375.818	0	4	10
8	11	12	482.288	0	0	13
9	3	16	603.055	3	0	11

续表

阶	群集组合		系数	首次出现阶群集		下一阶
	群集1	群集2		群集1	群集2	
10	8	15	760.379	7	0	12
11	3	10	944.225	9	0	14
12	1	8	1152.676	5	10	16
13	4	11	1506.576	6	8	14
14	3	4	2273.070	11	13	15
15	3	13	3273.550	14	0	16
16	1	3	6105.504	12	15	0

表 5-24 微纳制造子领域技术重要性聚类分析结果

编号	案例	5群集	4群集	3群集
1	MEMS CAD 技术（MEMS-IC 协同设计技术）	1	1	1
2	MEMS/NEMS 器件的环境可靠性试验技术	1	1	1
3	MEMS 与集成电路的单片集成技术	2	2	2
4	微纳系统三维异质集成技术	3	3	2
5	微纳传感器技术	3	3	2
6	智能化微纳传感器技术	3	3	2
7	无线传感器技术	3	3	2
8	微型能量收集技术	1	1	1
9	RF MEMS 技术	2	2	2
10	微反射镜阵列和微透镜阵列	2	2	2
11	微流控芯片技术	4	3	2
12	医疗 MEMS	4	3	2
13	植入式 MEMS	5	4	3
14	飞秒激光高质量高效率加工新方法及其装备	1	1	1
15	激光光束整形异型透镜成形制造技术	1	1	1
16	航空发动机高温分布式多参数测量技术	2	2	2
17	大尺寸超光滑平整表面制造关键技术	1	1	1

聚类过程和聚类分析结果及辅助"碎石图"（图 5-6）可以判断，微纳制造子领域关键技术群分成 4 类是比较合适的。图 5-7 的聚类树状图更是清晰直观地表现了该子领域关键技术的聚类过程及结果。

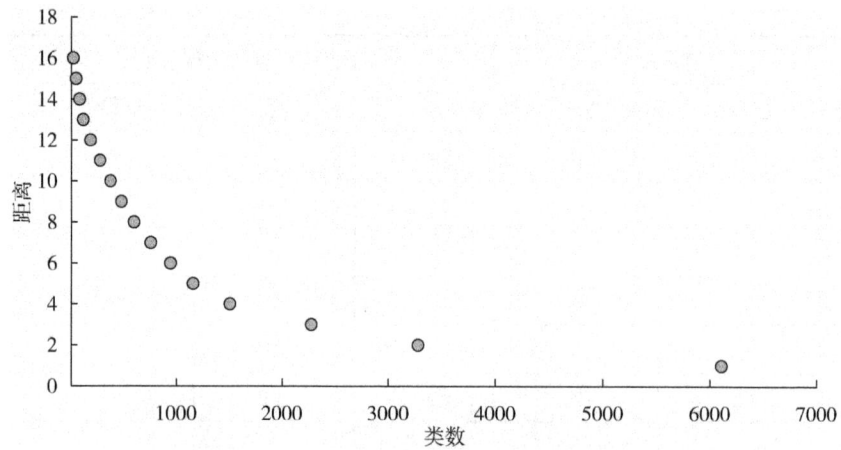

图 5-6　微纳制造子领域技术重要性聚类分析"碎石图"

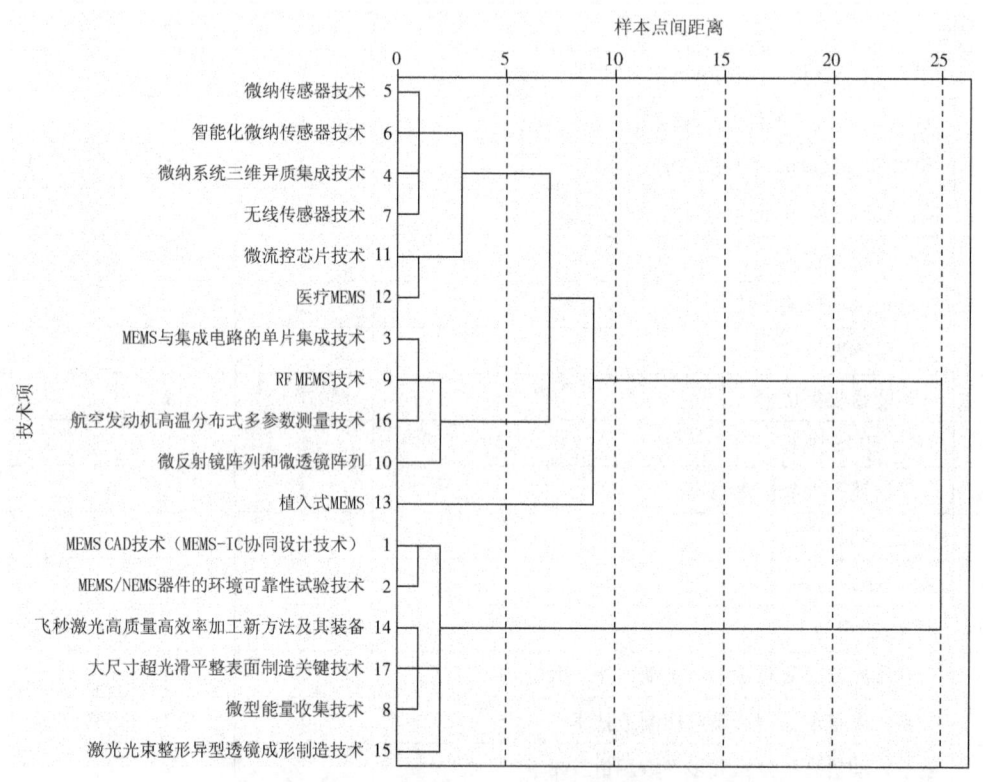

图 5-7　微纳制造子领域技术重要性聚类分析树状图

在解决微纳制造子领域技术的类型归属问题的基础上，这里进一步以通过分析各类别在不同重要性变量上的表现差异，进一步提取关于技术重要性的信息。

第一类别关键技术群对于培育战略性新兴产业、发展高技术产业，改造和提升传统产业及促进资源能源节约和保护生态环境等方面的技术重要性相对而言排在最弱位置（表5-25）。如在提升传统产业方面的技术重要性，除MEMS CAD技术以外，得分均在80分以下，在保护资源环境方面，除微型能量收集技术，可解决在无人值守环境下电池更换不易等问题，对促进资源能源节约有较好的技术支撑贡献，其他技术则普遍得分较低。

表5-25 微纳制造子领域第一类别技术重要性指标比较

编号	技术名称	培育新兴产业	提升传统产业	保护资源环境	提高民生质量	增强国家安全
1	MEMS CAD技术（MEMS-IC协同设计技术）	72.2	80.6	63.9	66.7	80.6
2	MEMS/NEMS器件的环境可靠性试验技术	77.8	75.0	66.7	66.7	88.9
8	微型能量收集技术	80.6	77.8	80.6	75.0	86.1
14	飞秒激光高质量高效率加工新方法及其装备	83.3	79.2	68.8	70.8	81.3
15	激光光束整形异型透镜成形制造技术	87.5	75.0	62.5	75.0	91.7
17	大尺寸超光滑平整表面制造关键技术	81.3	78.1	68.8	78.1	84.4
	均值	80.4	77.6	68.5	72.0	85.5

第二类别关键技术群在改造提升传统产业、保护资源环境及增强国防安全等方面的技术支撑作用非常明显，对于培育战略性新兴产业、保障提升民生质量方面的技术重要性也得到专家的较高的评价（表5-26）。如航空发动机参数测量是飞机可靠性、稳定性的基石，随着航空发动机向着大推力、高推重比、高燃气温度、高流量比方向发展，航空发动机高温分布式多参数测量技术对于保障和推进我国各类新型发动机的顺利研制具有重要的意义，这一点得到专家的高度认可。

表5-26 微纳制造子领域第二类别技术重要性指标比较

编号	技术名称	培育新兴产业	提升传统产业	保护资源环境	提高民生质量	增强国家安全
3	MEMS与集成电路的单片集成技术	93.3	86.7	75.0	81.7	93.3
9	RF MEMS技术	90.6	84.4	75.0	75.0	90.6
10	微反射镜阵列和微透镜阵列	92.5	90.0	85.0	80.0	82.5
16	航空发动机高温分布式多参数测量技术	93.3	90.0	80.0	70.0	100.0
	均值	92.4	87.8	78.8	76.7	91.6

第三类别关键技术群对于改造和提升传统产业、促进资源能源节约和保护生态环境等方面技术重要性是微纳制造子领域所有类别技术群中最强的，而且在培育新兴产

业、提升民生质量及增强国家安全等方面的技术支撑作用也有较好的评价（表 5-27）。例如，随着物联网概念的兴起及汽车电子、消费电子、工业电子等产业的发展，微纳传感器已经成为市场的主流，微纳传感器技术的突破不仅有助于培育战略性新兴产业，而且对于提升传统产业的作用非常明显。就提高人民生活水平与质量而言，生物传感、药物定向释放等技术相结合的诊断、治疗将对疾病的预后及疾病的早期诊断等发挥重要作用，医疗 MEMS 具有较高的技术重要性，还有微流控芯片技术，尤其是非硅微流器件具有低成本、表面可控、光学透明等特殊性能，已广泛用于 LED 照明、超疏水、芯片制冷、DNA 阵列、Lab-on-a-chip 等技术领域。

表 5-27 微纳制造子领域第三类别技术重要性指标比较

编号	技术名称	培育新兴产业	提升传统产业	保护资源环境	提高民生质量	增强国家安全
4	微纳系统三维异质集成技术	86.4	93.2	81.8	88.6	93.2
5	微纳传感器技术	97.9	96.5	88.2	88.9	94.4
6	智能化微纳传感器技术	92.3	94.2	88.5	90.4	94.2
7	无线传感器技术	90.9	88.6	84.1	88.6	95.5
11	微流控芯片技术	96.7	95.0	91.7	98.3	85.0
12	医疗 MEMS	95.3	90.6	79.7	98.4	78.1
	均值	93.2	93.0	85.7	92.2	90.1

植入式 MEMS 单独构成了微纳制造子领域的一类关键技术（表 5-28），该技术器件兼容性高，体积小，功耗低（或零功耗），可以在患者身体组织中发挥重要作用，包括脊椎、关节、耳蜗、心脏、心血管，甚至视网膜，与民生息息相关，因此该技术的突破，对于改善和提升人们生活质量的技术重要性得到专家的共识。

表 5-28 微纳制造子领域第四类别技术重要性指标比较

编号	技术名称	培育新兴产业	提升传统产业	保护资源环境	提高民生质量	增强国家安全
13	植入式 MEMS	96.4	85.7	64.3	100.0	67.9

5.3 制造服务、绿色制造着力推动制造转型、可持续发展

制造服务

在同质化竞争和供大于求的全球市场环境下，制造业产业价值链的高端向研发

和产品运营维护等服务生命周期转移,制造企业不再仅仅提供产品,而是成为提供产品、服务、支持、自我服务和知识的集合体。服务与制造相互渗透与融合,从生产型制造走向服务型制造,制造业的服务化已成为当今制造业发展的大趋势,这也使得产业模式向"定制化的规模生产"和"服务型生产"改变。

表 5-29 至表 5-31 分别报告了制造服务子领域技术重要性指标的相关性分析结果、聚类过程及聚类分析结果,表明各项指标之间存在弱相关,适合做聚类分析。聚类过程和聚类分析结果及辅助"碎石图"(图 5-8)可以判断,制造服务子领域关键技术群分成 4 类是比较合适的。图 5-9 的聚类树状图更是清晰直观地表现了该子领域关键技术的聚类过程及结果。

表 5-29 制造服务子领域各项技术重要性指标相关性分析

		培育新兴产业	提升传统产业	保护资源环境	提高民生质量	增强国家安全
培育新兴产业	Pearson 相关性	1	0.620**	0.447	0.310	0.576*
	显著性(双侧)		0.008	0.072	0.227	0.015
	N	17	17	17	17	17
提升传统产业	Pearson 相关性	0.620**	1	0.380	0.352	0.456
	显著性(双侧)	0.008		0.133	0.166	0.066
	N	17	17	17	17	17
保护资源环境	Pearson 相关性	0.447	0.380	1	0.738**	0.441
	显著性(双侧)	0.072	0.133		0.001	0.076
	N	17	17	17	17	17
提高民生质量	Pearson 相关性	0.310	0.352	0.738**	1	0.495*
	显著性(双侧)	0.227	0.166	0.001		0.043
	N	17	17	17	17	17
增强国家安全	Pearson 相关性	0.576*	0.456	0.441	0.495*	1
	显著性(双侧)	0.015	0.066	0.076	0.043	
	N	17	17	17	17	17

** 在 0.01 水平(双侧)上显著相关。

* 在 0.05 水平(双侧)上显著相关。

表 5-30 制造服务子领域技术重要性聚类过程

阶	群集组合		系数	首次出现阶群集		下一阶
	群集1	群集2		群集1	群集2	
1	5	9	11.530	0	0	5
2	7	10	45.005	0	0	9
3	1	17	80.180	0	0	10
4	8	16	123.510	0	0	12
5	5	6	168.547	1	0	9
6	11	12	214.407	0	0	11
7	13	14	267.527	0	0	12
8	3	4	325.892	0	0	11
9	5	7	393.222	5	2	15
10	1	15	492.527	3	0	15
11	3	11	613.014	8	6	14
12	8	13	737.179	4	7	13
13	2	8	912.616	0	12	14
14	2	3	1161.014	13	11	16
15	1	5	1411.087	10	9	16
16	1	2	2929.059	15	14	0

表 5-31 制造服务子领域技术重要性聚类分析结果

编号	案例	5 群集	4 群集	3 群集
1	制造服务云平台	1	1	1
2	服务生命周期战略管理技术	2	2	2
3	基于云服务的多产业链协同技术	3	3	2
4	产品服务生命周期管理技术	3	3	2
5	产品全生命周期管理（PLM）	4	4	3
6	面向高端制造的嵌入式系统与技术	4	4	3
7	认知制造	4	4	3
8	协同制造、协同商务	5	2	2
9	装备远程运维与服务技术	4	4	3
10	制造物联关键技术	4	4	3

续表

编号	案例	5 群集	4 群集	3 群集
11	制造过程优化和执行系统	3	3	2
12	制造执行、自动化生产线	3	3	2
13	移动环境下的企业管理应用创新	5	2	2
14	业务过程智能技术	5	2	2
15	制造过程能效监测与管控	1	1	1
16	机床装备及其加工运行过程云制造服务平台	5	2	2
17	工业大数据	1	1	1

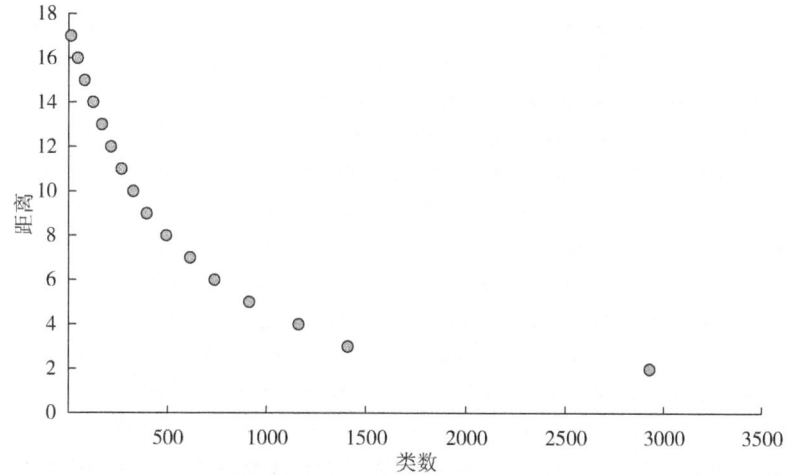

图 5-8　制造服务子领域技术重要性聚类分析"碎石图"

制造服务子领域第一类别关键技术有 3 项，包括制造服务云平台、制造过程能效监测与管控、工业大数据（表 5-32）。该 3 项对于培育战略性新兴产业和发展高技术产业、改造和提升传统产业、促进资源能源节约和保护生态环境及提高人民生活水平与质量等方面的技术支撑作用得到广大调查专家的高度认可，技术重要性非常明显，而且对于增强国家和国防安全方面的技术贡献在 4 类技术群中略低于第四类技术群。

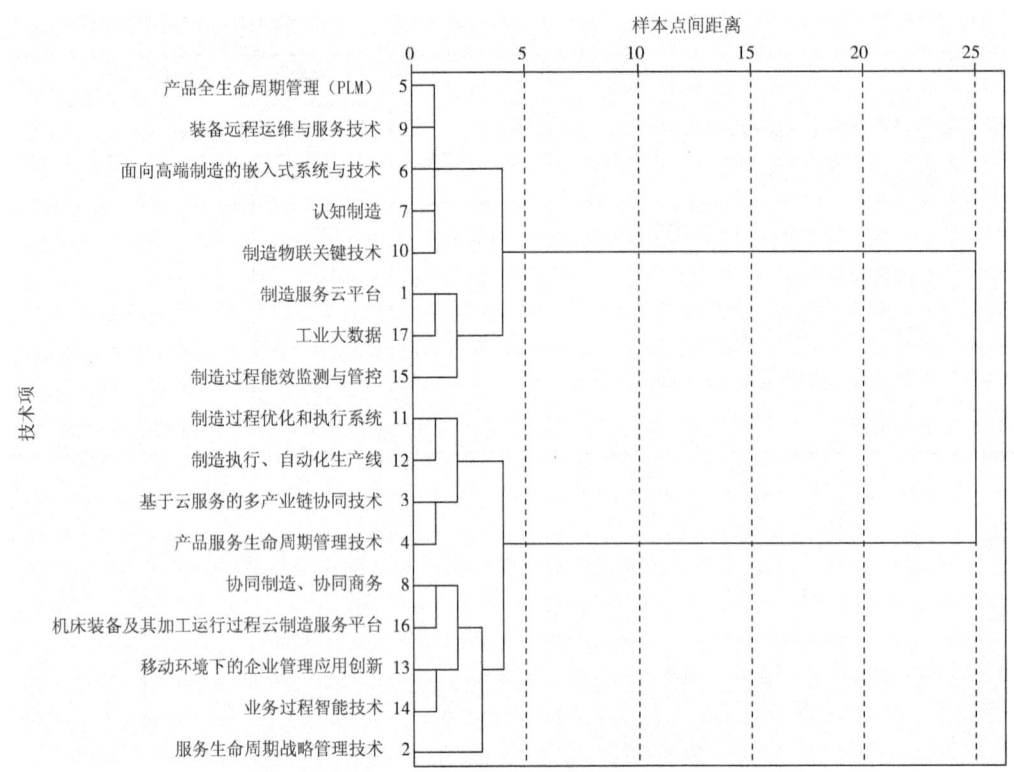

图 5-9 制造服务子领域技术重要性聚类分析树状图

表 5-32 制造服务子领域第一类别技术重要性指标比较

编号	技术名称	培育新兴产业	提升传统产业	保护资源环境	提高民生质量	增强国家安全
1	制造服务云平台	97.7	97.7	90.9	84.1	86.4
15	制造过程能效监测与管控	89.7	97.1	97.1	85.3	80.9
17	工业大数据	96.6	93.2	89.8	77.3	85.2
	均值	94.7	96.0	92.6	82.2	84.2

第二类别关键技术群相对其他 3 类技术群来说，对于培育新兴产业、提升传统产业、保护资源环境、提高民生质量及增强国防安全的技术重要性被认为是较低的（表 5-33）。该类别技术群偏重于制造过程的管理，相关技术对于解决各类需求的作用不如其他关键技术来得直接。

表 5-33 制造服务子领域第二类别技术重要性指标比较

编号	技术名称	培育新兴产业	提升传统产业	保护资源环境	提高民生质量	增强国家安全
2	服务生命周期战略管理技术	88.9	91.7	83.3	72.2	58.3
8	协同制造、协同商务	87.5	90.6	73.4	68.8	67.2
13	移动环境下的企业管理应用创新	83.8	91.3	78.8	81.3	71.3
14	业务过程智能技术	79.5	86.4	75.0	75.0	68.2
16	机床装备及其加工运行过程云制造服务平台	83.3	86.1	77.8	66.7	72.2
	均值	84.6	89.2	77.7	72.8	67.4

第三类别关键技术群对于改善和提高人民生活水平与质量的作用相对是最低的，但对于改造和提升传统产业的作用还是得到专家的认可，在所有类别技术中处于中上游水平，平均值仅比第一类别技术低 0.3（表 5-34）。尤其像制造执行、自动化技术和产品服务生命周期管理技术等关键技术对于传统产业提质增效，提高自动化程度、提升产品管理水平等都是非常关键的。这一点也得到专家的认同。

表 5-34 制造服务子领域第三类别技术重要性指标比较

编号	技术名称	培育新兴产业	提升传统产业	保护资源环境	提高民生质量	增强国家安全
3	基于云服务的多产业链协同技术	86.7	91.7	88.3	76.7	71.7
4	产品服务生命周期管理技术	83.8	97.1	80.9	72.1	73.5
11	制造过程优化和执行系统	91.1	96.4	76.8	67.9	76.8
12	制造执行、自动化生产线	95.0	97.5	80.0	73.8	71.3
	均值	89.1	95.7	81.5	72.6	73.3

第四类别关键技术群的技术重要性主要体现在提升传统产业方面，对培育新兴产业也有较好的推动作用（表 5-35）。其中，也有诸如认知制造等关键技术，对于改造和提升传统产业的技术重要性得到了调查专家的一致认可，认为作用很大。制造物联关键技术与传统产业的深度融合将加剧，带来生产方式和生活方式的变革，将极大促进传统产业的转型升级。

表 5-35　制造服务子领域第四类别技术重要性指标比较

编号	技术名称	培育新兴产业	提升传统产业	保护资源环境	提高民生质量	增强国家安全
5	产品全生命周期管理（PLM）	88.4	92.9	85.7	79.5	84.8
6	面向高端制造的嵌入式系统与技术	95.5	93.2	81.8	75.0	88.6
7	认知制造	90.0	100.0	80.0	75.0	82.5
9	装备远程运维与服务技术	89.6	93.8	82.3	78.1	87.5
10	制造物联关键技术	95.5	97.3	83.0	79.5	82.1
	均值	91.8	95.4	82.6	77.4	85.1

绿色制造

欧洲和日本等国家十分重视推动绿色制造技术发展，能效监测与管控技术的研发和实施，并制定了一系列相关的政策和提供了很多相关的项目资助，并在石化、化工、冶金等多个制造过程中得到推广应用。例如，英国瞭望计划就提出了英国 2013—2050 年的绿色化目标：2013—2025 年实现最小化材料输入、减少浪费、提高能源效率、在低碳领域技术领先；2025—2050 年实现产品再制造、可持续性评估、升级产业链，保证产能的目标；而 2050 年之后则要达到更节约能量和材料的产品、产品处于生产循环、整个供应链环节的柔性制造三大目标。

表 5-36 至表 5-38 分别显示了绿色制造子领域技术重要性指标的相关性分析结果、聚类过程及聚类分析结果，表明各项指标之间存在弱相关，适合做聚类分析。聚类过程和聚类分析结果及辅助"碎石图"（图 5-10）可以判断，绿色制造子领域关键技术群分成 4 类是比较合适的。图 5-11 的聚类树状图更是清晰直观地表现了该子领域关键技术的聚类过程及结果。

表 5-36　绿色制造子领域技术重要性指标相关性分析

		培育新兴产业	提升传统产业	保护资源环境	提高民生质量	增强国家安全
培育新兴产业	Pearson 相关性	1	0.454	0.357	0.400	0.380
	显著性（双侧）		0.089	0.191	0.140	0.163
	N	15	15	15	15	15

续表

		培育新兴产业	提升传统产业	保护资源环境	提高民生质量	增强国家安全
提升传统产业	Pearson 相关性	0.454	1	−0.088	−0.108	0.570*
	显著性（双侧）	0.089		0.755	0.701	0.027
	N	15	15	15	15	15
保护资源环境	Pearson 相关性	0.357	−0.088	1	0.568*	−0.391
	显著性（双侧）	0.191	0.755		0.027	0.150
	N	15	15	15	15	15
提高民生质量	Pearson 相关性	0.400	−0.108	0.568*	1	−0.095
	显著性（双侧）	0.140	0.701	0.027		0.736
	N	15	15	15	15	15
增强国家安全	Pearson 相关性	0.380	0.570*	−0.391	−0.095	1
	显著性（双侧）	0.163	0.027	0.150	0.736	
	N	15	15	15	15	15

* 在 0.05 水平（双侧）上显著相关。

表 5-37 绿色制造子领域技术重要性聚类分析过程

阶	群集组合		系数	首次出现阶群集		下一阶
	群集 1	群集 2		群集 1	群集 2	
1	3	10	32.455	0	0	3
2	1	4	67.210	0	0	7
3	3	7	115.828	1	0	5
4	13	15	178.798	0	0	8
5	3	5	246.572	3	0	11
6	6	11	329.392	0	0	11
7	1	2	420.971	2	0	10
8	12	13	534.341	0	4	14
9	8	9	655.571	0	0	12
10	1	14	819.055	7	0	13
11	3	6	1056.633	5	6	12
12	3	8	1564.411	11	9	13
13	1	3	2300.567	10	12	14
14	1	12	3073.763	13	8	0

表 5-38 绿色制造子领域技术重要性聚类分析结果

编号	案例	5 群集	4 群集	3 群集
1	典型机械装备减量化设计技术	1	1	1
2	产品生命周期评估（LCA）技术及基础数据库	1	1	1
3	机械基础工艺绿色制造技术	2	2	2
4	少无切削液加工技术与系统	1	1	1
5	面向机群的绿色制造系统能效优化技术	2	2	2
6	机械制造系统能效提升技术及使能系统	3	2	2
7	典型流程工业系统能效优化技术	2	2	2
8	复杂机电装备运行状态监测及故障预警技术	4	3	2
9	钢铁工业生产装备系统运行监测和诊断技术	4	3	2
10	流体机械高效节能技术	2	2	2
11	高效电机与电机系统节能技术	3	2	2
12	退役产品高附加值绿色回收利用技术	5	4	3
13	新能源汽车回收拆解与再利用技术	5	4	3
14	工业固体废弃物处理技术	1	1	1
15	废弃家电回收资源化再利用关键技术	5	4	3

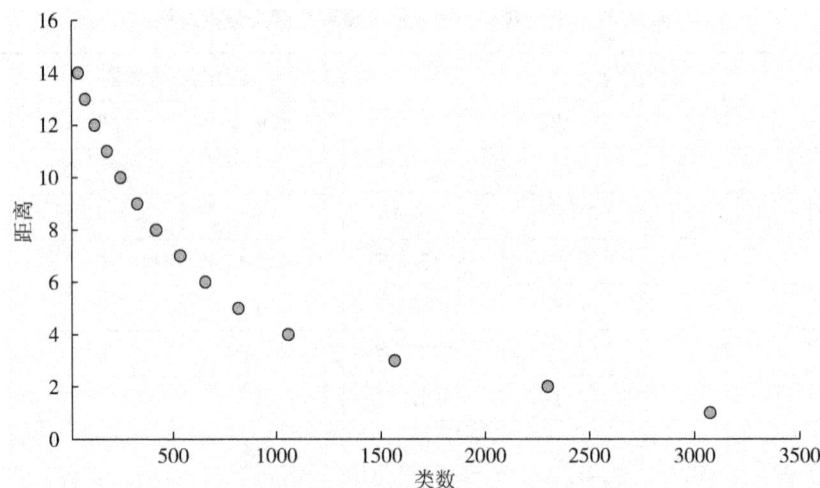

图 5-10 绿色制造子领域技术重要性聚类分析"碎石图"

第5章 中国制造技术的"物以类聚"

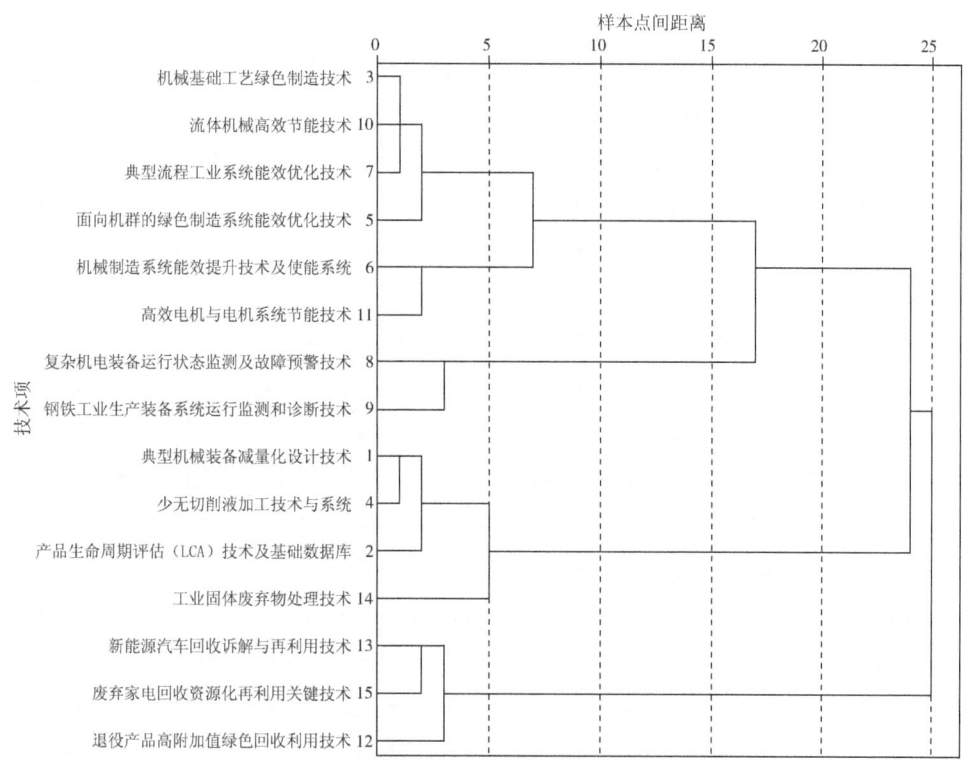

图 5-11 绿色制造子领域技术重要性聚类分析树状图

在此基础上,可以进一步分析各类别在不同重要性变量上的表现差异,提取关于技术重要性的信息。

绿色制造子领域第一类别关键技术群对于培育新兴产业、改造提升传统产业、提升民生质量及增强国家安全等方面技术重要性相对而言处于较弱的位置(表5-39)。其中,如工业固体废弃物处理技术被誉为是未来30年全球将出现的十大新兴技术之一,朝着无害化、减量化、资源化的方向发展,是实现节能减排、清洁生产、循环经济、缓解铁矿石资源危机的重要途径,对于资源能源节约、生态环境保护的技术重要性得到所有调查专家的肯定。

表 5-39 绿色制造子领域第一类别技术重要性指标比较

编号	技术名称	培育新兴产业	提升传统产业	保护资源环境	提高民生质量	增强国家安全
1	典型机械装备减量化设计技术	78.7	85.2	92.6	70.4	69.4
2	产品生命周期评估(LCA)技术及基础数据库	78.3	80.0	83.3	70.0	75.0
4	少无切削液加工技术与系统	77.5	82.5	90.0	77.5	67.5
14	工业固体废弃物处理技术	77.8	77.8	100.0	80.6	72.2
	均值	78.1	81.4	91.5	74.6	71.0

第二类别关键技术群的技术重要性主要体现在改造和提升传统产业方面（表 5-40）。当前，机械制造系统（MMS）量大面广，能量消耗总量巨大，并且能量效率很低，节能潜力很大。MMS 能效问题是当前国际上的一个热点前沿问题，机械制造系统能效提升技术及使能系统的研究突破对于传统产业的提质增效的作用非常明显。还有，流体机械高效节能技术属于提高能源、化工、机械、动力等工业节能减排水平和产业升级的重大技术方向。

表 5-40 绿色制造子领域第二类别技术重要性指标比较

编号	技术名称	培育新兴产业	提升传统产业	保护资源环境	提高民生质量	增强国家安全
3	机械基础工艺绿色制造技术	81.3	90.6	90.6	78.1	78.1
5	面向机群的绿色制造系统能效优化技术	83.3	88.9	100.0	77.8	75.0
6	机械制造系统能效提升技术及使能系统	96.2	98.1	98.1	82.7	78.8
7	典型流程工业系统能效优化技术	79.2	95.8	93.8	72.9	72.9
10	流体机械高效节能技术	85.4	95.8	93.8	75.0	79.2
11	高效电机与电机系统节能技术	92.9	94.6	94.6	71.4	80.4
	均值	86.4	94.0	95.1	76.3	77.4

复杂机电装备运行状态监测及故障预警技术和钢铁工业生产装备系统运行监测和诊断技术构成了绿色制造子领域的第三类别关键技术群（表 5-41）。如今，复杂机电装备由于负载不稳定、功率大且工况恶劣，容易发生故障，例如，在高端能源设备、特种设备等关键及重要设备中，经常由于动力传动系统故障造成机组停机（如传动轴系的轴承或齿轮故障、不均衡叶轮载荷破坏等），造成严重的经济损失，甚至人员伤亡；迫切需要通过采取现代信息化技术手段实现设备安全可靠运行保障，复杂机电装备运行状态监测及故障预警技术成为实现机电装备运行状态监测与诊断，同时实现复杂机电装备健康状态安全预警的重要技术手段。

表 5-41 绿色制造子领域第三类别技术重要性指标比较

编号	技术名称	培育新兴产业	提升传统产业	保护资源环境	提高民生质量	增强国家安全
8	复杂机电装备运行状态监测及故障预警技术	84.5	92.6	82.4	78.4	90.5
9	钢铁工业生产装备系统运行监测和诊断技术	83.3	91.7	75.0	70.8	79.2
	均值	83.9	92.1	78.7	74.6	84.9

处于第四类别的关键技术包括退役产品高附加值绿色回收利用技术、新能源汽

车回收拆解与再利用技术和废弃家电回收资源化再利用关键技术，对于培育战略性新兴产业、保护资源环境及提升人民生活水平质量等方面的技术重要性在所有类别中专家判断是最好的（表5-42）。尤其是退役产品高附加值绿色回收利用技术、废弃家电回收资源化再利用关键技术，针对汽车、工程机械、矿山机械、注塑机等退役产品，废旧家电等电子产品报废，有针对性地研发这些物质的资源化成套绿色技术与装备，高附加值回收利用涉及整机和零部件的再使用、再制造，以及材料的同等性能再利用，非常有利于提高资源利用效率，提升经济效益和产业绿色竞争力。

表5-42 绿色制造子领域第四类别技术重要性指标比较

编号	技术名称	培育新兴产业	提升传统产业	保护资源环境	提高民生质量	增强国家安全
12	退役产品高附加值绿色回收利用技术	95.0	83.3	100.0	83.3	75.0
13	新能源汽车回收拆解与再利用技术	87.5	90.6	96.9	90.6	78.1
15	废弃家电回收资源化再利用关键技术	87.5	85.0	100.0	95.0	70.0
	均值	90.0	86.3	99.0	89.7	74.4

第6章　中国制造"三跑并存，跟跑为主"

制造业的兴衰，印证的是大国的兴衰，没有强大的制造业，就不可能成为经济大国和强国。中国制造增加值自2009年以来位居世界前列，已上升到新的历史起点上，成为不折不扣的制造大国。目前，先进制造技术的发展处于从以机器为特征的传统技术时代，向全球化、绿色化、信息化、专业化和服务化技术时代迈进阶段。与此同时，欧美等发达国家通过实施"再工业化"战略加强实体经济的回归，把发展先进制造业作为振兴经济的重要举措。技术的发展和国家战略的提升，不仅对我国先进制造的未来发展构成激烈竞争，而且还将对已经形成优势的产品造成市场空间挤压。新形势下，实施创新驱动发展战略，优化科技资源配置成为深化改革的突出问题。在制造领域，开展技术评价，认清本国技术发展水平，检验中国制造强国之路的效果，合理、有效地选择本国制造科技发展战略和确定发展重点也就成了各级政府面临的重要问题。

6.1　多维评价中国制造的技术进步

三维评价

经过长期的技术追赶与能力积累，"效果"如何？对于发展中国家来说，一个主要的挑战就是追赶发达国家（Hsiao Frank et al.，2004）。后发国家首先关注的就是与技术领先国家之间的技术差距是拉大还是缩小。后发国家具有后发优势，主要是由于先发国家往往要负担沉重的创新成本，相对而言，它们的相对落后的竞争者就可以避免这种沉重的研发负担并可以便宜地使用已有过时的技术和较为先进的技术（Nolan et al.，1985；林毅夫，2003），同时可以从先发国家的发展过程和制度变迁过程中，吸取经验和教训，少走弯路（樊纲，1998）。这样，后发国家节约了大量资源，可以首先模仿发达国家现行技术，而后创新发明，可以缩短与领先国家的技术差距，那么发展中国家就有可能比领先国家发展得更快些，向发达国家收敛（Acemoglu et al.，2006）。但是，这种做法从短期看后发国家似乎节省了研究和开发的风险，但从长期来看同样也可能丧失了参与这种研究和开发的能力（Freeman et al.，1997）。事实上，在领先国家不断实施技术创新和限制新技术转让谋求垄断利润的前提下（郭熙保 等，2007），后发国家与领先国家之间始终存在着一个最后的技术差距难以逾越，甚至差距会进一步拉大。Rachel（1996）认为由于技术差距导致的技术能力和技术机会的差别是影响技术进步模式从模仿到创新转型的重要因素，这一点同样得到了很多学者的印证（Lai et al.，2009；易先忠，2010；吉亚辉 等，2011）。还有学者认为技术差距也是影响经济资源配置格局和配置效率的关键变量（欧阳峣 等，2012），是决定国家间经济发展差异和赶超过程的关键（傅晓霞 等，2013）。因此，后发国家首先关注的就是与技术领先国家之间的技术差距是拉大还是缩小。

在现实中，对后发优势的偏好往往使得后发国家形成对技术引进的路径依赖性，陷入"落后—引进—再落后—再引进"的技术发展怪圈（黄江明 等，2014；唐未兵 等，2014），而且技术领先国家由于面临后发国家追赶，会不断通过研发创造出新技术保证其领先地位，同时采取有限制的技术出口策略，延缓后发国家对领先国家的技术追赶（袁健红 等，2010；俞文华，2012）。20多年来，我国科技发展呈现良好势头，技术水平不断提升。但是，高技术发展是否还处于技术发展怪圈的恶性循环中，还是已进入到"创新跨越"，甚至"创新引领""领跑"，这是"摸清家底"迫切需要回答的问题。当今世界，国家间的经济竞争、综合国力竞争，在很大程度上表现为科学技术竞争，科技创新成为提高社会生产力和综合国力的战略支撑。2017年，我国研发经费投入1.75万亿元，居世界第二位。科技创新领域涌现一批世界瞩目的重大成果，科技实力正从量的积累向质的飞跃、从点的突破向系统能力提升转变，在若干重要领域开始成为全球创新引领者。但是，相对于技术领先国家，尤其是与美国等综合国力最强的标杆国家相比，我们想知道我国的位置在哪里。因此，我们还关注的是我国整体技术水平状况与技术领先国家相比，到底处在一个什么样的格局和位置？

在审视整体技术水平的基础上，还需进一步了解核心基础技术掌握情况、技术发展阶段等竞争信息。在国际技术竞争中，要确保和强化技术领导地位，在源头和关键技术领域要能够保持绝对竞争优势（陈峰，2005；胥和平，2002），从而在中试、产业化阶段发挥主导作用，并进一步在中下游产业链获取竞争优势（洪银兴，2013）。同样一个技术，从技术指标来看，可能技术水平相当。但是，基础技术或者源技术可能没有掌握在我国手中，原始型科学思想不多，技术积累不足，这样就缺乏应对新的产业变革（黄群慧 等，2013），引领技术发展潮流的能力，对重大技术路线变革导致的创新产业竞争容易准备不足。而且，我国与技术领先国家即使具有相同的技术发展指标，所处发展阶段也可能不一样，我国有很多技术还处于实验室、中试阶段，技术领先国家已在应用推广、产业化，这使我国在国际技术竞争中处于不利地位。在技术发展趋势、技术总体水平分析基础上，开展国际技术竞争分析，形成纵局、横局、深局三维评价结构（图 6-1），可以全面了解我国科学技术在国际环境中的发展概貌和突出优势，分析对比我国科学技术发展的显著差距和发展瓶颈，寻找发现我国科学技术发展重点跨越的突破口和重要机遇。

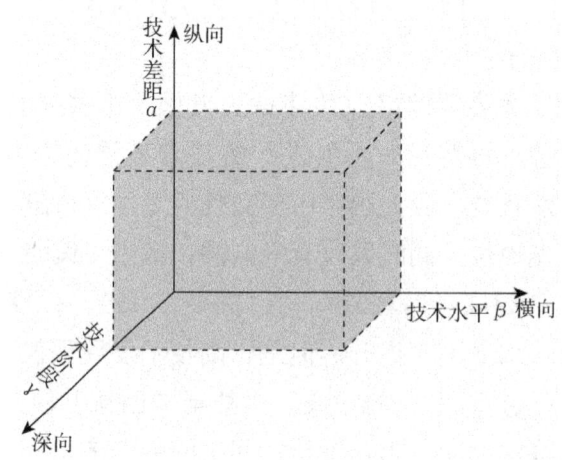

图 6-1 三维技术评价模型

调查概括

随着人们对技术作用的认识不断提高，技术评价的不断发展，技术评价的范式和方法也呈现出较大的发展（全允桓 等，2004；王海政 等，2006）。除传统客观分析方法（Bekey et al.，2006；黄鲁成 等，2010）以外，主观分析方法所依据的数据源则是专家的主观判断（Choi et al.，2005；KEIT et al.，2012；JST et al.，

2011；滕洪胜，2013）。由于现代社会的复杂性和相互作用，尤其是对于充满不确定性的未来技术发展趋势的判断，不存在能够把握未来的合理技术方法。因此，最好的方法就是尽可能地获取信息，然后依据个人的"直觉"（intuition）信息处理能力，提供一个有洞察力的见解，形成基本共识（Vanston，2003）。相对而言，专家意见调查用得最广泛（Choi et al.，2007）。

2013年国家科技部启动的技术预测工作，分"先摸底、再调查、后选择"3个步骤。在"摸底"阶段，为了全面地评价我国制造领域技术发展水平，按照"领域—子领域—关键技术"的逻辑对我国制造科技领域进行了系统梳理，形成了重大装备与工艺、系统控制、制造服务、微纳制造和智能机器人5个子领域的关键技术。所遴选出的关键技术主要包括领域基础技术和应用关键技术两类，是各领域具有广泛带动性、应用前景广阔或是行业/领域"卡脖子"的技术，能够代表本领域整体技术状况。

该次调查主要从"我国技术发展趋势、科技总体水平、不同发展阶段竞争状况、制约我国科技发展的原因"4个层面设定指标对我国技术水平进行判断，指标包括"技术衡量的核心指标、技术来源、技术国内发展阶段、技术国际发展阶段、技术领先国家、技术领先机构、技术领军人才"等，以及"我国该技术水平相当于国际领先国家哪年水平、我国该技术与国际领先水平差距的变化、2006年以来我国该技术与国际领先水平差距的变化、我国该技术所属子领域与国际领先水平差距的变化、2006年以来我国该技术所属子领域与国际先进水平差距的变化、我国总体科技水平相当于美国的多少"等指标（表6-1）。

表6-1 制造领域国内外技术竞争调查主要指标

指标	描述
技术差距	2006年以来我国该技术与国际领先水平差距的变化趋势？
技术水平	我国该技术水平相当于技术领先国家哪年水平？ 我国该技术与国际领先水平相比处于什么位置？
技术阶段	该技术在国内所处阶段；该技术国际领先水平所处阶段 该技术的直接基础技术来源于哪些国家？

基本统计

制造领域参与调查的关键技术主要涉及重大装备与工艺、系统控制、制造服务、微纳制造和智能机器人 5 个子领域,共计有 130 项关键技术,具体子领域分布如图 6-2 所示。

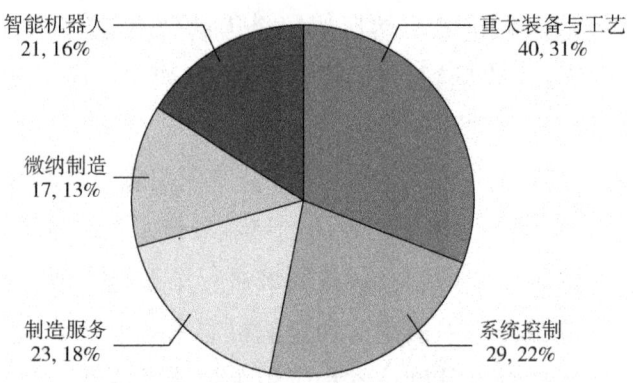

图 6-2 参与调查关键技术子领域分布情况

由于本次研究主要是针对当前我国技术现状开展的调查,所以遴选的专家主要以一线研发和管理专家为主。参与调查专家主要来自国家 863 计划、支撑计划、国家重大专项项目承担专家,千人计划、高新技术企业研发和管理专家等。在问卷调查过程中,通过电子邮件、电话答疑,校正了一些不清楚的问答,再剔除一些无效问卷后,参与调查的有效专家最终确定为 247 人,有效问卷数量达 515 份。从图 6-3 可以看出,参与调查的专家以中青年专家为主,大部分有海外工作学习经历并具有高级职称,而且来自企业的专家占比为三成。整个专家结构合理,具有广泛的代表性。

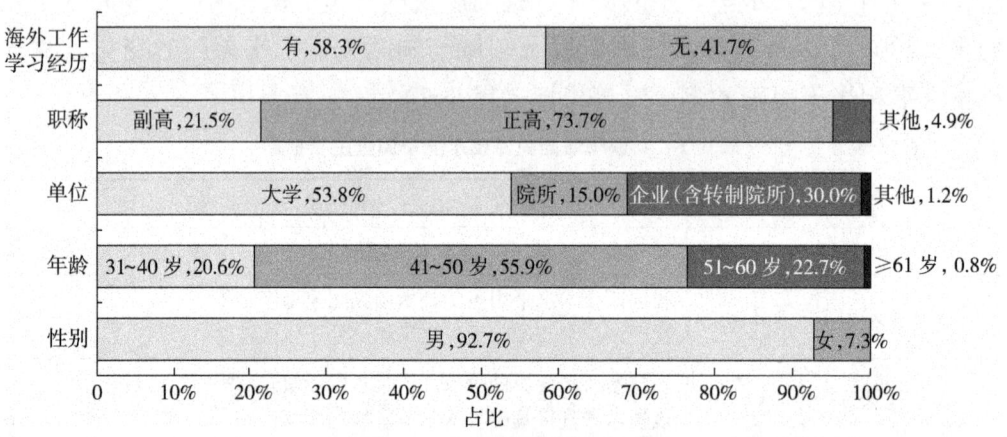

图 6-3 参与调查专家结构

在分析我国的技术差距、技术发展阶段等问题时,采用最大值判断方法,例如,在判断"2006 年以来我国该技术与国际领先水平差距的变化趋势"时,有 n_1、n_2、n_3 位专家分别回答"拉大""缩小""难以判断",把 n_1,n_2,n_3 中最大值所对应的选项作为该项目的专家意见，如遇到数值相等的情况，则将该选项重新发回高端制造技术领域研究组做再判断，以得到明确结论。在分析技术水平等问题时，采取均值处理，例如，有 n 位专家对"我国该技术水平相当于技术领先国家哪年水平？"做出量化判断，其平均值即为该关键技术的技术水平分值。

6.2 中国制造与制造强国的距离显著缩小

中国制造领域与国际领先水平的技术差距整体趋势在缩小

自 2006 年《国家中长期科学和技术发展规划纲要》（以下简称《规划纲要》）实施以来，我国制造领域的科技水平得到了快速发展。在参与调查的 130 项制造领域关键技术中，我国共有 106 项技术自《规划纲要》实施以来与国际领先水平之间的技术差距在缩小，占比为 81.5%；还有 15 项技术与国际领先水平的差距在拉大，所占比重为 11.5%；9 项技术专家没有形成明确判断（图 6-4）。

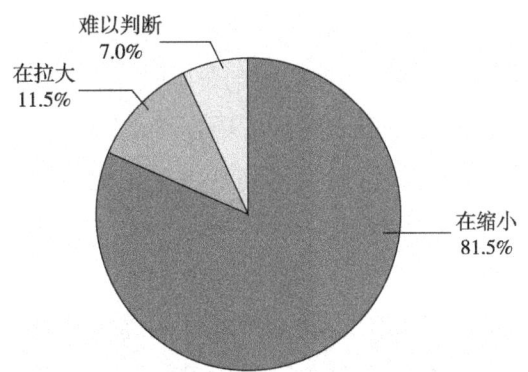

图 6-4 制造领域技术发展趋势的判断

从调查结果看，我国制造领域各个子领域的技术发展与国际领先水平相比，总体上差距都在缩小，尤其是在重大装备与工艺和系统控制子领域，绝大部分关键技术与国际领先水平的差距在缩小，同时，也可看到在制造服务子领域，有 21.7% 的关键技术与国际领先水平的差距有拉大的趋势（表 6-2）。例如，业务过程智能技术在关键技术和产品研发上还存在很大欠缺，在某些方向上与世界先进水平差距明显，整个产品市场主要被发达国家垄断，尚无发现完整的本土产品。

表 6-2　不同子领域技术发展趋势判断

子领域	技术数量/个	在缩小/个	比重	在拉大/个	比重	待定/个
重大装备与工艺	40	35	87.5%	3	7.5%	2
系统控制	29	23	79.3%	2	6.9%	4
制造服务	23	16	69.6%	5	21.7%	2
微纳制造	17	14	82.4%	2	11.8%	1
智能机器人	21	18	85.7%	3	14.3%	0
合计	130	107	81.5%	14	11.5%	9

中国制造领域技术水平形成领跑、并跑、跟跑的基本格局，大部分处于跟跑状态

在参与调查的 130 项制造领域关键技术中，根据专家的判断，目前，云制造技术、数字化近净成型技术、超精密多自由度磁悬浮平面运动电机等 6 项技术已处于国际领先水平。其中的云制造技术是我国制造业信息化领域结合信息技术发展和制造业需求而率先提出的制造业信息化创新技术和方向，我国在世界范围内也是云制造技术的首倡者和领先者。我国在增量制造技术、更高效清洁的燃煤发电技术与装备、制造服务云平台、极地科考机器人装备等 30 项关键技术与国际领先水平相差很小，处于并跑状态。绝大部分关键技术还处在跟跑阶段，共计 94 项，占比达 72.3%（图 6-5），尤其是高可信功能安全控制系统、数控机床伺服驱动与数字控制系统、计算机辅助设计、三维 CAD 技术、机器人关节用精密减速器等关键技术，参与调查的专家普遍认为与国际领先水平相比相差较大，不少技术甚至相差很大。

如图 6-6 所示，从各个子领域技术竞争基本格局的分布来看，微纳制造和智能机器人子领域关键技术，基本处于并跑与跟跑阶段，重大装备与工艺、系统控制及制造服务分别各有 1 项关键技术处于国际领先水平。总体上，各个子领域也没有改变绝大部分技术处于跟跑阶段的状况。

第6章 中国制造"三跑并存，跟跑为主"

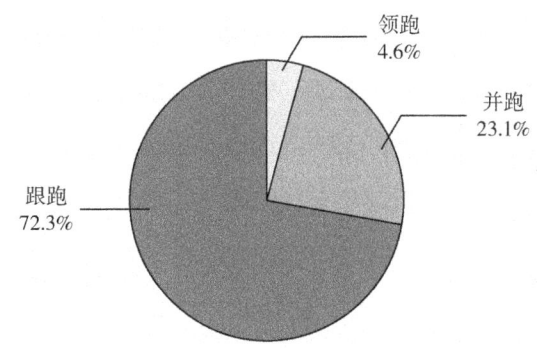

图 6-5 我国制造领域技术发展格局状况

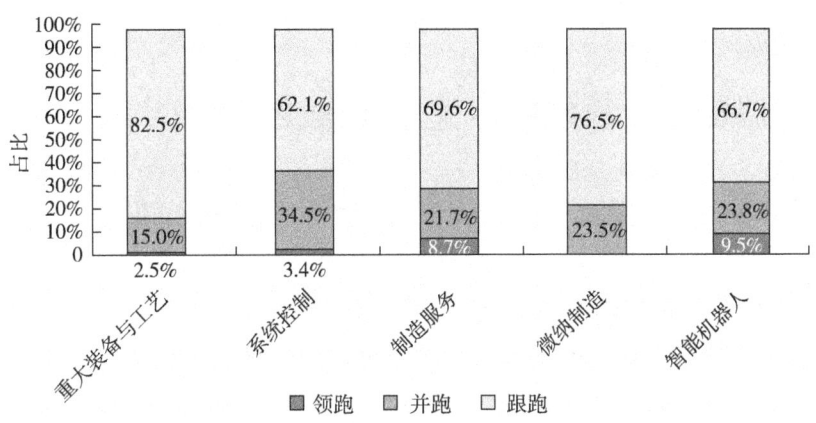

图 6-6 各子领域技术发展格局状况

中国制造领域技术水平与国际领先水平相差 10 年

就制造领域技术发展的时间差距来看，通过专家对参与调查的 130 项关键技术与国际领先水平的差距的判断，我国总体技术水平与国际领先水平的差距为 10.2 年（图 6-7）。各个子领域技术水平与国际领先水平差距不一，重大装备与工艺相差 11.1 年，系统控制相差 10.7 年，制造服务相差 9.7 年，而微纳制造和智能机器人分别相差 9.3 年、9.1 年。例如，数字化近净成形技术、极地科考机器人装备等技术，专家判断与国际领先水平的年代差距为 3 年以内，而多位专家对高速电主轴设计与制造、大型结构件的铸锻焊热处理技术、化工过程模拟优化技术等技术的判断，与国际领先水平的差距超过 15 年。

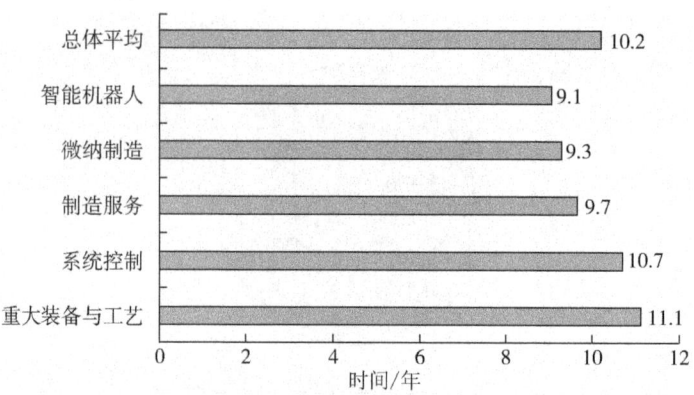

图 6-7 我国制造领域与国际领先水平的差距

6.3 源头储备不足放缓技术追赶加速度

中国制造领域基础研究薄弱，向领先优势技术转化的能力较弱

如果某项技术源于某国的基础研究，可以认为该国是该项技术的来源国。这里选取了美国、日本、德国、英国等前4位国家和中国进行比较分析（表6-3）。美国、日本、德国、英国、中国供给的技术来源分别为114项、46项、64项、12项、8项，所占130项关键技术的比例分别为87.7%、35.4%、49.2%、9.2%和6.2%。美国在各个子领域的基础研究优势非常明显，尤其是在微纳制造、系统控制子领域，美国为该子领域几乎所有关键技术提供了技术源头。德国在重大装备与工艺子领域具有较强的基础研究优势，提供技术源头的关键技术所占比重较高，在制造服务、系统控制子领域也仅次于美国，但在微纳制造子领域，专家判断表明，在所调查的关键技术中，德国没有提供技术源头。日本在智能机器人子领域基础研究优势较为明显，所提供的技术源头仅次于美国，占比达57.1%。专家调查显示，我国所提供的8项技术来源，主要集中在重大装备与工艺（2项）和系统控制（4项）子领域，在系统控制子领域中，我国为太阳能热发电系统控制技术、数控机床伺服驱动与数字控制系统等4项技术提供了技术源头，智能机器人和制造服务子领域中分别有极地科考机器人装备基础技术、网络化产品协同设计各1项技术来源于我国，而在微纳制造子领域，参与调查的17项技术中，我国未能提供技术源头。

表 6-3 主要国家制造各子领域基础研究成果占比情况

	美国	日本	德国	英国	中国
重大装备与工艺	82.5%	47.5%	77.5%	15.0%	5.0%
系统控制	96.6%	27.6%	44.8%	13.8%	13.8%
制造服务	87.0%	13.0%	56.5%	0.0%	4.3%
微纳制造	100.0%	23.5%	0.0%	11.8%	0.0%
智能机器人	76.2%	57.1%	33.3%	0.0%	4.8%
合计	87.7%	35.4%	49.2%	9.2%	6.2%

如表6-4所示,从技术领先角度看,美国、日本、德国、英国、中国所拥有的领先技术分别为112项、44项、63项、14项、6项,所占130项关键技术的比例分别为86.2%、33.8%、48.5%、10.8%和4.6%。从问卷调查的结果来看,美国牢牢占据着先进制造领域的优势地位。美国在系统控制、制造服务、微纳制造等领域遥遥领先,绝大部分甚至全部技术都处于领先地位,重大装备与工艺、智能机器人等子领域领先技术比重也分别高达72.5%、76.2%。日本在智能机器人、微纳制造子领域具有较强的领先优势。德国在重大装备与工艺、系统控制、制造服务等子领域技术领先优势明显。我国在先进制造领域处于技术领先地位的技术较少,根据专家判断,其中,云制造技术、制造服务云平台、数字化近净成形技术等6项技术,我国已处于国际领先水平。

表 6-4 主要国家制造各子领域领先优势技术占比情况

	美国	日本	德国	英国	中国
重大装备与工艺	72.5%	37.5%	67.5%	12.5%	2.5%
系统控制	93.1%	34.5%	48.3%	10.3%	3.4%
制造服务	100.0%	8.7%	65.2%	4.3%	8.7%
微纳制造	100.0%	29.4%	11.8%	11.8%	0.0%
智能机器人	76.2%	57.1%	23.8%	14.3%	9.5%
合计	86.2%	33.8%	48.5%	10.8%	4.6%

如图6-8所示,从基础研究成果向领先技术转化的能力来看,我国所供给的8项技术源头仅有1项形成了领先技术,即数字化近净成形技术,表明我国没能很好地将所掌握的基础研究成果形成领先优势技术。同时,我们在缺乏基础研究的情形下,通过引进、消化、吸收国际上优秀的基础研究成果,在云制造技术等方向形成了领先优势技术。美国所供给的114项技术源头中仅有8项技术没有形成领先技

术。日本、德国、英国所供给的技术源头中分别有 9 项、15 项、4 项技术没有形成领先技术。按百分比来看，美国、日本、德国、英国在先进制造领域分别有 93.0%、80.4%、76.6%、66.7% 的基础研究成果转化成领先优势技术，而我国仅为 12.5%，差距非常明显。

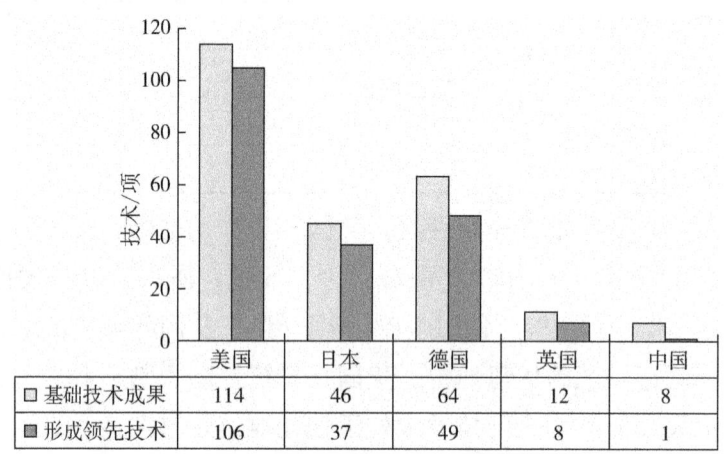

图 6-8　主要国家制造领域来源技术形成领先技术情况比较

中国制造领域与领先国家相比，技术竞争处于劣势

通过对制造领域 130 项关键技术进行调查，我国处于实验室、中试、产业化阶段的技术分别有 33 项、38 项、27 项，还有 32 项技术无法判定。从数量上看，我国处于中试阶段的技术最多。与国外领先水平相比，国际领先技术在实验室、中试、产业化阶段的技术数量分别为 6 项、17 项、94 项，还有 13 项技术无法确定。从中可以看出，在被调查的关键技术中，技术领先国家主要集中在产业化阶段。除去未定技术，我国处于实验室、中试、产业化阶段技术的比例分别为 33.7%、38.8% 和 27.6%（图 6-9），而领先国家技术处于实验室、中试、产业化阶段的比例分别为 5.1%、14.5% 和 80.3%（图 6-10）。从本次技术竞争调查来看，我国在先进制造领域与国际领先水平技术发展阶段的总体差距明显。

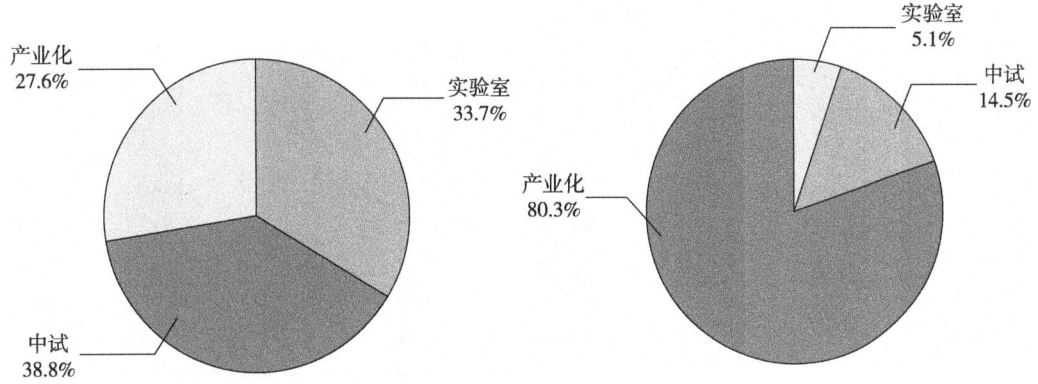

图 6-9 我国制造领域技术发展阶段分布　　图 6-10 制造技术领先国家技术发展阶段分布

从制造领域各个子领域来看，除去待定技术，我国在微纳制造、智能机器人子领域有超过一半的技术还处于实验室阶段（图 6-11）。重大装备与工艺、系统控制子领域技术相对而言以中试阶段占比最大，其中，系统控制子领域有近半的技术处于中试阶段。重大装备与工艺、制造服务子领域有 39% 左右的技术已进入产业化阶段。技术领先国家在 5 个子领域的技术发展主要集中在产业化阶段（图 6-12），除了智能机器人子领域，其他子领域均有超过 80% 的技术处于产业化阶段。智能机器人子领域有 57.9% 的关键技术已进入产业化阶段，反观我国，仅有 11.1% 的技术在产业化阶段，大部分还处于实验室阶段。

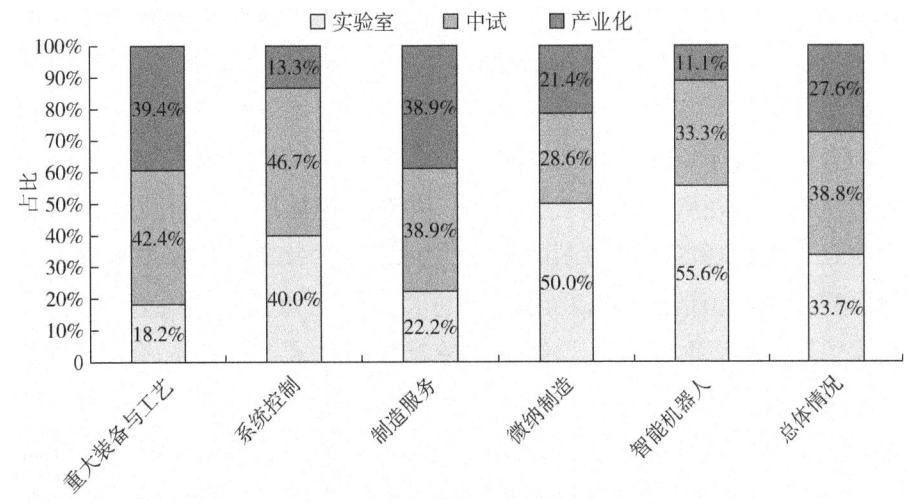

图 6-11 我国制造各子领域技术发展阶段分布情况

通过对技术不同发展阶段的具体分析可以进一步看出我国与国际先进水平的差距。以下分别对我国处于实验室、中试、产业化阶段的技术与国际领先水平的差距

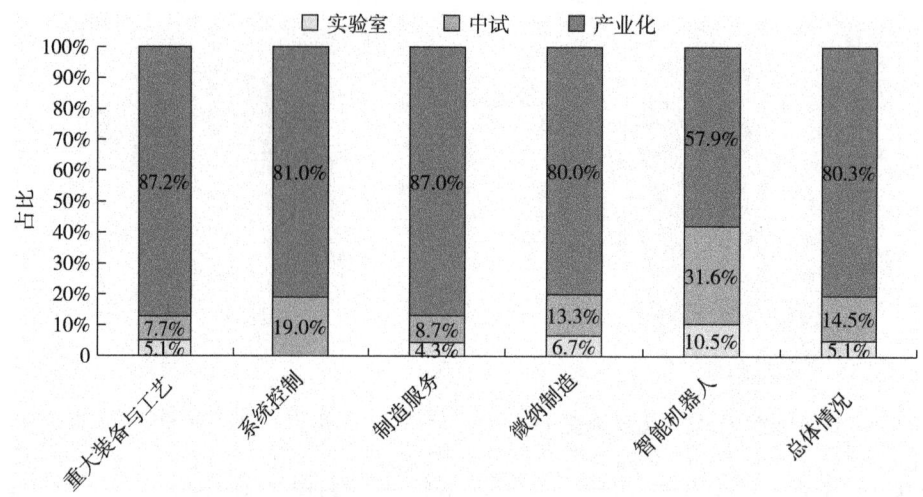

图 6-12 制造技术领先国家各子领域技术发展阶段分布

进行比较。如图 6-13 所示,我国处于实验室阶段的 33 项技术中,只有 4 项技术与国际领先水平处于同一发展阶段,技术领先国家有 7 项技术已进入中试阶段,有 19 项技术已经进入产业化阶段,还有 3 项技术暂时无法判断。我国处于中试阶段的关键技术有 38 项,其中,同期领先国家技术已经达到产业化的共有 29 项,与我国同处中试阶段的技术有 6 项。在可以判断的技术中,我国与国际领先水平处于同一发展阶段的技术有 35 项,约占已判断的 98 项技术的 35.7%,大部分集中在产业化阶段,其中,在技术发展阶段上领先于其他技术领先国家的有更高效清洁燃煤发电技术与装备等技术仅有 3 项。总体对比我国与技术领先国家的技术发展阶段,有近 2/3 技术在发展阶段上落后于技术领先国家,我国处于技术竞争的不利地位。

专家调查为评价中国制造的技术水平提供了一个供决策借鉴参考的估值。一个国家的技术领域水平包含非常复杂的内涵,并非单纯从技术进行竞争分析,而是包含了经济发展、人文环境、创新制度等在内的综合性考量,专家主观判断的优势在于能将积累的大量知识信息和各种经验进行整合,下意识做出综合性判断。当然,也要用开放思维看待各种机构、组织的制造领域的技术竞争评价,客观、冷静看待我国制造科技发展的领先与差距,理性评判跟跑、并跑、领跑并存现象。那些领跑技术意味着已走在世界技术前沿,但又很难看清未来发展方向,很容易走弯路,相比并跑、跟跑难度更大;并跑面对的竞争很激烈,重点在于考虑什么时间能实现弯道超车;对于跟跑的技术,在密切跟踪的同时要考虑跟的方向还对不对、是否还要继续跟踪等。对待跟跑、并跑、领跑的态度,不应仅凭技术的先进性或其他国家的看法,而且还遵循市场发展的逻辑,与此同时,在现有技术基础上通过集成创新、

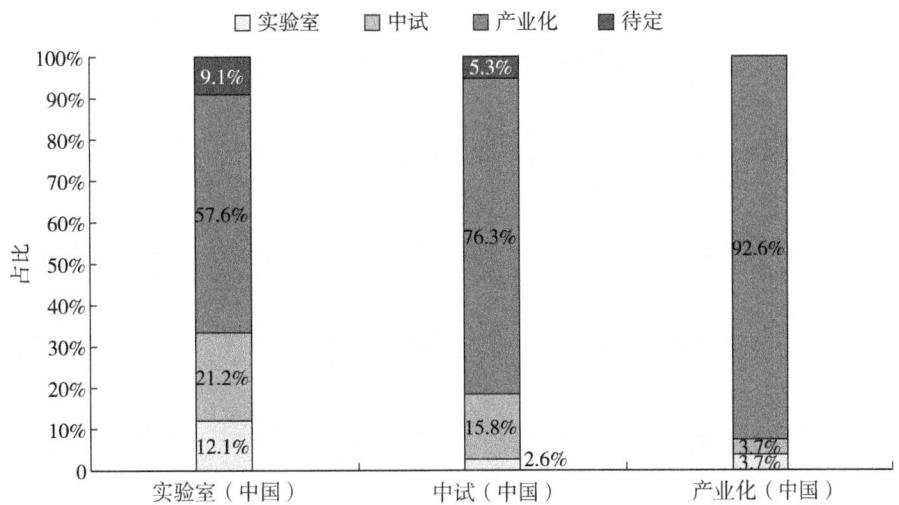

图 6-13 技术发展阶段比较

商业模式创新也可以有很好的创新绩效。实现赶超不可能一蹴而就，也不可能一帆风顺，既不能盲目自大，也不能妄自菲薄、人云亦云，要有超阶段性思维，做出理性判断。

未来预测

中国制造的技术方向在哪里?

第 7 章　中国制造技术的竞争潜力

后金融危机时代，科技创新日益成为经济社会发展的重要推动力和财富形成的主要源泉。世界各国都在紧紧抓住新一轮科技革命和产业革命带来的战略机遇，加快转变经济发展方式和社会发展模式，彻底改变在国际竞争中的被动局面和地位，谋求经济长远发展的主动权，形成长期竞争优势，其重要的支撑点就在于提高本国的产业技术竞争力。内部的技术竞争基础和外部的技术竞争环境，再加上本身技术对于国家经济社会发展的支撑作用，构成了产业技术竞争潜力的关键要素。

7.1　研发基础、专利制约与技术竞争

技术竞争

技术竞争力是一个综合性的概念，其内涵目前没有统一定论，但大都强调科技竞争力是国家（区域）竞争力的关键因素和核心力量。国内外学者或机构分别从国家、区域、产业和企业层次上对技术竞争力提出了很多不同的观点（宋明佳 等，2003）。宏观层面上，世界经济论坛（WEF）和国际管理发展学院（IMD）在对竞争力的研究中，定义国际技术竞争力为国家或公司在世界市场上均衡地生产出比其竞争对手更多财富的能力，形成了基于国家或地区层次的宏观国际竞争力评价原则、方法和指标体系。在微观层面上，部分学者分别从商品竞争力、企业竞争力和行业竞争力 3 个层次对技术竞争力进行了界定。WEF 和 IMD 在国际竞争理论、测度和分析基础上最早提出科技竞争力的概念，科技竞争力包括教育和科学的竞争基础、技术的竞争水平、研究与开发的竞争水平、科技人员的竞争水平、科技管理的

竞争水平、科技体制和科技环境的竞争水平、知识产权的竞争水平等多个方面，共有26个评价指标。另外，美国乔治亚理工学院也对科技产业竞争力进行了长期的研究，并且给出了具体评估指标体系方案。由此可见，国际上对于竞争力的研究大多集中在宏观的国际竞争力和微观的企业竞争力等的内涵界定和评价指标体系构建上，对于单独某个领域竞争力的内涵特征的研究尚不多见。内部技术竞争基础和外部技术竞争环境，以及技术对于国家的重要性构成了技术竞争力的关键要素。

研发基础与技术竞争

产业研发基础是反映一个产业科技投入、知识的创造和技术的研发转化的主要因素，也是影响产业技术竞争力的重要因素，是产业技术竞争力的评价基础。当然，技术竞争力形成的基础是由各种资源要素决定的，各种用于产业技术创新的资源要素的质量、数量、种类和构成决定了一个产业的技术基础。由于新兴工业化国家从第二次世界大战以来取得了迅速的经济增长，技术管理也对隐藏在背后的、发展中国家赶超领先国家的机制进行了研究。许多技术管理学者集中于解释发展中国家如何通过采用发达国家过时或较为过时的技术，来缩小与发达国家的差距（Vernon，1996；Utterback et al.，1975）。这些学者普遍认为赶超只是一个沿着固定轨道赛跑中的相对速率问题。徐冠华（2001）强调，实施技术跨越战略，是具有一定科技基础的发展中国家在全球市场竞争中谋求局部技术优势的必然选择。张华胜和薛澜（2003）对我国数控产业技术发展战略进行探讨，认为产业技术跨越发展是有条件的，除体制性因素外，与产业技术基础也密切相关。郭克莎和王伟光（2004）认为，制造业实施技术跨越发展战略，要有一定的产业发展规模和技术基础，要有一个对外开放的、竞争性的大环境。技术的竞争主要是能力的竞争，包括有效吸收先进技术并将之付诸实践的技术吸收能力，而且还包括在此基础之上的技术创新能力，它主要取决于个体既有的技术知识基础和研发投入状况（杨文举，2006）。如今，我国科技整体能力持续提升，一些重要领域方向跻身世界先进行列，某些前沿方向开始进入并跑、领跑阶段，正处于从量的积累向质的飞跃、从点的突破向系统能力提升的重要时期。

专利制约与技术竞争

科学技术全球化是国际科技竞争的背景,参与国际竞争并不是科技可以回避或自由选择的,而是全球科技发展的必然趋势和内在要求。发达国家日益依靠对市场进入壁垒的打造来获取竞争优势。具体来看,正在由价格竞争转向以知识产权保护和专利体系为核心的市场进入标准体系制定权的竞争。通过以本土企业拥有的专利为基础所构建的本土市场进入标准体系,既可以强化本土企业所具有的高级要素竞争优势,又可以以专利授权收费方式来构造国外竞争者的进入壁垒,压榨国外代工者的生产利润及抑制模仿者的技术赶超能力,确保本土企业高投入研发活动的充分补偿与技术创新能力的持续提升(杜鹏,2012)。作为后发国家,大量技术先进的跨国公司的存在,为本国提供了许多潜在的技术来源。但也要看到,那些实际拥有创新技术的发达国家越来越倾向严格的知识产权国际保护,而发展中国家因为过于严苛的知识产权限制造成获取新技术的途径急剧减少,减缓经济增长与发展(Connolly et al.,2005)。Taylor(1994)及Yang(2001)等认为技术先发国家为了保护其技术垄断性优势,会通过各种技术和知识产权保护手段防止技术的模仿,以减少技术溢出。李建民(2006)研究显示发达国家正在利用国际知识产权保护协议和高技术产品出口管制构筑技术壁垒,压缩发展中国家利用技术后发优势的空间。由于发达国家对关键技术的封锁,技术生命周期的缩短及对国外技术的依赖等原因,发展中国家通过技术引进实现技术差距缩小的可能性变得越来越小(杨晓玲,1999)。我国长期通过FDI(foreign direct investment,外国直接投资)和技术设备的进口发挥技术后发优势,但是引进技术并不等于引进技术创新能力,因此,技术后发优势的发挥受到了极大的限制,西方国家已经将技术控制作为扼制中国崛起的一个重要手段。只有基于自主创新,中国才能实现科技创新跨越式发展,不仅可以用相对短的时间走完西方国家几百年的历程,而且还有可能超越它们,成为世界创新型和科技领先国家(胡鞍钢,2014)。

7.2 中国制造技术发展将实现"并跑为主"

指标设计

2013年启动的第五次国家技术预测调查,中国高端制造领域技术与技术竞争力有关的指标包括技术重要性、研发基础及专利制约等。技术重要性指标的描述详见第4章4.2部分,研发基础和专利制约程度及其预期技术发展的目标的问卷设计如表7-1所示。

表7-1 高端制造领域技术竞争指标设计

指标	题干	指标设计
研发基础	该技术在我国的研发基础	A. 好 B. 较好 C. 一般 D. 较差 E. 差
专利制约	技术研发受到国外专利制约的程度	A. 制约很大 B. 制约较大 C. 制约较小 D. 不受制约
技术发展目标	该技术按照预定目标实现后,与国际领先水平相比较将处于	A. 领跑 B. 并跑 C. 跟跑

对于研发基础和专利制约程度等指标,采取了指数法的处理形式。针对研发基础指标,专家对该技术在我国研发基础做出判断,选择"好、较好、一般、较差、差"的人数分别为 n_1,n_2,n_3,n_4 和 n_5,则该指标的指数为:

$$index = \frac{100 \times n_1 + 75 \times n_2 + 50 \times n_3 + 25 \times n_4 + 0 \times n_5}{n_1 + n_2 + n_3 + n_4 + n_5} \tag{7-1}$$

研发基础的指数值越大,表明该技术在我国的研发基础越好,具有较好的技术积累。

专利制约指标也采用了同样的处理方法,但由于问题设计为4个选项,因此该指标的指数被设定为:

$$index = \frac{100 \times n_1 + 66.67 \times n_2 + 33.33 \times n_3 + 0 \times n_4}{n_1 + n_2 + n_3 + n_4} \tag{7-2}$$

计算所得的值越大,表明该技术研发受到国外专利制约的程度越大。

在分析技术发展目标时,采用了最大值的处理方法,例如,在判断"该技术按照预定目标实现后,与国际领先水平相比较将处于:领跑、并跑、跟跑"的时候,n_1,n_2,n_3 分别是回答领跑、并跑、跟跑的人数,其中的最大值所对应的选项作为该项目的专家意见,例如,n_3 最大,即该技术按照预定目标实现后,与国际领先水平相比较将处于跟跑状态。如遇到不同选项的专家判断人数相等,则重新发回领域组进行再次判断，以获得最终的确定性结论。

关键技术研发基础和专利制约情况分析

研发基础情况

从参与调查的关键技术研发基础指标数据来看，各个关键技术的指标分布呈钟形分布状态（图7-1）。我国高端制造技术的研发基础水平分布服从方差为53.1，期望值为50.1的正态分布。

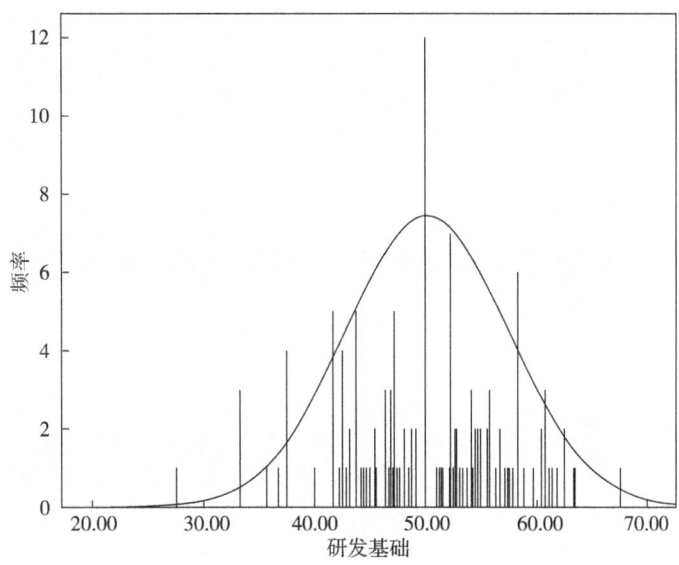

图7-1 高端制造领域关键技术研发基础频率分布

如图7-2所示，从各个子领域来看，专家判断认为我国重大装备与工艺子领域具有较好的研发基础。经过多年的努力，我国重大装备与工艺领域取得了长足的发展，形成了门类齐全，能满足主机行业一般需求的生产体系，为装备制造业发展提供了重要的支撑和保障。十几年来，制造业各领域涌现出了一批较有影响、意义深远的重大成果。国内发电设备装机中国产发电机组已达80%以上，年产千万吨级大型炼油厂设备国产化率达90%，国产100万千瓦超超临界火电机组、国产750千伏交流输变电成套设备已投入运行，打破了一直以来国外垄断的局面。"神舟"系列航天飞船的成功发射，实现了载人航天工程的重大突破。"蛟龙号"载人潜水器研制和海试成功，标志着中国跻身世界载人深潜先进国家行列。相对而言，微纳制造和绿色制造子领域的研发基础情况相对较差，技术积累还有待提升。我国微纳制造研究仍倾向于跟着国外的踪迹往前走，实现从"跟跑"向"自主创新"的转变需要一个过程（万勇 等，2012）。优质高效、节能、节材的先进基础制造工艺和自动化、智能化技术的普及程度不高，能源消耗、材料利用率及污染排放与国际先进水平相比存在较大差距。

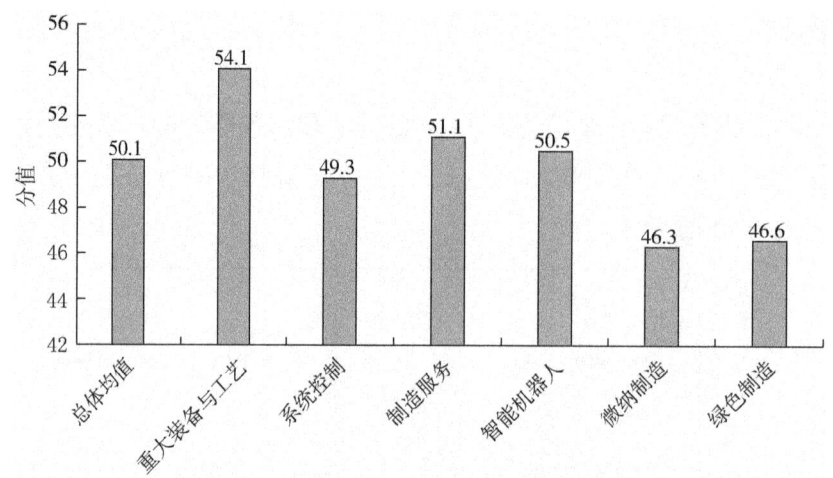

图 7-2 高端制造领域各子领域研发基础情况

专利制约情况

从参与调查的关键技术专利制约程度指标数据来看，各个关键技术的指标分布同样呈钟形分布状态（图 7-3）。我国高端制造技术的专利制约程度分布服从方差为 53.1，期望值为 50.1 的正态分布。

如图 7-4 所示，从各个子领域的分布情况来看，我国在系统控制、制造服务、微纳制造等子领域受到的国际专利制约程度较高。例如，在系统控制子领域，日本不仅限制向中国出口高端机床，还限制中国自己研制高端机床。控制器是数控机床的核心，相当于电脑的 CPU，是制造数控机床的关键技术。然而目前，日本和德国的数控系统巨头基础核心专利不转让，限制对华出口。美国也出台法案，对包括微纳工程等技术在内的出口加强部署，中美两国高技术领域竞争日趋激烈（许晔 等，2009）。相对而言，重大装备与工艺、智能机器人及绿色制造等子领域受到的国际专利制约程度较轻，尤其是重大装备与工艺子领域的超细精密零件半自动装配及测量关键技术、智能机器人领域的机器人模块化技术、绿色制造领域的新能源汽车回收拆解与再利用技术和退役产品高附加值绿色回收利用技术等都属于国际专利

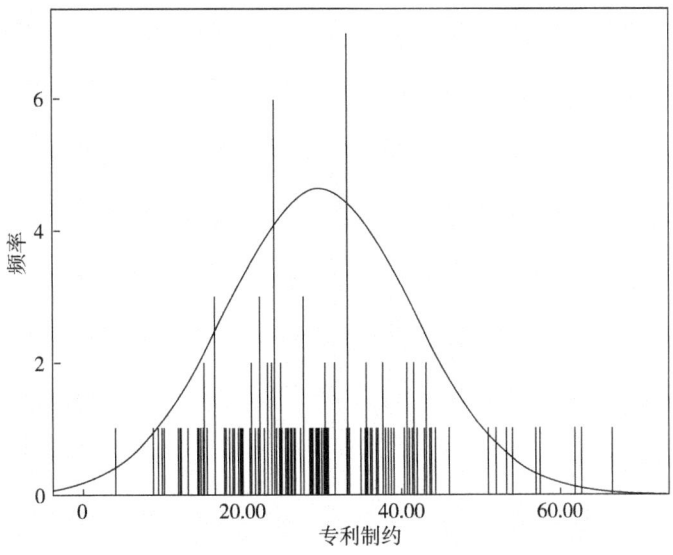

图 7-3　高端制造领域关键技术专利制约程度频率分布

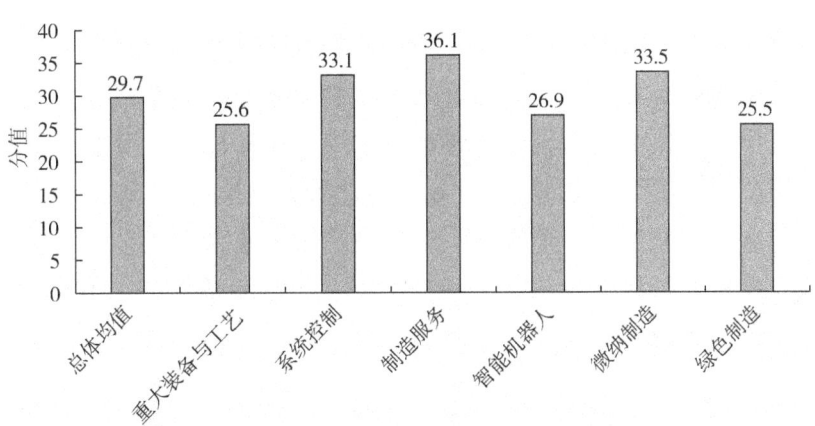

图 7-4　高端制造领域各子领域专利制约程度比较

制约程度较低的关键技术，大部分参与调查的专家都认为其专利制约程度很小，甚至不受制约。

高端制造领域技术未来竞争格局

未来技术竞争格局判断

总体上看，专家判断高端制造领域技术发展达到既定目标后，未来 5~10 年，与国际领先水平相比，有 53 项技术将继续处于跟跑的状态，占比为 39%，处于并跑状态的技术将达到 83 项，总量超过六成，形成大部分处于并跑状态的技术发展格局（图 7-5）。

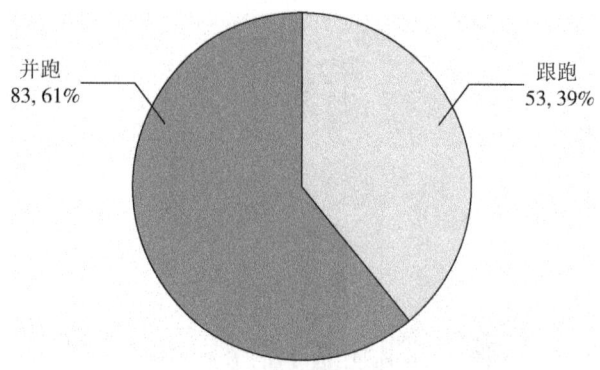

图 7-5 高端制造领域技术未来竞争格局

如图 7-6 所示，从各个子领域的技术分布来看，重大装备与工艺子领域的技术达到既定目标后，30 项备选技术中有 25 项技术将与国际领先水平保持同步，仅有材料结构一体化成形加工工艺及装备、多轴联动智能超高压射流加工装备等 5 项技术继续处于跟跑的状态。其他诸如系统控制、制造服务、智能机器人、微纳制造等子领域都有过半数的技术将与国际领先水平并跑，相对而言，专家对于绿色制造领域的判断比较悲观，整个子领域 15 项参与调查的关键技术中，共有 11 项关键技术专家判断即使达到预期目标，仍将处于跟跑国际领先水平的状态，仅有流体机械高效节能技术、高效电机与电机系统节能技术等 4 项技术经过 5~10 年的努力，将呈现与国际领先水平并跑的技术发展格局。

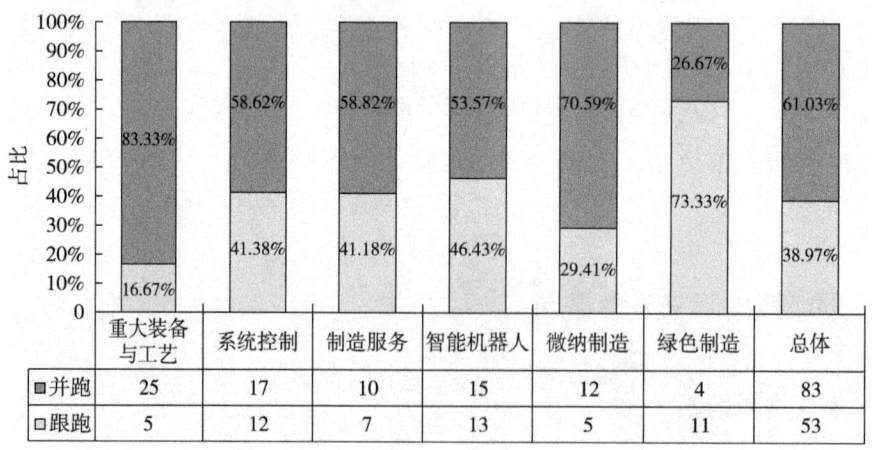

图 7-6 高端制造领域各子领域关键技术未来竞争情况

跟跑技术的研发基础及专利制约情况

进一步对未来处于跟跑状态的53项关键技术进行研发基础和技术制约的比较研究，可以发现高端制造跟跑的技术，其研发基础为48.0，要低于整个高端制造50.1的平均水平（图7-7）。尤其是在微纳制造子领域，跟跑技术的研发基础显著低于整个微纳制造子领域平均水平，相对而言，制造服务子领域技术的研发基础差别较小。

如图7-8所示，就专利制约程度来看，跟跑技术的专利制约程度要略低于整体水平，可能是因为跟跑的技术一般来说与国际领先水平相比，长期处于跟跑状态，不足以对技术领先国家构成技术竞争威胁，受到国际专利制约的程度也较低。但从专家的判断来看，在系统控制和微纳制造子领域，跟跑的技术依然受到严重的国际专利制约，相比较而言，是所有子领域中，国际专利制约最明显的，如嵌入式控制系统设计工具、大尺寸超光滑平整表面制造关键技术、重大装备的风险智能监控与故障自愈技术、化工过程模拟优化技术等都是专家认为受到国家专利制约程度较高的关键技术。

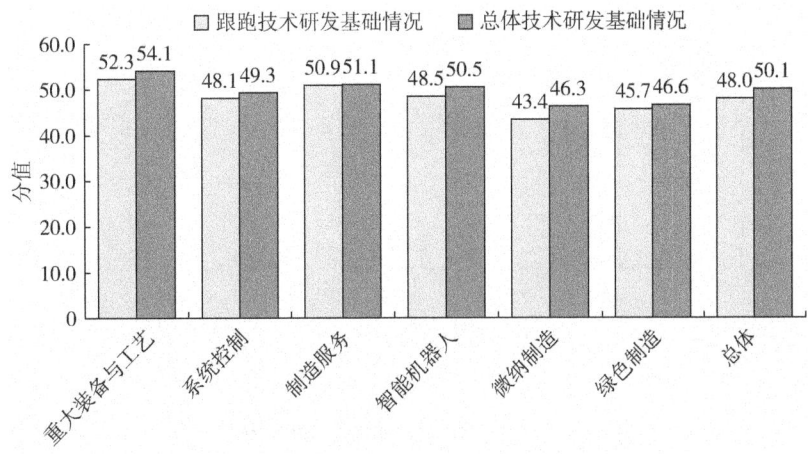

图7-7 跟跑技术的研发基础情况

并跑技术的研发基础及专利制约情况

据专家判断，按照预定目标实现后，高端制造领域与国际领先水平相比较将处

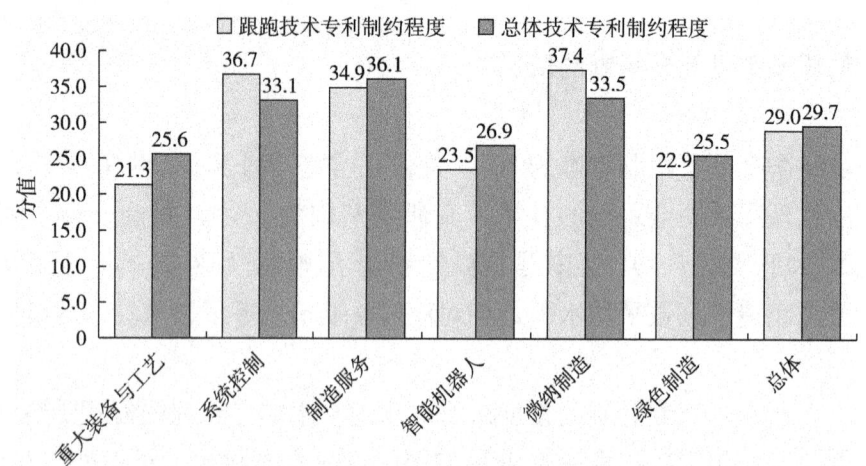

图 7-8 跟跑技术的专利制约程度情况

于并跑的 83 项技术中，研发基础普遍要高于整体平均水平（图 7-9）。这在一定程度上表明，具有较好的研发基础，形成扎实的技术积累对提升高端制造技术能力有显著的帮助。其中，重大装备与工艺、制造服务子领域，并跑技术与整体子领域的研发基础差别较小，绿色制造子领域两者的差别最为明显。

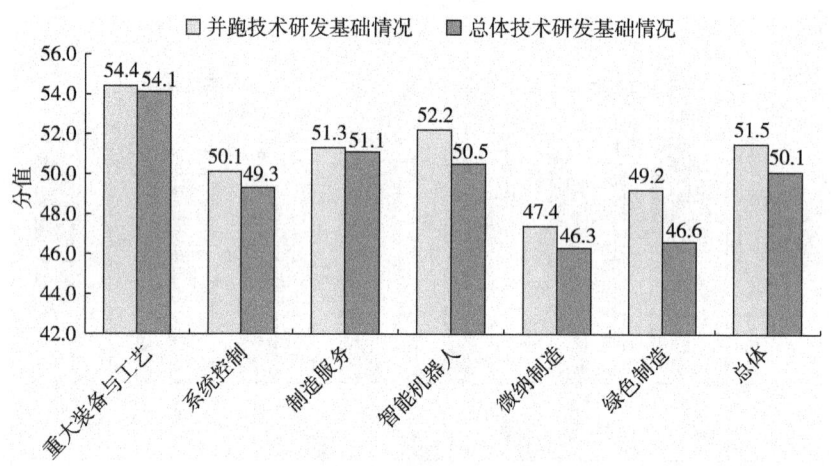

图 7-9 并跑技术的研发基础情况

整体而言，并跑技术受到的国际专利制约程度要略高于整个高端制造领域平均水平（图 7-10）。预定目标实现后，并跑的技术将与国际领先水平保持同步，对技术领先国家构成实质性的技术竞争，受到国际技术封锁的可能性也最大。但也可发现，通过专家调查，系统控制、微纳制造子领域处于并跑状态的技术受到的国际专利制约程度不如整个子领域平均水平来得明显。

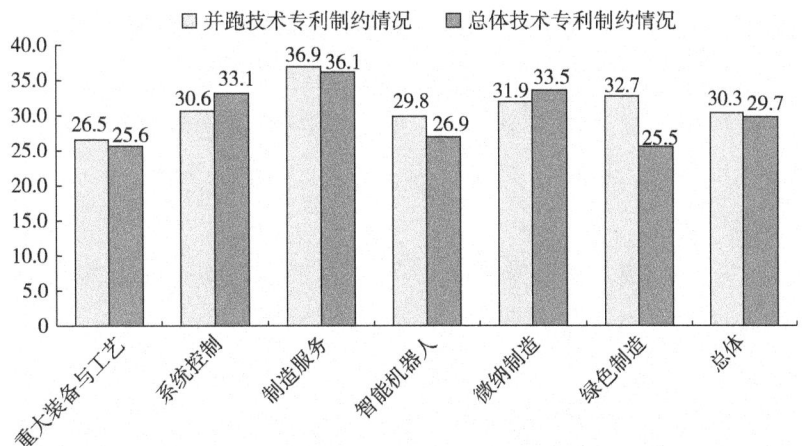

图 7-10 并跑技术的专利制约程度

7.3 研发积累是中国制造技术进步的关键

7.2 部分，在高端制造领域的技术预测调查中，专家对参与调查的关键技术未来一定时间所达到的目标进行了"领跑、并跑、跟跑"的分类，这里将进一步通过判别分析找出预测变量的线性组合，使组间方差相对于组内方差的比值为最大，同时找出那些具有最大判别能力的预测变量，即技术发展应特别重视研发基础、专利制约中的哪些因素。

这里采用判别分析方法，判别分析的因变量是定类或者定序变量，以此把样本划分为不同的组类，而自变量可以是任何尺度的变量，只是定性变量需要以虚拟变量的方式进入模型。其目的在于建立一种线性组合使得用最优化的模型来概括分类之间的差异。判别分析从已确定类别样本中拟合判别函数，再把判别函数应用于相同变量所记录的新数据集，以判断新样本的类别归属。判别分析也可运用 Logistic 回归分析来进行，Logistic 回归分析是通过极大似然估计，使得因变量的观察次数的可能性达到最大化。

判别分析

分类方法是人们认识世界的基本方法，判别分析是常用的一种分类方法。判别分析处理问题时，要事先有一个已知分类的数据集，然后把和这个数据集性质相同的未知分类的数据归入已知分类。例如,医生根据化验结果判断患者的疾病类型等。

用数学语言来说就是,有 k 个 p 维类别,分别为 $G_1, G_2, \cdots, G_k$。对于一个未知样品 x,要判断它属于哪一个类别。解决这个问题的判别方法有很多种,常用的方法有距离判别分析、Fisher 判别分析、Bayes 判别分析等。

(1) 距离判别分析

距离判别法根据距离的大小来判别类别。其基本思路是计算样本到各个类别之间的距离,样本离哪个类别近就属于哪一类。

k 个 p 维类别 $G_1, G_2, \cdots, G_k$ 的均值(该类别所有样本的平均值)代表该类的中心,用 $\mu_1, \mu_2, \cdots, \mu_k$ 表示,协方差矩阵分别为 $V_1, V_2, \cdots, V_k$。则某未知样本 x 到某类 G_i 的距离就可以用 x 和 μ_i 之间的距离表示,即 $d(x, G_i)$。

距离判别采用马氏(Mahalanobis)距离的计算公式为:

$$d(x, G_i) = (x-\mu_i)^t V_i^{-1} (x-\mu_i)。 \tag{7-3}$$

如果要判断样本 x 是属于 G_i 还是 G_j 类,可以计算

$$\Delta d = d(x, G_i) - d(x, G_j) = (x-\mu_i)^t V_i^{-1} (x-\mu_i) - (x-\mu_j)^t V_j^{-1} (x-\mu_j)。 \tag{7-4}$$

Δd 即距离判别函数。当 $\Delta d < 0$ 时,x 属于 G_j 类;当 $\Delta d > 0$ 时,x 属于 G_i 类。这就是距离判别分析的判别准则,可写作:

$$x \in G_i, \Delta d < 0; x \in G_j, \Delta d \geqslant 0。$$

距离判别分析具有简单、直观、易懂等优点,但是距离判别分析没有考虑到误判对判别结果的影响。

(2) Fisher 判别分析

Fisher 判别分析的基本思想是方差小的样本倾向于成为一类,而方差大的样本倾向于不同的类。它的基本思想是投影,找到一个最大的投影方向,使得该方向上样本的组间方差和组内方差的比值达到最大。

用数学语言描述为:对 p 维空间中的点 $x_i = (x_{i1}, x_{i2}, \cdots, x_{ip})$,$i = 1, 2, \cdots, p$,找到一组线性函数

$$y_m(x_i) = \sum_j c_j \times x_{ij} \quad (m = 1, 2, \cdots, m)。 \tag{7-5}$$

一般来说,$m < p$,也就是采用线性变换的方法将多维变量降低到低维。最佳投影方向即最佳的判别方法。因此,Fisher 判别就是求一个线性变化,使所有多维样本降低到一维空间,并使它们组间方差和组内方差的比值达到最大。

Fisher 判别分析可以总结为如下步骤。

一是把样本分成两类,并计算各类的均值 μ_1、μ_2 和协方差矩阵 V_1、V_2。

二是计算投影方向 u。经数学推导,u 的计算公式如下:

$$u = S_e^{-1}(\mu_1 - \mu_2)。 \tag{7-6}$$

其中,$S_e = V_1 + V_2$,即协方差矩阵之和。

三是对于未知样本 x,计算其投影方向 $u^t x$。并分别计算其与两类的距离 $|u^t x - u^t \mu_1|$ 和 $|u^t x - u^t \mu_2|$。

四是计算判别函数 $\omega = |u^t x - u^t \mu_1| - |u^t x - u^t \mu_2|$,如果 $\omega > 0$,x 属于第二类,反之,x 属于第一类。

对于线性可分的样本,Fisher 判别总能找到一个投影方向,使得降维后得到的样本仍然线性可分,且可分性要更好,即同一类别的样本之间的距离(组间协方差)尽可能的大。但是对线性不可分的样本,Fisher 判别无法确定最佳的分类函数。

(3) Bayes 判别分析

假设 $W_1,W_2,\cdots,W_m$ 是预先已知的 m 个类别,X 为未知样本。引入概率的概念,样本 X 属于类 W_i 的先验概率用 $P(W_i)$ 表示;后验概率用 $P(W_i|X)$ 表示;类条件概率用 $P(X|W_i)$ 表示。

对于具有类别的 W_1,W_2 的问题,在判断未知样本 X 的归属时可能会出现两种误判情况:$P(\text{error}|X) = P(W_1|X)$,判断 $X \in W_2$;$P(\text{error}|X) = P(W_2|X)$,判断 $X \in W_1$。

对于多类问题,判别样本 X 属于类 W_i 的错误概率为:

$$P(\text{error}|X) = \sum P(W_j|X) = 1 - P(W_i|X)。 \tag{7-7}$$

错判到 Bayes 判别公式充分考虑先验概率和后验概率,坚持最小错判率准则。Bayes 公式为:

$$P(W_i|X) = \frac{P(W_i|X)P(W_i)}{P(X)}。 \tag{7-8}$$

对未知样本 X 观察得分为 D,则 X 属于第 i 类的概率为:

$$P(W_i|D) = \frac{P(D|W_i)P(W_i)}{\sum P(D|W_i)P(W_i)}。 \tag{7-9}$$

把观察样本并入后验概率最大的类别中。

(4) Logistic 回归分析原理

Logistic 回归分析采用极大似然估计方法估计模型。设因变量为 y,当其取值为 1 时,代表事件发生;当其取值为 0 时,代表事件未发生。影响 y 取值的 n 个自

变量为 $x_1, x_2, \cdots, x_n$。假设观察事件在自变量作用下发生的条件概率为 P_i，则观察事件在自变量作用下不发生的条件概率为 $1-P_i$，其中：

$$P_i = \frac{1}{1+e^{-t}}, \quad (7-10)$$

而

$$t = (\alpha + \sum_{i=1}^{m}\beta_i x_i)。 \quad (7-11)$$

由以上公式可见，事件发生的条件概率与事件不发生的条件概率都是由自变量构成的非线性函数。为了计算和应用方便，引入一个定义：事件的发生比，即事件发生与不发生的概率之比 $P_i/(1-P_i)$，记为 Odds，对 Odds 进行对数变换，便得到 Logistic 回归模型的线性模型：

$$\ln\left(\frac{P_i}{1-P_i}\right) = \alpha + \sum_{i=1}^{m}\beta_i x_i。 \quad (7-12)$$

与 Fisher 判别分析等多元线性分析相比，Logistic 回归分析具有许多独特的优点，例如，对数据的正态性和方差齐性不做要求，对自变量的类型不做要求，系数的可解释性等。

因而，判别分析是一种相依方法，其准则变量（因变量）为事先设置的类别或组别。例如，可根据某些特征将某些技术分成领跑技术、跟跑技术两组，其预测变量（自变量）是定距数据或定比数据（荣泰生，2012）。

判别分析的目的：①找出预测变量（自变量）的线性组合，使得组间方差相对于组内方差的比值为最大。②找出那些具有最大判别能力的预测变量。③根据新受试者的预测变量的数值，将该受试者指派到某一群体。换句话说，在判别模型建立后，研究者可将某关键技术的有关数据带入这个方程中，以了解这个技术归类到哪一群。④检验各系数与 0 之间是否有显著的差异，以及检验各组的中心是否有显著的差异。

两群组判别分析

判别分析过程是基于对观测变量的线性组合，这些预测变量应能够充分体现各类别之间的差异。这里主要采用 Fisher 判别，也称典型判别，该判别方法的基本思想是投影，将原来在 R 维空间的自变量组合投影到维度较低的 S 维空间，然后在 S 维空间中再分类。投影的原则是使每一类内的离差尽可能小，而不同类间投影的离差尽可能大。

从表 7-2 各组均值的均等性检验结果可知，关键技术的研发基础在两组（并跑和跟跑）的均值有显著差异，显著性为 0.006，达到显著水平。技术重要性、专利制约程度未达到显著水平，表示这两个变量在两组的平均数均没有显著差异。

表 7-2　高端制造领域技术竞争判别分析的组均值均等性检验

	Wilk's Lambda	F	df_1	df_2	Sig.
技术重要性	0.996	0.500	1	134	0.481
研发基础	0.946	7.723	1	134	0.006
专利制约程度	0.997	0.391	1	134	0.533

注：行列式的秩和自然对数是组协方差矩阵的秩和自然对数。

由表 7-3 可知，如果变量之间具有高度多重共线性问题，则对数行列式值会趋近于零，而且秩不等于自变量的个数。此表显示，技术重要性、研发基础和专利制约程度指标的对数行列式值分别为 12.859、11.695 和 12.254，与 0 距离相当大，而且秩与自变量的个数相同，因此，变量之间没有高度多重共线性问题。

表 7-3　高端制造领域技术竞争判别分析的对数行列式

组别	秩	对数行列式
跟跑	3	12.859
并跑	3	11.695
汇聚的组内	3	12.254

表 7-4 为 Box's M 各组内协方差均等性检验结果。显著性为 0.029，可见组间协方差齐这一原假设被拒绝，表示各组的组内协方差矩阵不相等，但也可看到，Fisher 给出的判别分析实例也违反了这一适用条件，从这一点也可以看出协方差齐等要求实际上往往是被忽视的（张文彤，2004）。如果否定了协方差矩阵相等的假设，可以使用分组的协方差阵进行分析（杜强，2010）。

表 7-4　高端制造领域技术竞争判别分析 Box's M 检验结果

Box's M	F			
	近似	df_1	df_2	Sig.
14.474	2.349	6	82 058.963	0.029

注：对相等总体协方差矩阵的零假设进行检验。

由表 7-5 可知，此函数的特征值为 0.064，可解释因变量 100% 的变异量。

Wilk's Lambda 值为 0.940，显著性为 0.041（表 7-6），表示判别函数对于因变量有显著的解释能力。

表 7-5　高端制造领域技术竞争判别分析特征值

函数	特征值	方差的 %	累积 %	正则相关性
1	0.064*	100.0	100.0	0.246

*分析中使用了前 1 个典型判别式函数。

表 7-6　高端制造领域技术竞争判别分析 Lambda 检验

函数检验	Wilk's Lambda	卡方	df	Sig.
1	0.940	8.246	3	0.041

在表 7-7 中，标准化系数等于各自变量在判别函数上的相对重要性，系数值越大，表示该变量在判别函数上的相对重要性越大。可建立标准化的典型判别函数如下：

$D=0.193$（技术重要性）$+0.938$（研发基础）$+0.305$（专利制约）。

可见，研发基础的相对重要性较高。

表 7-7　高端制造领域技术竞争判别式函数系数

	函数
	1
技术重要性	0.193
研发基础	0.938
专利制约程度	0.305

表 7-8 显示，判别变量和标准化典型判别函数之间的合并后组内相关。变量依函数内相关系数的绝对值大小加以排序。相关系数的绝对值越大，表示此变量与判别函数的相关性越强。从结构矩阵来看，研发基础与判别函数的相关性最强。组质心处的函数（表 7-9）表明，因变量各组样本在判别函数的重心，当两组样本的重心值差异越大，表示两组间在该判别函数上的差异越大。

表 7-8　高端制造领域技术竞争判别分析结构矩阵

	函数
	1
研发基础	0.947
技术重要性	0.241
专利制约程度	0.213

注：判别变量和标准化典型判别式函数之间的汇聚组间相关性；按函数内相关性的绝对大小排序的变量。

表 7-9 高端制造领域技术竞争判别分析组质心处函数

组别	函数
	1
跟跑	-0.315
并跑	0.201

注：在组均值处评估的非标准化典型判别式函数。

表 7-10 是以 Fisher 法将观测值加以分类，因此又称为 Fisher's 线性判别函数。每一个群组会有一组系数，即

跟跑组 = -140.972 + 2.738（技术重要性）+ 0.713（研发基础）+ 0.546（专利制约）；

并跑组 = -146.227 + 2.755（技术重要性）+ 0.781（研发基础）+ 0.559（专利制约）。

将观测值分类，或预测某观测值属于哪一类时，将观测值的数据代入两个群组的分类函数，并以函数值大小来比较，函数值较大者，代表此观测值所归属的类组。

表 7-10 高端制造领域技术竞争判别分析分类函数系数

	技术追赶	
	1（跟跑）	2（并跑）
技术重要性	2.738	2.755
研发基础	0.713	0.781
专利制约程度	0.546	0.559
常量	-140.972	-146.227

注：Fisher 的线性判别式函数。

表 7-11 的分类结果显示，在观测值中，有 53 项技术属于跟跑组，83 项技术属于并跑组。经过分类之后，属于跟跑类别的有 29 项，属于并跑类别的有 55 项，分别有 24 项、28 项技术被分到了另外一个组别，正确的分类比例约为 61.8%。

表 7-11　高端制造领域技术竞争判别分类结果*

		组别	预测组成员		合计
			1	2	
初始	计数/项	跟跑	29	24	53
		并跑	28	55	83
	百分比/%	跟跑	54.7	45.3	100.0
		并跑	33.7	66.3	100.0

* 已对初始分组案例中的 61.8% 进行了正确分类。

二元 Logistic 回归分析

这里继续用 Logistic 回归分析来进行，通过极大似然估计，使得因变量的观察次数可能性达到最大化。Logistic 回归分析假定观测值样本在因变量上呈"S"形分布。

两个变量所建立的回归模型的整体模型拟合度检验的显著性均为 0.039（表 7-12），达到显著水平，表示技术重要性、研发基础、专利制约程度这 3 个变量中，至少有一个自变量可以有效地解释（及预测）高端制造关键技术处于并跑还是跟跑阶段。同样，Hosmer 和 Lemeshow 检验的显著性为 0.561（表 7-13），未达到显著水平，表示回归模型整体拟合度较好，这也说明了自变量可以有效地解释（及预测）因变量。

表 7-12　高端制造领域技术竞争判别模型系数的综合检验

		卡方	df	Sig.
步骤 1	步骤	8.341	3	0.039
	块	8.341	3	0.039
	模型	8.341	3	0.039

表 7-13　高端制造领域技术竞争判别分析 Hosmer 和 Lemeshow 检验

	卡方	df	Sig.
步骤 1	6.779	8	0.561

从分类结果来看（表 7-14），在观测值中，有 53 项技术属于跟跑组，83 项技术属于并跑组。经过分类之后，属于跟跑类别的减少为 14 项，属于并跑类别的有 73 项，分别有 39 项、10 项技术被分到了另外一个组别，正确的分类比例为 64%。

表 7-14 高端制造领域技术竞争判别分析分类*

已观测			已预测		
			技术追赶		百分比校正/%
			1/项	2/项	
步骤 1	组别	跟跑	14	39	26.4
		并跑	10	73	88.0
	总计百分比				64.0

* 切割值为 0.500。

表7-15显示了回归模型中的每一个自变量的显著性。可以看出，研发基础的Wals统计值为6.664，显著性达到0.010（小于0.05），技术重要性、专利制约程度则没有达到显著水平，因而可以判断，研发基础可以合理地解释（及预测）高端制造前瞻技术的并跑或跟跑与否。

表 7-15 高端制造领域技术竞争判别分析方程中的变量

		B	S.E.	Wals	df	Sig.	Exp (B)
步骤 1*	技术重要性	0.017	0.033	0.262	1	0.609	1.017
	研发基础	0.068	0.026	6.664	1	0.010	1.070
	专利制约程度	0.013	0.016	0.694	1	0.405	1.014
	常量	-4.746	3.083	2.370	1	0.124	0.009

* 在步骤 1 中输入的变量：技术重要性、研发基础、专利制约程度。

第 8 章　对应关系下的中国制造适宜技术选择

适宜技术选择是一个决策管理过程。中国制造技术领域的技术预测通过科学方法，综合集成社会各方面专家的创作性智慧，对遴选的中国制造关键技术预测的结果具有一定的科学性和权威性。通过判别分析所形成的结论强调了研发积累对于中国制造走向强国之路的核心位置，以及技术重要性、专利制约等因素的影响作用。但是，各类因素对于技术进步的影响，各类因素之间的影响等内在机制作用，这些分类变量间的联系，专家很难通过调查结果做出直接判断，需要有一个结果直观并容易被解释的形象显示。

8.1　对应分析揭示多维变量联系

对应分析法通过分析由定性变量构成的交互汇总表类揭示变量间的联系，是一种视觉化的数据分析方法，能够将几组看不出明确联系的数据，通过视觉上可以接受的定位图展现出来，以揭示同一变量的各个类别之间的差异，以及不同变量各个类别之间的对应关系。

对应分析的基本思想是将一个联列表的行和列中各元素的比例结构，以点的形式在较低维度的空间中表示出来。它最大特点是能把众多的样品和众多的变量同时做到一张图解上，将样品的种类及其属性在图上直观地表示出来。另外，它还省去了因子选择和因子轴旋转等复杂的数学运算及中间过程，可以从因子载荷图上对样品进行直观的分类，而且能够指示分类的主要参数（主因子）及分类的依据，是一种直观、简单、方便的多元统计方法。

对应分析的主要结果是反映变量间相互关系的对应分析图。根据 R 型和 Q 型因子分析的内在联系，可以在同一个图形中将样品和属性同时反映出来，图形中邻近的变量点表示它们关系密切，邻近的样品点也表示其关系密切；而且属于同一类型的样品点，可以用邻近的变量点来表征。对应分析的目的之一，就是在一定低维度空间中描述各个变量间的关系。

对应分析的技术核心就是高维度空间的向量向低维度空间的投影，它可以把样本及其变量在高维空间中的点同时投影到具有相同坐标轴的较低维（通常是二维）因子空间，又能基本保留样本、变量及样本与变量间的关系，这就有可能在较低维空间中研究样本及变量的分类，并有利于较直观地讨论样本与变量的关系。

对变量进行对应分析需要对数据进行转换和标准化，进行奇异值分解、求维度、协方差、计算概率、距离、惯量、解释比例和分值等，再描绘成为分布图。在对应分析图中，若代表行变量某个类别或等级的点，与代表列变量某个类别或等级的点在同一方位上距离较近，则表明二者有较强的关联性；若距离较远或不在同一方位，则表明两者关联性较弱或无关联性。对应分析中有多种标准化的方式，可以依据分析的重点选择不同的标准化，则相应的结果中显示的分析图也会不同。

对应分析揭示的是环境、结构、行为之间的"对应关系"，能够说明有什么类型的环境和结构，就可能出现什么类型的行为。这种方法不仅适用于行为评价，也广泛应用在市场细分、产品定位、地质研究及计算机工程等领域。

接下来，进一步使用对应分析方法对高端制造领域关键技术的对应关系进行详细解析。其中，对应分析结果摘要表，是输出中最为重要的一个，主要用于确定使用多少个维度来对结果进行解释。奇异值就是惯量的平方根，相当于相关分析里的相关系数；而惯量就是常说的特征根，用于说明对应分析的各个维度能够解释列联表的两个变量之间相互联系的程度。

分析结果中最后给出的是对应分析图，实际上对于对应分析而言，由于所有主要信息均反映在该图形中，各类别散点在空间中的距离和位置就反映了各自间的关系，因此多数分析报告均只使用这张图进行描述。阅读该图形主要可以了解同一变量各类别的区分程度，以及不同变量各类别间的关联程度如何，因此对应分析图的阅读可按以下顺序进行：①考察同一变量的区分度：首先分别考察行变量、列变量各类别间是否被清晰地分开了，可以分别检查在各个维度上的区分情况，如果同一变量不同类别在某个方向上靠得较近，则说明这些类别在该维度上区别不大。②考察不同变量的类别联系：这才是对应分析所真正关心的问题。一般而言，落在从图形原点（0，0）处出发相同方位上大致相同区域内的不同变量的分类点彼此有联系。散点间距离越近，说明关联倾向越明显；散点离原点越远，也说明关联倾向越明显。

8.2 装备制造、智能机器人、系统控制领域对应分析

重大装备与工艺

从对应分析结果摘要（表8-1）中可以看出，第一维惯量值为0.027，第二维为0.003，右侧给出了它们各占的百分比，说明其分别解释了总信息量的89.1%和10.9%，因此，使用二维图形就能够较好地表示两变量间的信息，并且观察时以第一维度为主。其他子领域对应分析结果摘要分析过程类似，不再赘述。表8-2显示的是各项技术的竞争指标分值。

表8-1 重大装备与工艺子领域对应分析结果摘要

维数	奇异值	惯量	惯量比例		置信奇异值	
			解释	累积	标准差	相关 2
1	0.165	0.027	0.891	0.891	0.005	0.011
2	0.057	0.003	0.109	1.000	0.004	
总计		0.030	1.000	1.000		

表8-2 重大装备与工艺子领域技术竞争指标得分情况

编码	技术名称	研发基础	专利制约程度	技术重要性
1	新型材料和复杂结构微细加工技术及装备	53.4	18.0	85.5
2	大型薄壁结构件镜像加工装备	48.5	29.2	67.9
3	光学硬脆材料的超精密加工技术与装备	61.8	20.9	81.3
4	耐高温材料高效复合加工及表面完整性评估技术	61.4	12.0	80.5
5	大型高性能整体构件关键热加工技术与装备	48.1	33.2	86.2
6	载能粒子束制造新技术与装备	48.1	15.2	87.3
7	机电产品的整机可靠性设计和测试评估技术	50.0	31.6	86.1
8	复杂装备与工艺的物理建模及全流程仿真	49.1	30.7	86.3
9	超细精密零件半自动装配及测量关键技术	55.8	10.2	86.9
10	高精度关键基础件数字化设计制造与新工艺技术	52.3	24.1	83.6
11	材料结构一体化成形加工工艺及装备	58.3	18.4	75.0
12	面向超深页岩的压裂装备设计与制造技术	59.6	38.4	86.2
13	关键大功率源器件研制与低成本制造技术	50.0	26.5	89.5

续表

编码	技术名称	研发基础	专利制约程度	技术重要性
14	多轴联动智能超高压射流加工装备	55.6	29.6	68.3
15	太阳能发电系统大型微结构关键部件成套制造装备	67.5	16.6	81.5
16	轻质混杂材料结构件设计与制造技术	52.3	24.1	87.3
17	低成本复合材料成套制造工艺及装备	57.1	33.1	82.1
18	特大型绿色矿物加工技术装备	58.8	27.3	84.1
19	低损伤、抗腐蚀、抗疲劳制造技术	47.4	22.7	82.4
20	关键基础零件加工表面完整性与服役寿命测试评估技术	52.2	28.9	85.2
21	高性能关键零部件的增材制造技术	58.3	37.7	83.5
22	单晶高温合金定向凝固技术	43.8	33.3	81.3
23	叠层构件大孔径制孔装备	52.3	33.2	74.5
24	极端制造环境下高精度大尺寸测量技术与设备	55.7	19.5	81.4
25	重大关键装备密封设计制造关键技术	57.8	22.8	80.3
26	高精度机床加工过程综合变形误差实时补偿技术	52.7	35.6	76.4
27	搭载新型动力/能源的工程机械关键技术	51.3	21.6	75.8
28	高强铝合金整体构件蠕变时效形性协同制造技术与装备	61.1	22.1	80.0
29	复杂曲面电子器件多轴数控打印技术	43.2	24.1	76.4
30	高端制造装备智能化数控技术	58.3	28.5	88.5

图 8-1 为重大装备与工艺子领域最终的对应分析结果，在指标散点中，3 个散点分得比较开，而且所有的关键技术分布也较为分散。进一步考察指标散点和关键技术散点间的关系，发现在第四象限的技术，如光学硬脆材料的超精密加工技术与装备、耐高温材料高效复合加工及表面完整性评估技术、材料结构一体化成形加工工艺及装备、太阳能发电系统大型微结构关键部件成套制造装备、重大关键装备密封设计制造关键技术、高强铝合金整体构件蠕变时效形性协同制造技术与装备等技术，与技术重要性和研发基础指标距离较近，表明这些技术的重要性程度较高，已具有较好的研发基础，而且与专利制约程度指标的距离较远，表明受到的国际专利制约也较小。处于第二象限的技术群，大型薄壁结构件镜像加工装备、大型高性能整体构件关键热加工技术与装备、机电产品的整机可靠性设计和测试评估技术、复杂装备与工艺的物理建模及全流程仿真、关键基础零件加工表面完整性与服役寿命测试评估技术等技术，相对而言离研发基础指标较远，关系较弱，尤其是大型高性

能整体构件关键热加工技术与装备、机电产品的整机可靠性设计和测试评估技术等技术与专利制约程度指标具有较强的对应关系，表现为受到国际专利制约的程度较高。第一象限的技术群，虽然与研发基础指标的关系较弱，但相对来说也远离专利制约程度指标，表明研发基础较弱，但受到国际专利制约的程度也较低。第三象限的技术群则表现为具有较高的专利制约程度，技术竞争相对比较激烈，但同样也具备较好的技术积累，尤其是特大型绿色矿物加工技术装备、高端制造装备智能化数控技术等技术，其研发基础的得分较高。总体而言，处于第四象限的技术群，技术发展潜力相对来说较好，不仅具有较好的研发基础，而且受到来自外部环境技术竞争的影响也较小。

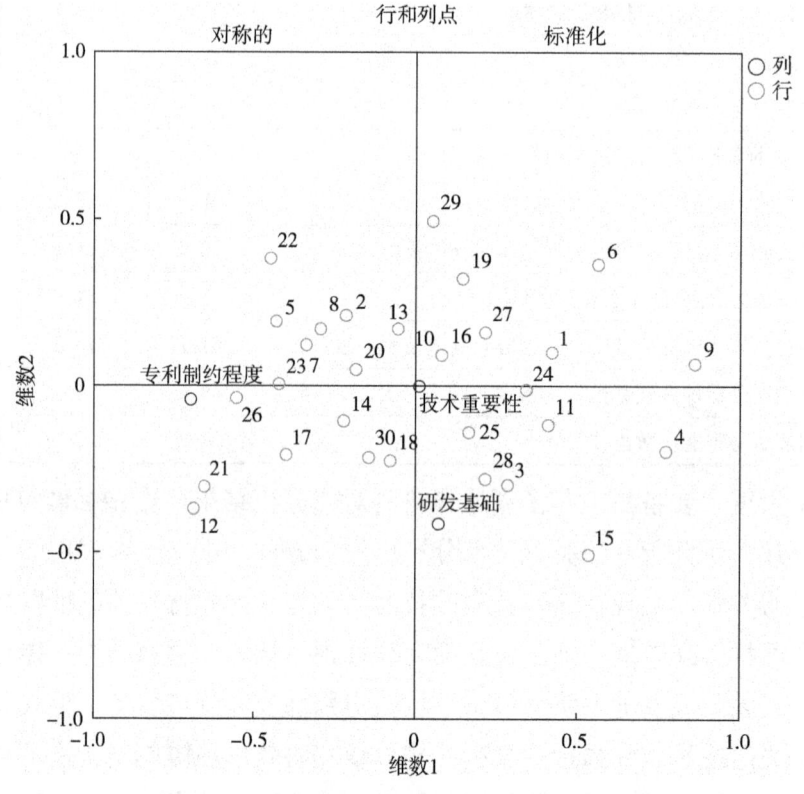

图 8-1　重大装备与工艺子领域对应分析

系统控制

系统控制子领域各项技术的竞争指标分值情况如表 8-3 所示。系统控制子领域的对应分析结果如图 8-2 所示，在指标散点中，3 个散点分得比较开，大部分关键技术主要集中在第三象限。进一步考察指标散点和关键技术散点间的关系,发现研发基础、技术重要性及专利制约程度3个指标分别坐落在第二、第三、第四象限,对应关系比较明显。处于第一象限的数控机床伺服驱动与数字控制系统、重大装备的风险智能监控与故障自愈技术、装备过程智能检测/监测与诊断技术,相对而言,与研发基础、技术重要性及专利制约程度等指标的对应关系较弱。处于第二象限的面向先进制造的复杂工业系统控制技术、多元在线检测与智能诊断技术、高RAMS(可靠性、可用性、可维修性和安全性)工业测控系统设计、制造过程能效监测与管控、监控管理开发技术等技术与研发基础具有较好的对应关系,且与专利制约程度指标的距离较远,表明这些技术受到国际专利制约的程度也较弱。大部分处于第三象限的技术群与技术重要性指标具有较好的对应关系。处于第四象限的技术共有5项,分别为柔性多轴智能伺服器、嵌入式控制系统设计工具、基于大数据的制造业宏观调控与决策技术、化工过程模拟优化技术、高可信控制系统技术,与专利制约程度指标具有较好的对应关系,意味着这类技术受到专利制约程度较高。整体上看,处于第二象限的技术群不仅具有较好的研发基础,而且与技术重要性指标的距离较近,与专利制约程度指标的距离较远,表明这些技术的技术竞争潜力较大,技术积累较好且重要性强,技术竞争也不算激烈。

表8-3 系统控制子领域关键技术竞争指标得分情况

编码	技术名称	研发基础	专利制约程度	技术重要性
1	流程工业过程模拟优化技术	55.8	33.2	82.3
2	流程工业大数据处理及应用技术	48.7	12.2	89.5
3	流程工业智能分析与决策技术	50.0	30.5	89.2
4	制造过程能效监测与管控	47.2	37.0	89.4
5	面向先进制造的复杂工业系统控制技术	60.4	33.3	86.7
6	柔性多轴智能伺服器	33.3	62.8	63.3
7	智能传感器及仪器仪表	44.7	26.2	92.4
8	光机电控一体化设计技术	43.8	27.6	86.3
9	数控机床伺服驱动与数字控制系统	54.7	43.6	90.3
10	嵌入式控制系统设计工具	33.3	66.7	68.3
11	重大装备的风险智能监控与故障自愈技术	50.0	57.5	89.1
12	多元在线检测与智能诊断技术	62.5	24.9	86.7
13	装备过程智能检测/监测与诊断技术	57.4	43.1	82.4
14	数控装备数字化/网络化/智能化控制技术	48.2	35.6	87.1
15	物联网环境下的制造系统体系结构及关键技术研究	46.4	26.1	85.4
16	基于大数据的制造业宏观调控与决策技术	50.0	42.9	88.6
17	制造信息物理融合系统(MCPS)的多学科领域协同设计	42.5	23.2	88.5

续表

编码	技术名称	研发基础	专利制约程度	技术重要性
18	高 RAMS（可靠性、可用性、可维修性和安全性）工业测控系统设计	63.5	25.5	87.3
19	泛在感知与全分布式控制	47.2	29.7	87.8
20	能量收集与无线传输技术	53.1	12.4	81.3
21	工业控制系统信息安全技术	46.4	18.9	81.4
22	化工过程模拟优化技术	35.7	57.0	77.9
23	高可信控制系统技术	47.5	53.3	80.0
24	制造过程能效监测与管控	58.3	22.2	85.0
25	太阳能热发电系统控制技术	37.5	25.0	86.3
26	面向先进制造的多网络集成与控制技术	43.2	21.1	89.1
27	可编程控制技术	52.3	24.1	83.2
28	监控管理开发技术	60.7	23.7	79.3
29	嵌入式控制系统设计	54.5	21.0	86.4

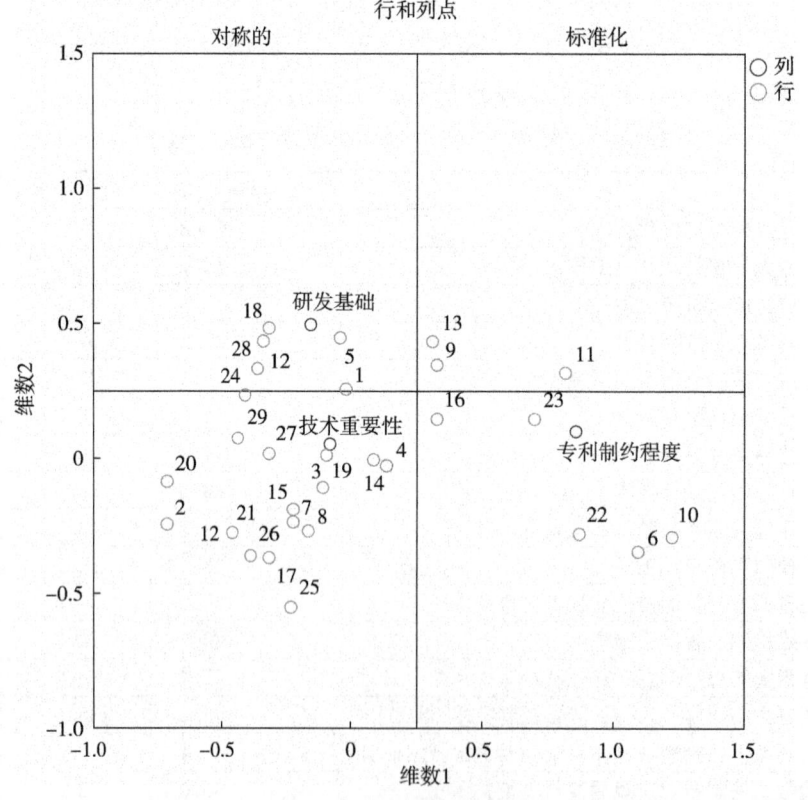

图 8-2 系统控制子领域技术竞争对应分析

智能机器人

智能机器人子领域各项技术的竞争指标分值情况如表 8-4 所示。图 8-3 为智能机器人子领域最终的对应分析结果，在指标散点中，3 个散点分得比较开，而且所有的关键技术分布也较为分散。进一步考察指标散点和关键技术散点间的关系，发现云机器人技术、机器人模块化技术等散点远离原点，而且和研发基础、专利制约程度两指标距离最远，表明这两个技术的研发基础较弱，没有形成很好的技术积累，但相对而言，受到的国际专利制约程度也较小。通常可以根据指标散点与关键技术散点在图中的分布位置进行关键技术发展潜力的分类。在第一象限里的技术包括专业服务机器人技术、机器人微纳操作技术、机器人交互技术、机器人传感器技术、机器人仿生技术、机器人人机协作技术、极端环境下服役机器人技术、多机器人协作技术等技术，具有较好的研发基础，对于现阶段我国的经济社会发展、民生改善、国家安全、生态文明建设的促进支撑作用明显，而且受到国际专利制约程度相对较小，具有较好的技术发展潜力。围绕在指标散点专利制约程度附近的技术包括机器人机电一体化技术、机器人机构与传动技术、机器人导航技术，表明受到国际技术竞争的影响比较大，而且离指标散点研发基础和技术重要性有较远的距离，相对而言，未来的技术发展潜力不如第一象限的关键技术。位于第三象限的关键技术如机器人驱动技术、机器人通信技术，由于距离指标散点研发基础的距离较远，而且技术重要性也不凸显，未来的技术发展潜力在所有的关键技术中属于较弱的一类。

表 8-4 智能机器人子领域关键技术竞争指标得分情况

编码	技术名称	研发基础	专利制约程度	技术重要性
1	工业机器人技术	54.3	37.6	93.4
2	专业服务机器人技术	60.4	22.2	90.8
3	家庭服务机器人技术	42.5	16.6	82.8
4	机器人机电一体化技术	50.0	41.0	90.9
5	机器人机构与传动技术	48.7	43.7	85.3
6	机器人传感器技术	56.7	24.3	91.0
7	机器人控制技术	51.0	33.2	87.9
8	机器人驱动技术	43.8	33.3	85.8
9	机器人通信技术	41.7	33.2	87.5

续表

编码	技术名称	研发基础	专利制约程度	技术重要性
10	极端环境下服役机器人技术	50.0	15.6	87.4
11	机器人仿生技术	54.5	21.1	91.8
12	机器人交互技术	58.3	22.1	86.1
13	机器人安全技术	54.2	27.7	84.2
14	机器人人机接口技术	50.0	38.7	92.5
15	机器人人机协作技术	55.0	19.8	92.5
16	机器人智能技术	50.0	30.6	92.3
17	机器人感知技术	55.0	34.9	93.5
18	机器人导航技术	54.2	41.6	84.6
19	机器人认知技术	45.5	24.1	89.5
20	发育和自适应技术	41.7	22.0	88.3
21	多机器人协作技术	52.3	15.1	96.8
22	云机器人技术	37.5	16.5	85.8
23	可穿戴智能设备技术	44.2	17.8	93.8
24	机器人系统集成技术	58.3	35.5	91.7
25	机器人模块化技术	42.5	9.9	86.5
26	机器人软件平台技术	45.0	20.0	85.0
27	机器人生机电融合技术	56.3	30.4	87.1
28	机器人微纳操作技术	60.7	23.7	87.9

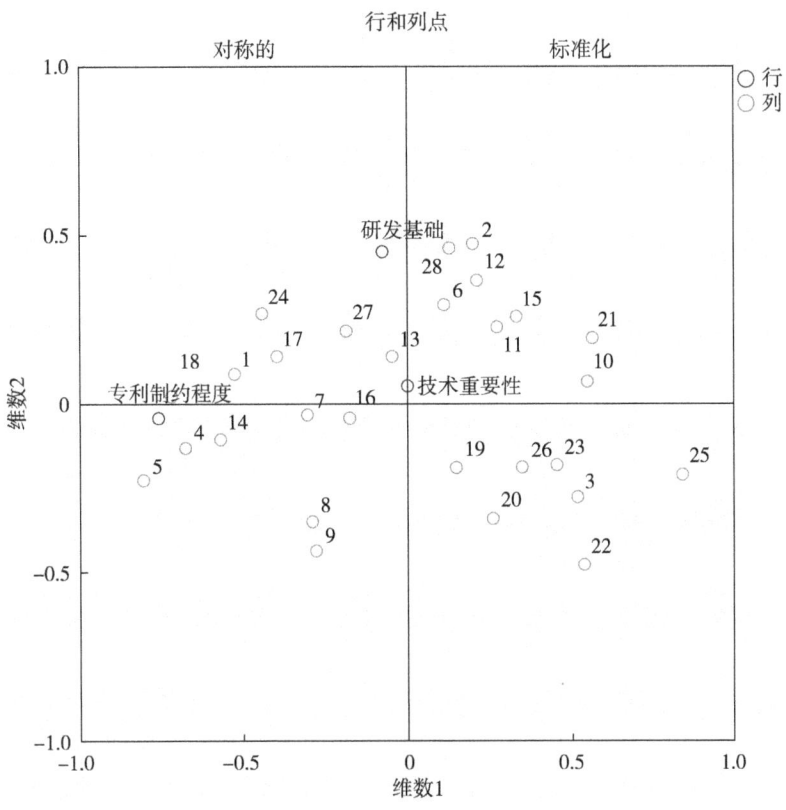

图 8-3 智能机器人子领域关键技术竞争对应分析

8.3 微纳制造、制造服务、绿色制造领域对应分析

微纳制造

表 8-5 所示为微纳制造子领域各项技术的竞争指标分值情况。微纳制造子领域的对应分析结果如图 8-4 所示，不仅指标散点分得比较开，而且所有关键技术点的分布也较为分散，但还是可以看出一些对应关系。例如，处于第一象限的 MEMS/NEMS 器件的环境可靠性试验技术、MEMS 与集成电路的单片集成技术、RF MEMS 技术、航空发动机高温分布式多参数测量技术、大尺寸超光滑平整表面制造关键技术等技术，与专利制约程度指标距离最近，其对应关系也最强，表明该技术群受到的国际专利制约制度也较高。处于第二象限的技术群则表现为研发基础较弱，而且技术重要性也不强，相对地，专利制约程度也较低。第三象限的关键技术

群与第二象限技术群相类似,特别是医疗 MEMS、植入式 MEMS 技术,远离专利制约程度指标,其受到的技术竞争相对是最弱的,而微流控芯片技术与研发基础指标的对应关系较为明显,意味着该技术的技术积累较好。处于第四象限的关键技术包括微纳传感器技术、智能化微纳传感器技术、无线传感器技术,与研发基础和技术重要性指标的对应关系比较明显,表明该类技术不仅具有较好的技术积累,而且技术重要性也相对所有的关键技术是较强的。这也意味着,该象限的技术群的技术竞争潜力较强,尤其微纳传感器技术、无线传感器技术,与专利制约程度指标距离也较远,技术受限不是很明显。

表 8-5 微纳制造子领域关键技术竞争指标得分情况

编码	技术名称	研发基础	专利制约程度	技术重要性
1	MEMS CAD 技术(MEMS-IC 协同设计技术)	41.7	25.8	72.8
2	MEMS/NEMS 器件的环境可靠性试验技术	47.2	44.3	75.0
3	MEMS 与集成电路的单片集成技术	40.0	51.0	86.0
4	微纳系统三维异质集成技术	45.5	30.2	88.6
5	微纳传感器技术	55.6	36.9	93.2
6	智能化微纳传感器技术	55.8	46.0	91.9
7	无线传感器技术	52.3	36.2	89.5
8	微型能量收集技术	52.8	33.2	80.0
9	RF MEMS 技术	43.8	41.5	83.1
10	微反射镜阵列和微透镜阵列	42.5	23.2	86.0
11	微流控芯片技术	56.7	28.7	93.3
12	医疗 MEMS	46.9	14.5	88.4
13	植入式 MEMS	46.4	9.4	82.9
14	飞秒激光高质量高效率加工新方法及其装备	37.5	24.8	76.7
15	激光光束整形异型透镜成形制造技术	33.3	27.7	78.3
16	航空发动机高温分布式多参数测量技术	41.7	42.0	86.7
17	大尺寸超光滑平整表面制造关键技术	46.9	54.0	78.1

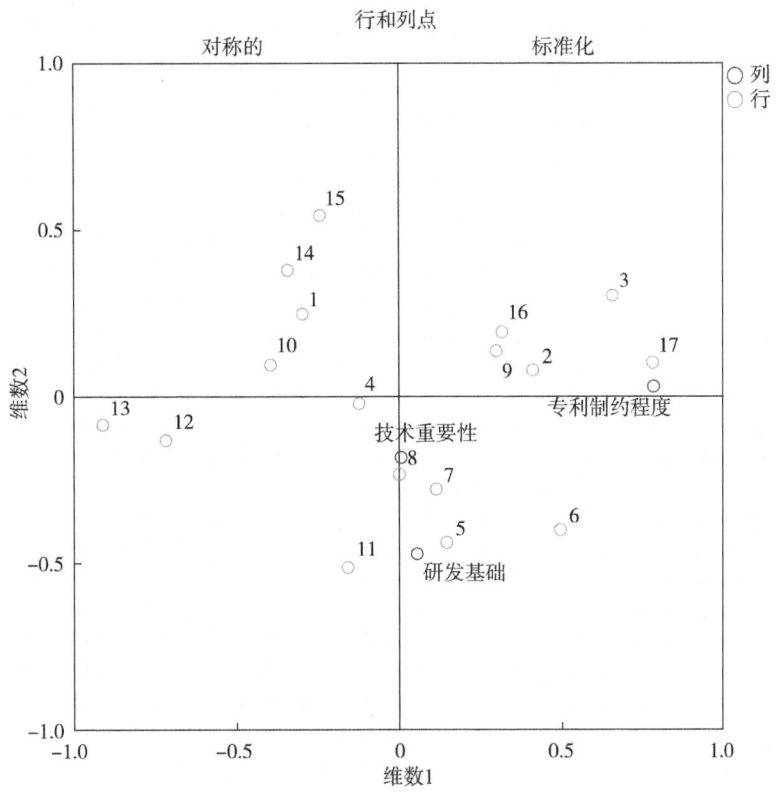

图 8-4 微纳制造子领域关键技术竞争对应分析

制造服务

制造服务子领域各项技术竞争指标分值情况如表 8-6 所示。图 8-5 为制造服务子领域最终的对应分析结果,首先在指标散点中,3 个指标间的距离在所有先进制造子领域的对应分析中相对是最近的,表明在制造服务子领域,这 3 个指标应当是相关性较强。其次是各个关键技术散点也未完全分开。在第二象限的产品全生命周期管理,与研发基础的对应关系最为密切,基本重叠,查看原始数据也可以看出,产品全生命周期管理是所有制造服务子领域关键技术中研发基础得分最高的。在第三象限的技术群与专利制约程度指标的对应关系最强,尤其是协同制造、协同商务,制造过程优化和执行系统技术,在所有的关键技术中最容易受到专利制约。在第四象限中,认知制造技术与所有 3 项指标点的距离最远,其对应关系也最弱,表现为不仅研发基础较弱,而且其技术重要性也较低,但其受到的专利制约程度相对而言是最低的。处于第一象限的技术群相对地与技术重要性指标距离较近,而且移动环境下的企业管理应用创新、工业大数据等多项技术与研发基础指标距离也不远,而且相对处于第三象限的专利制约程度指标距离都比较远,意味着该象限技术群,以及第二象限的产品全生命周期管理技术,不仅技术积累较好,而且对我国经济社会可持续发展的科技支撑作用明显,受到的技术制约也较弱,具有较好的技术竞争潜力。

表 8-6 制造服务子领域关键技术竞争指标得分情况

编码	技术名称	研发基础	专利制约程度	技术重要性
1	制造服务云平台	51.5	36.3	91.4
2	服务生命周期战略管理技术	50.0	40.7	78.9
3	基于云服务的多产业链协同技术	50.0	37.7	83.0
4	产品服务生命周期管理技术	45.6	43.1	81.5
5	产品全生命周期管理(PLM)	63.4	40.4	86.3
6	面向高端制造的嵌入式系统与技术	47.7	24.1	86.8
7	认知制造	27.5	13.2	85.5
8	协同制造、协同商务	54.7	52.0	77.5
9	装备远程运维与服务技术	50.0	41.6	86.3
10	制造物联关键技术	49.1	39.1	87.5
11	制造过程优化和执行系统	60.7	61.9	81.8
12	制造执行、自动化生产线	53.8	31.6	83.5
13	移动环境下的企业管理应用创新	57.5	30.0	81.3
14	业务过程智能技术	52.3	33.4	76.8
15	制造过程能效监测与管控	47.1	29.4	90.0
16	机床装备及其加工运行过程云制造服务平台	52.8	33.2	77.2
17	工业大数据	55.7	25.7	88.4

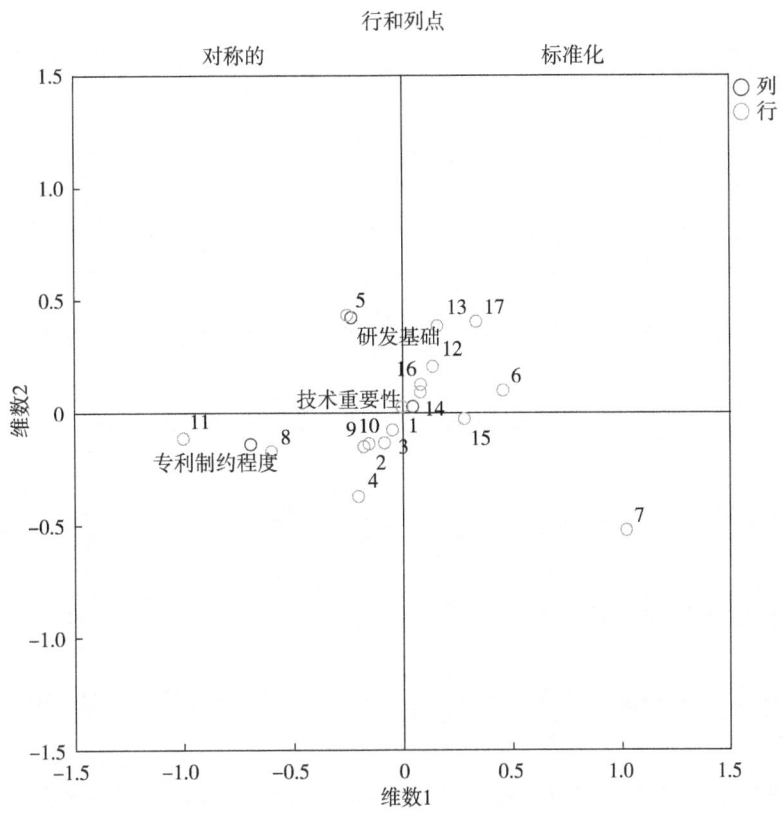

图 8-5 制造服务子领域关键技术竞争对应分析

绿色制造

绿色制造子领域各项技术的竞争指标分值如表 8-7 所示。图 8-6 为绿色制造子领域最终的对应分析结果,从图中可以看出,3 个指标散点分得比较开,而且所有的关键技术分布也较为分散。进一步考察指标散点和关键技术散点间的关系,退役产品高附加值绿色回收利用技术、新能源汽车回收拆解与再利用技术等技术散点远离原点,而且和研发基础、专利制约程度两指标距离最远,表明这两个技术的研发基础较弱,没有形成很好的技术积累,但相对而言,受到的国际专利制约程度也较小。通常可以根据指标散点与关键技术散点在图中的分布位置进行关键技术发展潜力的分类。在第一象限里的技术包括产品生命周期评估技术及基础数据库、面向机群的绿色制造系统能效优化技术、新能源汽车回收拆解与再利用技术等关键技术,与指标之间的对应关系不是很明显。处于第二象限的少无切削液加工技术与系统、典型流程工业系统能效优化技术、流体机械高效节能技术，与研发基础指标的距离较近，对应关系较强，具有较好的研发基础。第三象限的技术群与专利制约程度指标的对应关系较为明显，尤其是典型机械装备减量化设计技术、高效电机与电机系统节能技术、工业固体废弃物处理技术及第二象限的复杂机电装备运行状态监测及故障预警技术，受到国际专利制约程度相对较强。第四象限的关键技术群分布地较为分散，相对而言与技术重要性指标的距离较近。总体来看，绿色制造子领域的关键技术分布分散，但也有部分围绕在研发基础和技术重要性指标附近的关键技术具有较好的技术竞争潜力。

表8-7 绿色制造子领域关键技术竞争指标得分情况

编码	技术名称	研发基础	专利制约程度	技术重要性
1	典型机械装备减量化设计技术	47.2	35.7	79.3
2	产品生命周期评估（LCA）技术及基础数据库	46.7	22.2	77.3
3	机械基础工艺绿色制造技术	43.8	24.9	83.8
4	少无切削液加工技术与系统	52.5	26.6	79.0
5	面向机群的绿色制造系统能效优化技术	47.2	14.8	85.0
6	机械制造系统能效提升技术及使能系统	42.3	15.2	90.8
7	典型流程工业系统能效优化技术	62.5	33.3	82.9
8	复杂机电装备运行状态监测及故障预警技术	52.7	43.2	85.7
9	钢铁工业生产装备系统运行监测和诊断技术	41.7	27.7	80.0
10	流体机械高效节能技术	54.2	30.4	85.8
11	高效电机与电机系统节能技术	42.9	38.0	86.8
12	退役产品高附加值绿色回收利用技术	36.7	8.8	87.3
13	新能源汽车回收拆解与再利用技术	46.9	4.1	88.8
14	工业固体废弃物处理技术	44.4	40.7	81.7
15	废弃家电回收资源化再利用关键技术	37.5	16.6	87.5

第8章 对应关系下的中国制造适宜技术选择

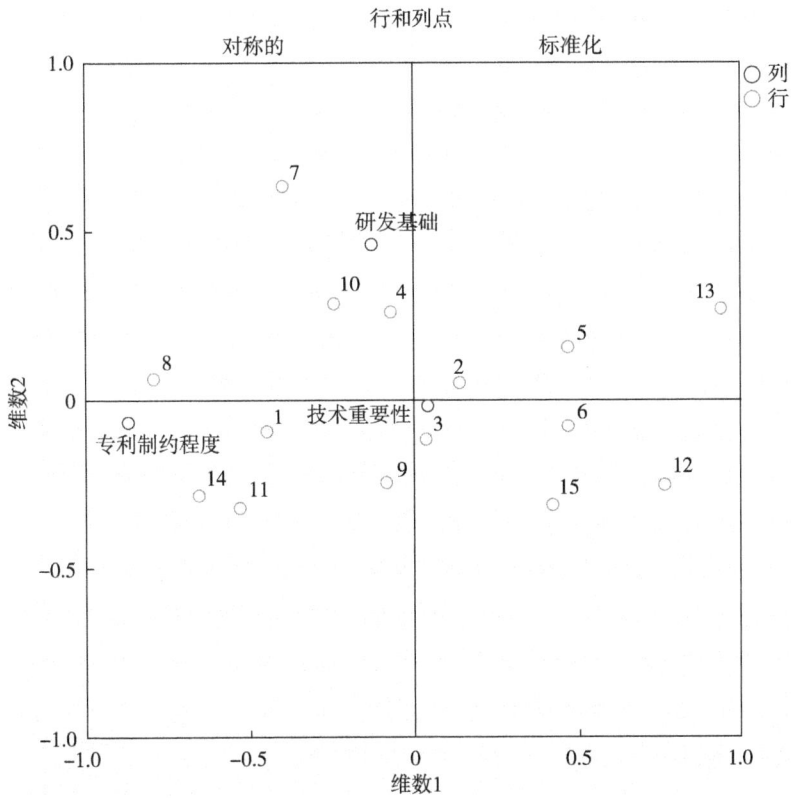

图 8-6　绿色制造子领域关键技术竞争对应分析

第 9 章　中国制造技术的路线图指引

创新过程的不确定性是创新过程出现市场失灵和政府失灵的重要原因。这种不确定性,既给制造行业创造了利润,也导致了技术创新的风险。如何在制造业技术创新过程中将市场需求、创新能力和已有资源有效地结合起来,从而达到降低风险、创造价值的目的,是中国制造从"模仿创新"向"自主创新"跨越道路上必须攻克的重大命题。在政府宏观战略层面,必须依托有效的技术愿景规划工具,从战略高度对未来的中国制造发展路径进行顶层设计、科学规划、统筹安排,以抓住制造技术转换期的重要发展机遇;在企业的微观创新决策层面,必须依托科学的技术管理工具,将企业内的管理层、技术层、市场层发展战略和开放创新网络中的创新资源有效整合起来,找准技术创新的战略方向,克服转型升级瓶颈。20 世纪七八十年代,以及近年,国内外产业界、学术界和政府所注重的以技术路线图、知识地图技术提升研发绩效的策略,为解决这一命题提供了有效的支持。

9.1　路线图助判中国制造技术方向

路线图是重要的预测工具

技术路线图,是一种技术规划和沟通的有效工具,是适用广泛的商业规划(Bray et al.,1997;Phaal et al.,2001;卡佩尔,2001;Cosner,2007)。企业环境中的技术路线图用于定义产品发展的计划,将业务战略与产品功能和成本的变化趋势联系起来,以实现战略目标所需的技术(Albright et al.,2003)。技术投资决策与业务需求之间必然存在联系(Garcia et al.,1997)。实施路线图以更好地了解如何在适当的时间利用正确的产品功能服务于当前的和潜在的市场,并改进、整合技术和产品,促进市场驱动因素所需的跨部门合作,以创造新产品和服务客户需求(Groenveld,1997)。企业必须根据业务计划制订有效的技术计划,以识别和开发满足客户未来需求所需的技术。

科宁和摩托罗拉在20世纪70年代末首次使用技术路线图来制定企业和商业战略(Probert et al.,2003;Phaal et al.,2005)。1984年,摩托罗拉首次发布了自己的产品技术路线图作为规划工具,通过研发工程师与营销人员之间的沟通,更好地将自身及其产品定位于市场,以预测未来产品所需的技术(哈林,1984)。摩托罗拉的路线图是单层路线图的一个例子,侧重于与产品及其功能相关的技术演变(Willyard et al.,1987)。自技术路线图(technology roadmapping)应用40多年以来,技术路线图提供了一个易于实施的工具,使技术战略与业务战略保持一致,提供了一个结构化框架,以解决关于公司未来发展方向,当前市场地位及未来市场目标设定的3个关键问题(Phaal et al.,2009)。多年来,技术路线图在公司内得到了广泛认可(Albright et al.,2003;Groenveld,1997;Willyard et al.,1987;Barker et al.,1995)。此外,TRM方法已被用作跨行业的"自上而下"规划工具(Baldi,1996;Jager-Waldau,2004;Harrell,1996;Garcia,1997)和国家预测活动(Saritas et al.,2004),为行业和社会提供向前发展的具体方向建议。

例如,在能源部工业技术办公室(OIT)的赞助下,每个行业协会都开发了许多行业路线图,如半导体、铝、化学、采矿和金属铸造。具体而言,自1992年以来,国际半导体技术发展路线图(ITRS)在半导体行业协会的推动下,从以前的国家半导体技术发展路线图(NTRS)进行了国际扩展,已成为半导体行业著名的工业路线图实践(Harrell et al.,1996;Arden,2003;Mccarthy,2003)。此外,1995年加拿大工业部推出了技术路线图计划,作为支持加拿大创新的战略计划的一部分。

尽管技术路线图方法很受欢迎,但实用指南和系统流程仅限于在路线图中制订和实施切实的研发计划。造成这种限制的原因并不是因为技术路线图的过程非常复杂,而是因为它在新产品和创新的战略研发规划中需要相当多的细节和资源。10多年来,Phaal和Probert开展了大量研究,一直致力于开发技术路线图制作流程,即所谓的"T-Plan",发表了大量学术文章,也为英国和欧盟的工业界提供实际支持(Phaal et al.,2000;Phaal,2004a,2005,2004b;Phaal et al.,2009)。但Kappel指出,技术路线图由于其线性趋势而对破坏性变化的洞察力有限(Kappel,

2001）。作为回应，Walsh 和 Linton 讨论了在路线图中从持续技术到颠覆性技术的转变（Linton et al.，2004），并引入了第二代路线图制作流程来整合新兴和颠覆性技术（Walsh，2004）。路线图的发展主要由公司、政府机构和咨询公司推动（Phaal et al.，2009）。此外，由于易于修改的 TRM 结构，已有各种研究扩大 TRM 在各类行业战略规划中的应用（Hamilton，1997）。

如何绘制路线图

从科技管理部门的角度看，技术路线图是从国家重大需求出发，确定本领域需要解决的关键问题，明确不同时期的战略任务和目标，选择发展重点，并以时序图表表示技术研发基础、技术竞争态势和实现时间。按照技术路线图方法，结合规划战略研究，领域技术路线图的研究框架为"重大需求—战略任务—技术重点"（图 9-1）。

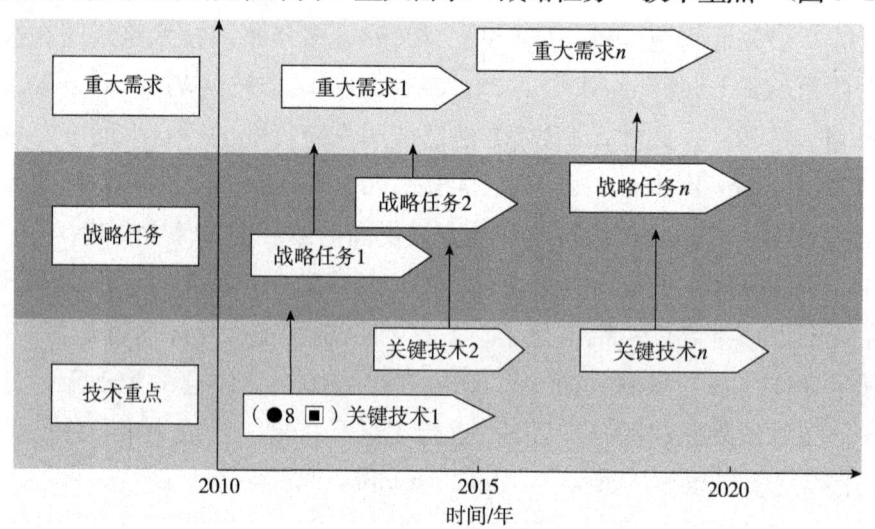

图 9-1 领域技术路线图框架

研发基础：好（●），中（◎），差（○）；
技术差距：图中数字表示我国研发水平与领先国家相差的年份；
发展路径：自主开发（■），联合开发（▩），引进消化吸收再创新（□）；
▭▷：从实验室实现时间到首次市场应用时间

技术路线图突出需求导向，强调从重大需求开始，凝练战略任务和技术重点。首先，从经济社会发展面临的重大问题出发，确定本领域的科技需求。其次，从重大需求出发明确本领域科技发展的战略任务。然后，从战略任务出发选择和凝练技术重点，包括重大产品、技术系统和关键技术。最后，对提出的技术重点进行评价,包括研发基础、技术差距、发展路径和实现时间(实验室实现时间和市场首次应用时间)等。

每个领域可选择中国优先发展的重点方向作为子领域,如制造领域可分为重大装备与工艺、智能机器人、微纳制造、系统控制、制造服务、绿色制造等子领域。根据领域提出的重大需求、战略任务,进一步确定子领域的重大需求和战略任务,提出子领域的技术重点,按照图 9-1 制定各子领域技术路线图。

领域技术路线图包含子领域技术路线图,并在各子领域技术路线图的基础上制定领域技术路线图。领域技术路线图不是各子领域技术路线图的简单叠加,而是从领域的重大需求和战略任务出发,进行综合集成。

在重大需求层面,要综合考虑本领域宏观重大需求,也要考虑各子领域提出的需求;在战略任务和关键目标层面,要综合考虑各子领域提出的战略任务和关键目标,形成本领域的目标任务;在技术重点层面,要根据子领域提出的技术重点,凝练本领域应重点发展的重大产品、技术系统和关键技术。

需求分析

通过分析未来一段时间的国家发展战略和国际环境,明确制造技术领域所要解决的重大问题和重大需求。主要从需求拉动和技术推动两个方面,分析科技支撑和引领经济社会发展的需求。需求拉动主要从经济社会发展的重大问题出发,分析领域技术创新的牵引力;技术推动主要是从技术发展对未来经济社会影响出发,分析领域技术创新的主要驱动力。开展国内外发展现状与趋势研究,分析中国的研发实力及其与国外的主要差距,形成对本领域技术发展的基本判断,摸清中国制造技术水平及所处的竞争格局。

战略任务

在国家重大需求、领域发展趋势分析的基础上,围绕领域需要解决的问题,确定各类技术所要解决的重大问题和重大需求。根据本领域不同阶段的重大需求和战略任务,提出为完成重点任务而必须达到的不同阶段的关键目标。根据不同阶段战略任务的关键目标,选择相应的技术重点,包括重大战略产品、重大技术系统和关键技术等。同时,对关键技术的研发基础、技术差距、研发方式等进行评价。

9.2 中国制造技术实现的时间路径

重大装备与工艺

在重大装备与工艺子领域，从第 5 章所做的聚类分析中可以发现，新型材料和复杂结构微细加工技术及装备、大型高性能整体构件关键热加工技术与装备、载能粒子束制造新技术与装备、机电产品的整机可靠性设计和测试评估技术等技术对培育战略性新兴产业和带动高技术产业发展，以及改造和提升传统产业具有突出的作用，而且对于增强国家和国防安全也是最为明显的。如图 9-2 所示，大部分参与调查的专家认为完成实验室阶段、中试阶段还需要 1～5 年，需要 6～10 年能实现产业化。其中，参与调查的专家对于低成本复合材料成套制造工艺及装备技术发展时间的判断较为收敛，虽然认为该技术的国际竞争很激烈，容易受到专利制约的限制，但完成 3 个阶段需要 1～5 年可完成；机电产品的整机可靠性设计和测试评估技术，专家意见较为发散，有不少专家认为完成 3 个阶段需要 6～10 年。

其他技术如单晶高温合金定向凝固技术、光学硬脆材料的超精密加工技术与装备、搭载新型动力/能源的工程机械关键技术等，根据对关键技术的专家调查判断，有近半数以上专家认为要实现实验室阶段的研发，还需要 6～10 年。专家调查的大部分都认同这些技术的中试阶段需要 1～5 年时间。对于产业化阶段的实现时间，高强铝合金整体构建蠕变时效形性协同制造技术与装备、太阳能发电系统大型微结构关键部件成套制造装备、多轴联动智能超高压射流加工装备等部分技术多数专家认为仅需要 1～5 年，其他技术大多专家则建议还需要 6～10 年，对于极端制造环境下高精度大尺寸测量技术与设备，有 22.7% 的专家认为即使完成实验室、中试阶段，实现产业化还需要 10 年以上。

系统控制

专家对于部分技术的判断结果较为发散。如图 9-3 所示，在实验室阶段实现时间的判断中，面向先进制造的多网络集成与控制技术、光机电控一体化设计技术、制造过程能效监测与管控、高可信控制系统技术等技术，认为需要 1～5 年或 6～10 年的专家比例相同，表明专家对于实验室阶段实现时间的判断较为发散。同样，

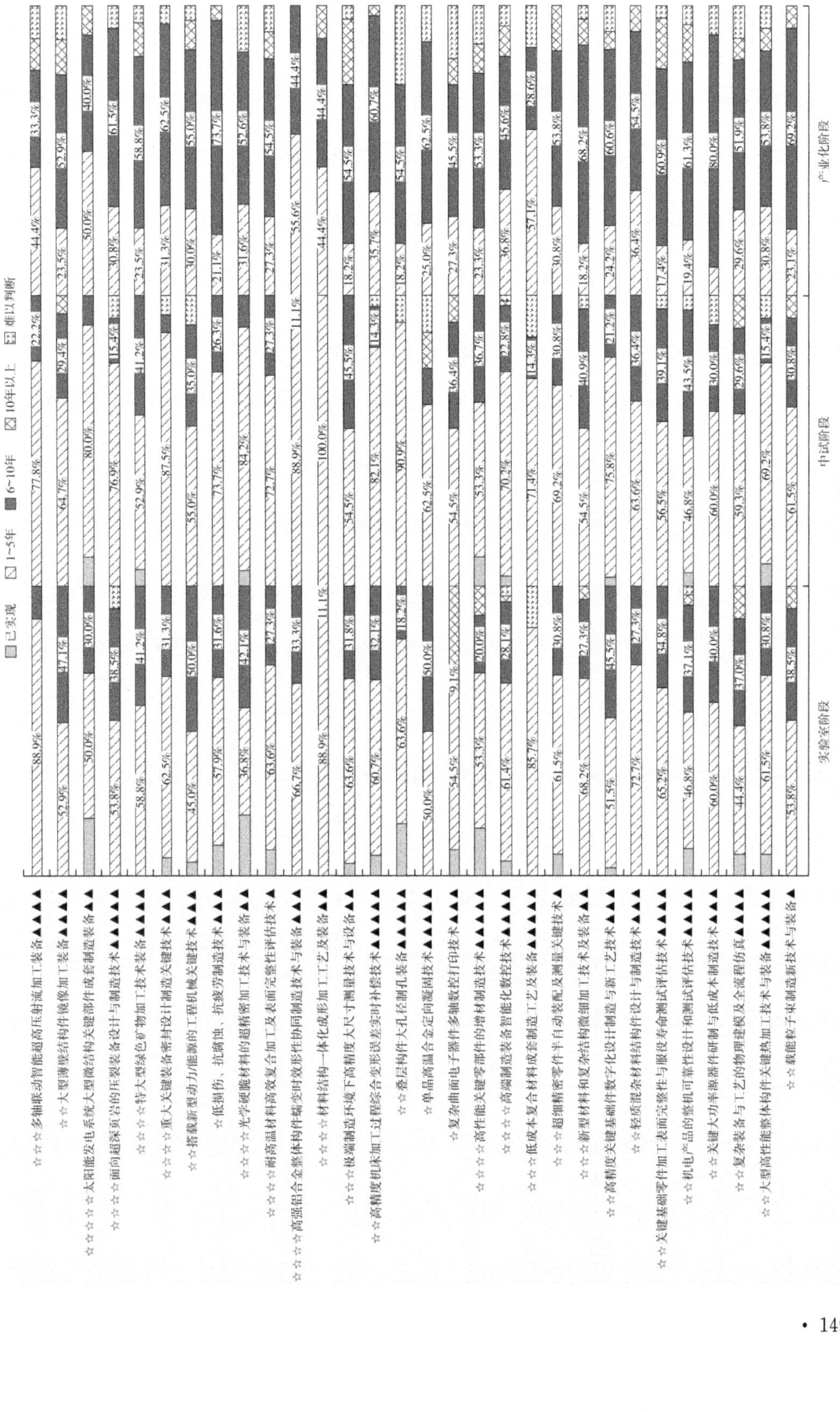

第 9 章 中国制造技术的路线图指引

图 9-2 重大装备与工艺子领域技术发展阶段实现时间判断

在中试阶段实现时间的判断中,专家对于化工过程模拟优化技术的判断差异明显,难以形成一致性的判断。制造过程能效监测与管控各有44%的专家比例认为产业化实现时间或需要1～5年,或需要6～10年。对于监控管理开发技术的判断,专家意见更为发散,各有28.6%的专家分别判断需要1～5年和6～10年,还有28.6%的专家认为难以判断。

参与调查的专家认为系统控制子领域大部分技术实验室实现时间、中试阶段实现时间需要1～5年,产业化实现时间多数技术处于6～10年时间范围。其中,制造信息物理联合系统的多学科领域协同设计技术,半数专家认为还需要6～10年实现实验室阶段的研发,70%的专家认为实现中试阶段的研发仅需要1～5年,60%专家认为6～10年的时间可以实现产业化应用。数控装备数字化/网络化/智能化控制技术、基于大数据的制造业宏观调控与决策技术、嵌入式控制系统设计工具、化工过程模拟优化技术等技术,有超过半数的专家认为需要6～10年才能完成实验室阶段的研发。关于中试阶段的完成时间,专家对于系统控制子领域的技术判断较为收敛,多数专家认同1～5年的中试时间周期,仅化工过程模拟优化技术一项,有不少专家认为需要6～10年完成中试阶段研发。数控机床伺服驱动与数字控制系统、太阳能热发电系统控制技术等技术实现产业化的时间,多数专家认为仅需要1～5年即可完成,还有智能传感器及仪器仪表、化工过程模拟优化技术等技术,认同产业化实现时间需要1～5年的专家比例超过认同6～10年的专家比例。

在系统控制子领域,数控机床伺服驱动与数字控制系统、光机电控一体化设计技术、智能传感器及仪器仪表、流程工业大数据处理及应用技术等技术对于培育战略性新兴产业、改造提升传统产业及增强国家安全等方面具有突出重要性体现。其中,面向先进制造的复杂工业系统控制技术、多元在线检测与智能诊断技术、高RAMS(可靠性、可用性、可维修性和安全性)工业测控系统设计等技术,我国已具备较好的研发基础,技术竞争程度不算高,多数专家认为分别经过1～5年的实验室和中试阶段的研发,能在6～10年进入产业化发展阶段。类似重大装备的风险智能监控与故障自愈技术具有一定的研发基础,但受到的技术竞争限制也较强,超过半数专家认为需要6～10年完成实验室阶段的研发,需要6～10年实现产业化发展。其他诸如制造信息物理融合系统(MCPS)的多学科领域协同设计、面向先进制造的多网络集成与控制技术、光机电控一体化设计技术等技术,技术竞争限制相对不强,但是大量专家认为还需6～10年才能实现实验室阶段的研发,研发基础还比较薄弱。

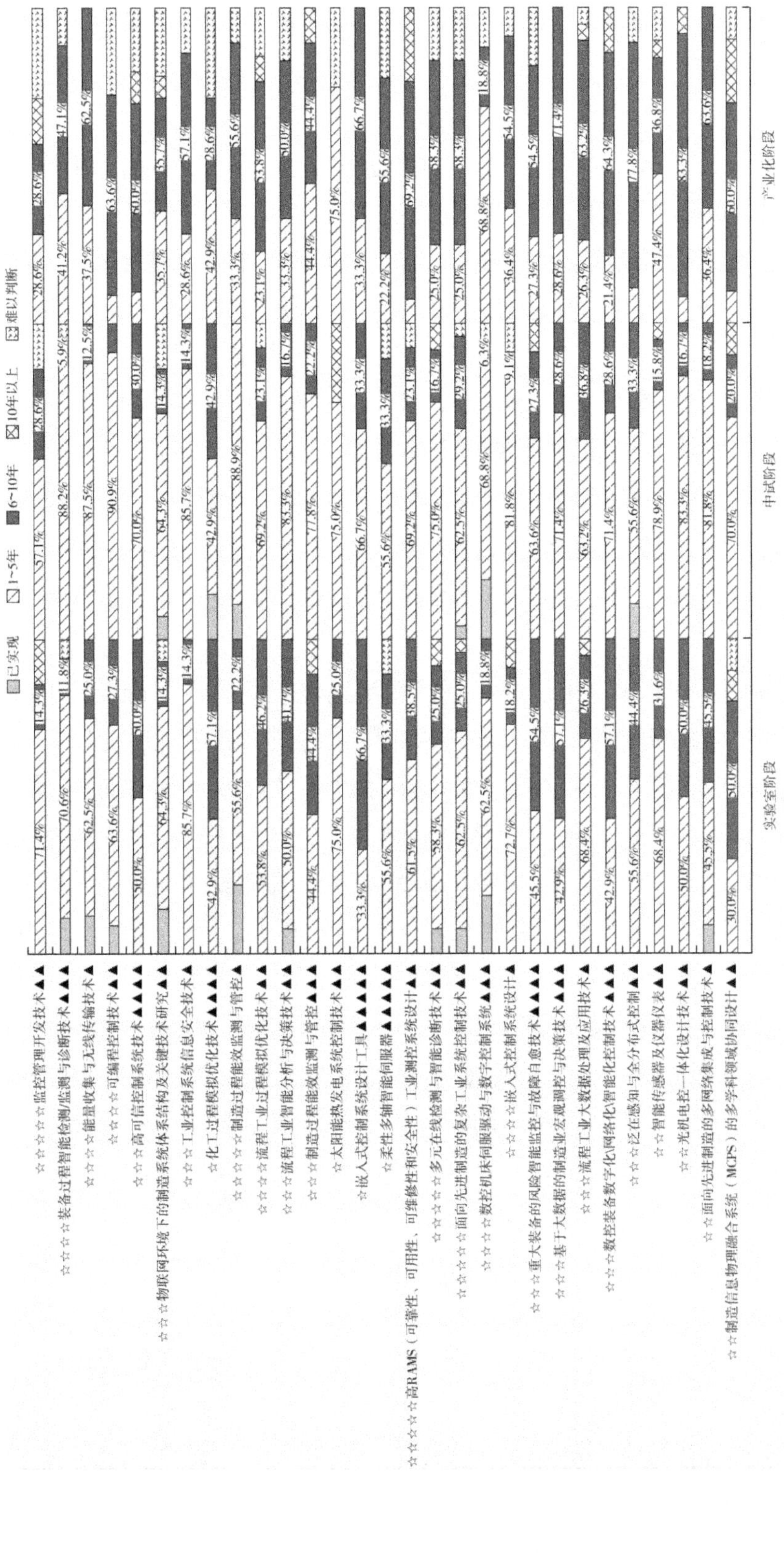

图 9-3 系统控制子领域技术发展阶段实现时间判断

制造服务

如图9-4所示，专家对于制造服务领域技术的判断较为一致，多数专家认为技术实验室实现时间、中试阶段实现时间需要1~5年，产业化实现时间需要6~10年。在对制造服务子领域实验室所处阶段的判断中，产品服务生命周期管理技术，制造执行、自动化生产线，制造过程优化和执行系统，服务生命周期战略管理技术，协同制造、协同商务，工业大数据等技术的判断较为熟练，超过70%的专家认为需要1~5年完成实验室阶段研发。其中，认知制造、制造服务云平台等关键技术，有多数专家认为完成实验室阶段还需要6~10年。对于中试阶段发展的判断，专家意见判断的收敛程度更高，除了工业大数据、产品生命周期管理、认知制造等技术以外，70%以上专家认同1~5年的中试阶段发展时间。同时，专家对于制造服务子领域技术的产业化阶段实现时间的判断也比较收敛，多数专家认为需要6~10年。

除了认知制造技术，专家认为我国研发基础比较薄弱，制造服务子领域的其他技术均有较好的研发基础。而且，该子领域技术的技术竞争程度专家判断适中，当然也有技术竞争非常激烈的制造过程优化和执行系统技术，相对而言，认知制造技术的技术竞争程度较低。参与调查认知制造技术的专家中有70%认为实验室阶段的完成时间就需要6~10年，半数专家认为实现中试阶段、产业化发展阶段均还需6~10年，可见该技术的发展还需要长时间的研发积累。制造过程优化和执行系统技术，专家认为一方面具备了较好的研发基础，但也会面临激烈的国际技术竞争，接近8成的专家认为实现实验室阶段仅需1~5年，超过90%的专家认为中试阶段的过程也是1~5年，参与判断的专家具有较好的意见收敛。其他诸如移动环境下的企业管理应用创新、产品生命周期管理等一些应用量大、面广的技术，我国已具备了较好的研发基础，能在不久的将来更广泛应用于产业发展。

智能机器人

参与调查专家对于智能机器人子领域部分技术的判断结果较为发散，尤其是对于实验室阶段完成时间的判断。如图9-5所示，云机器人技术、机器人微纳操作技术、可穿戴智能设备技术、机器人认知技术、机器人人机协作技术等技术，认为实

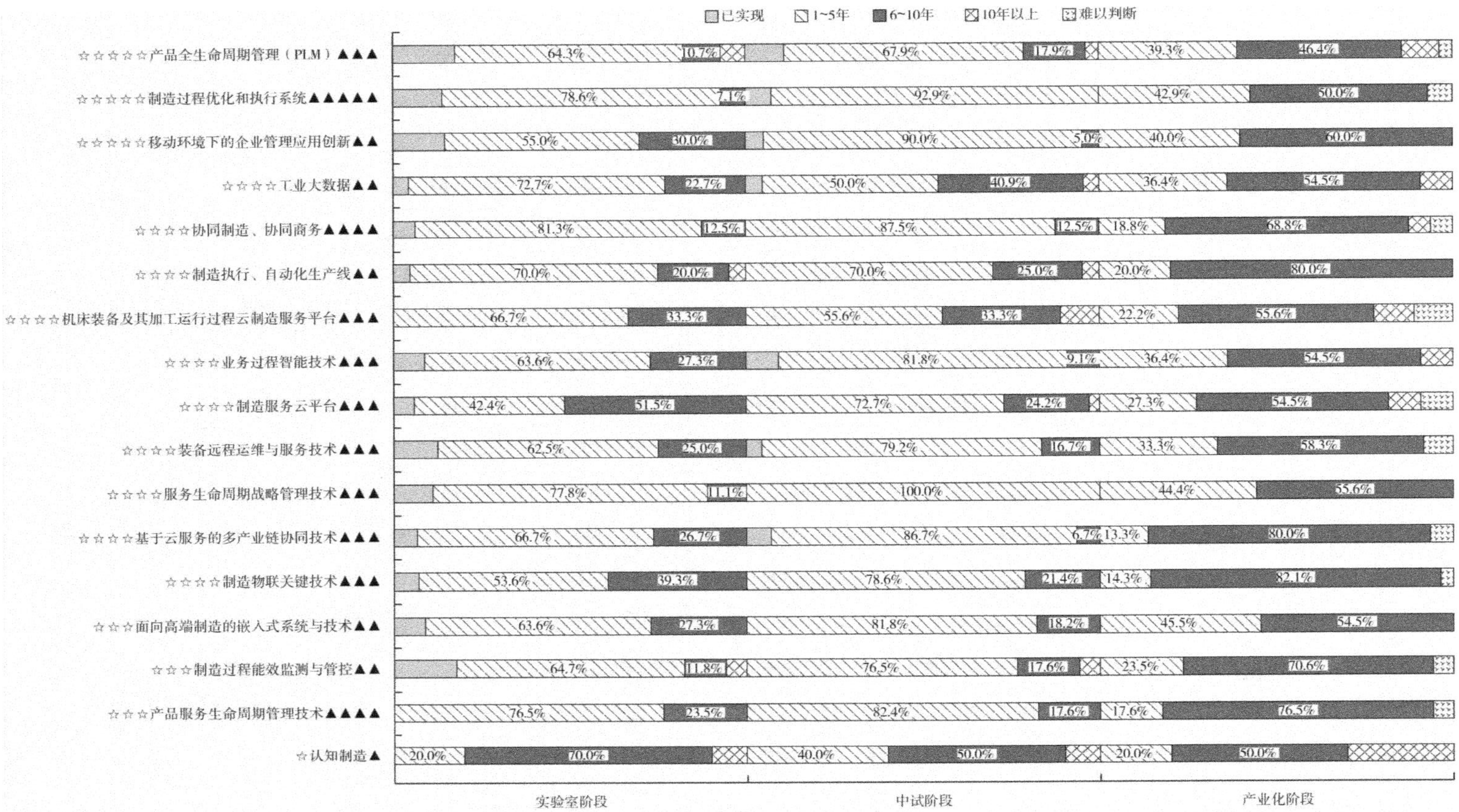

第 9 章 中国制造技术的路线图指引

图9-4 制造服务子领域技术发展阶段实现时间判断

验室研发阶段完成需要 1~5 年或 6~10 年的专家比例相同，表明专家对于该阶段的判断比较发散。同样在中试阶段完成时间的判断上，如机器人软件平台技术、专业服务机器人技术、发育和自适应技术等技术，专家判断的差异非常明显，尤其是发育和自适应技术，对于中试阶段完成时间需要 1~5 年、6~10 年、10 年以上的专家各占 1/3，难以形成共识。专家对于产业化应用阶段的判断较为一致，但也有机器人交互技术、机器人传感器技术等技术，专家难以形成一致性判断，各有相同比例的专家人数认为完成中试后，进入产业化还需要 1~5 年或 6~10 年。

参与调查的专家认为智能机器人子领域多数技术实验室实现时间、中试阶段实现时间需要 1~5 年，产业化实现时间多数技术处于 6~10 年时间范围。其中，云机器人技术、机器人智能技术、机器人仿生技术、机器人人机协作技术、机器人感知技术、家庭服务机器人技术、机器人生机电融合技术、机器人软件平台技术、机器人人机接口技术、机器人安全技术、机器人模块化技术等技术，半数或半数以上专家认为还需要 6~10 年实现实验室阶段的研发。同样，多数专家认同智能机器人子领域完成中试阶段的研发需要 1~5 年，当然也有超过半数以上的专家认为云机器人技术、极端环境下服役机器人技术要完成中试阶段需要 6~10 年。有 66.7% 的专家认为机器人驱动技术完成产业化应用进入市场仅需 1~5 年。特别是发育和自适应技术，多数专家认为实验室阶段需要 6~10 年，在中试阶段所需时间上专家意见却很发散，对实现产业化应用的时间判断，多数专家认同 1~5 年的判断。

在智能机器人子领域，可穿戴智能设备技术、机器人认知技术、机器人智能技术、机器人人机接口技术、机器人机电一体化技术、多机器人协作技术、工业机器人技术、机器人仿生技术、机器人人机协作技术、机器人感知技术、机器人传感器技术、机器人系统集成技术、专业服务机器人技术等技术对于培育战略性新兴产业和发展高新技术产业、改造和提升传统产业的作用非常明显，同时，该类技术能有效促进资源能源节约、生态环境保护，而且对于增强国家和国防安全的重要性也得到调查专家的充分认同。其中，机器人机电一体化技术、工业机器人等技术，我国已有一定的技术积累，研发基础较好，但国际技术竞争程度也非常高。也有部分技术，如机器人人机接口技术，多数专家判断还需要 6~10 年才能完成实验室阶段的研发，而且期间还会面对专利制约等技术竞争的压力。还有可穿戴智能设备技术、机器人认知技术等部分技术，研发基础比较薄弱，很大比例的专家认为实验室阶段研发还需 6~10 年，多数专家判断中试阶段完成还需要 1~5 年，再经过 6~10 年可以实现产业化应用。

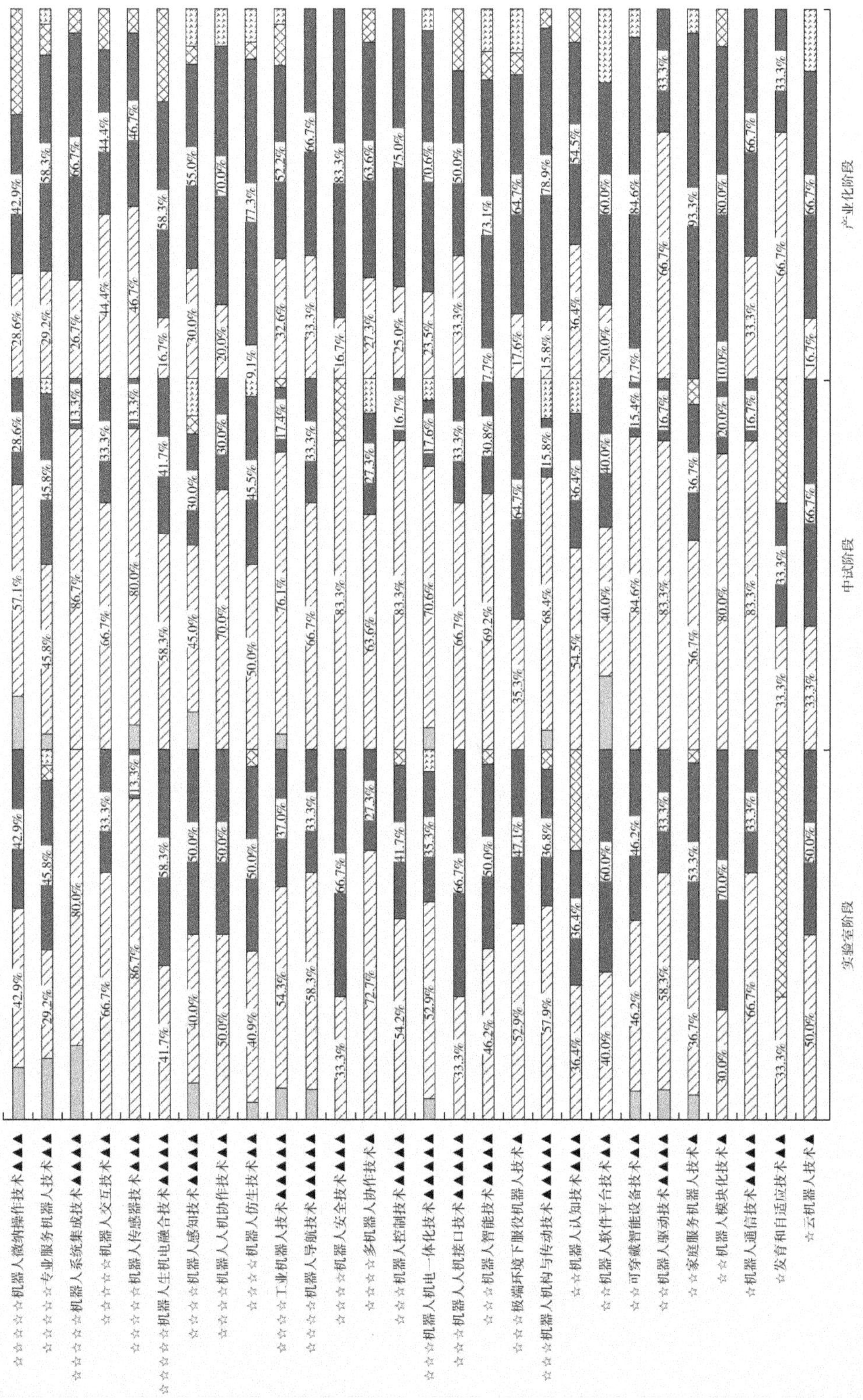

图9-5 智能机器人子领域技术发展阶段实现时间判断

微纳制造

如图 9-6 所示，在微纳制造子领域 17 项调查技术中，各类技术所处发展阶段较为分散，很多技术专家判断实验室、中试、产业化应用各个阶段完成时间在 1～5 年或 6～10 年。超过半数的技术被多数专家判断仅实验室阶段的研发完成时间就需要 6～10 年，仅有大尺寸超光滑平整表面制造关键技术、MEMS 与集成电路的单片集成技术、微反射镜阵列和微透镜阵列、微纳系统三维异质集成技术、医疗 MEMS、无线传感器技术、微纳传感器技术等 7 项技术有半数以上专家认为完成实验室阶段的研发需要 1～5 年，这部分技术除了 MEMS 与集成电路的单片集成技术、微反射镜阵列和微透镜阵列，相对而言，也是我国具备一定研发基础的关键技术。也有部分技术，如 MEMS/NEMS 器件的环境可靠性试验技术，专家意见比较发散，有同样比例的专家认为完成实验室阶段研发需要 1～5 年或 6～10 年。

对于中试阶段完成时间的判断，多数专家认为需要 1～5 年，但也有飞秒激光高质量高效率加工新方法及其装备、MEMS CAD 技术（MEMS-IC 协同设计技术）、航空发动机高温分布式多参数测量技术、RF MEMS 技术、医疗 MEMS 技术等 6 项技术，半数以上专家认为还需要 6～10 年才能实现中试阶段的研发，这部分技术也是参与调查专家认为我国还缺少技术积累，研发机场较为薄弱的技术。其中，微纳传感器技术，专家判断研发基础较好，83.3% 的专家认为中试阶段 1～5 年即可完成，也有如激光光束整形异形透镜成形制造技术，虽然专家认为我国研发基础薄弱，但多数专家判断中试阶段完成时间也只要 1～5 年。还有飞秒激光高质量高效率加工新方法及其装备、智能化微纳传感器技术、微流控芯片技术等技术，专家判断不一致，认为 1～5 年和 6～10 年完成中试阶段研发各有同样的专家比例。

专家对于微纳制造子领域技术实现产业化阶段所需时间的判断较为一致，多数认可 6～10 年的时间周期，当然也有无线传感器技术、微流控芯片技术等研发基础较好的技术，超过半数专家认为经过实验室阶段、中试阶段的研发，再经过 1～5 年可以实现产业化规模应用。其中，飞秒激光高质量高效率加工新方法及其装备技术，专家判断我国研发基础较弱，认为在实验室阶段需要花较长的时间，但对于中试阶段、产业化阶段的时间周期判断，还存在不同的看法。也有部分技术，如微反射镜阵列和微透镜阵列、RF MEMS 技术、激光光束整形异形透镜成形制造技术，专家判断结论有较高的一致性，认可 6～10 年的产业化应用实现时间，尤其是光束

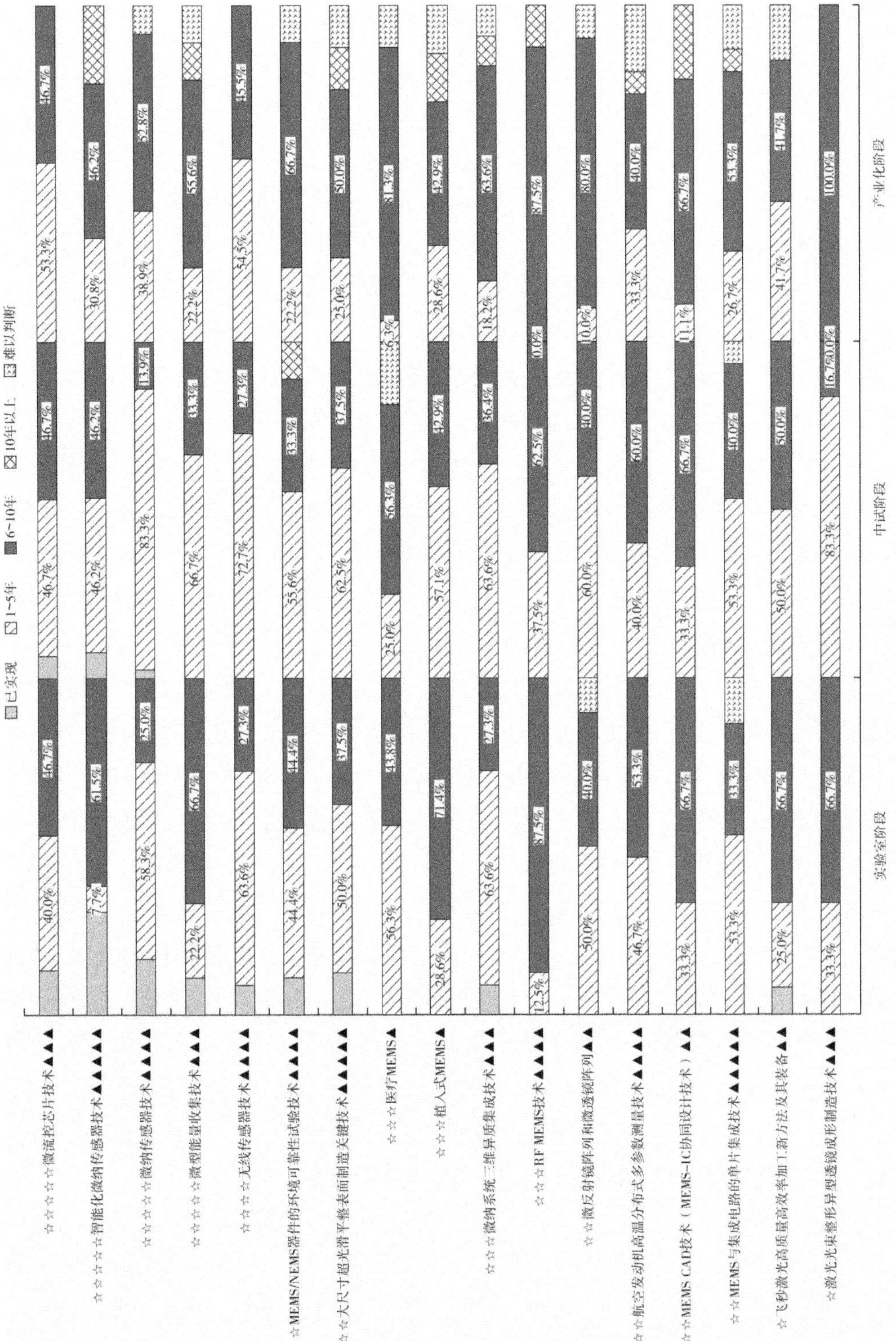

第 9 章 中国制造技术的路线图指引

图9-6 微纳制造子领域技术发展阶段实现时间判断

整形异形透镜成形制造技术，100%专家表达了同样观点。

绿色制造

如图 9-7 所示，绿色制造子领域共有 15 项技术参与预测调查，整体上对于实验室阶段的判断，专家意思表示有明显差异，各有较大比例专家秉持不同意见。其中，有 8 项技术半数以上专家判断仅实验室阶段的研发完成时间就需要 6～10 年。这部分技术也是专家认为我国还缺少技术积累，研发基础有待提升的技术。专家对于典型流程工业系统能效优化技术、流体机械高效节能技术、少无切削液加工技术与系统等技术的判断，认为研发基础较好，因而多数专家认为仅需 1～5 年即可完成实验室阶段研发，进入中试阶段。也有部分技术，如工业固体废弃物处理技术、机械基础工艺绿色制造技术、退役产品高附加值绿色回收利用技术，虽然研发基础较弱，但多数专家认为实验室阶段的完成时间 1～5 年足以。对于复杂机电装备运行状态监测及故障预警技术的判断，各有 45.9%、48.6% 的专家认为实验室阶段、中试阶段研发完成时间为 1～5 年或 6～10 年。

除了新能源汽车回收拆解与再利用技术、产品生命周期评估（LCA）技术及基础数据库、机械基础工艺绿色制造技术、机械制造系统能效提升技术及使能系统等被参与调查专家认为研发基础较为薄弱的技术，有半数以上专家认为还需要 6～10 年才能完成中试阶段研发，以及除了复杂机电装备运行状态监测及故障预警技术外，对于其他技术，多数技术专家认为 1～5 年即可完成中试阶段。而对于产业化阶段的实现时间判断，专家的意见较为一致，多数专家认为经过实验室阶段、中试阶段的研发，完成产业化应用还需 6～10 年，但也有半数专家认为流体机械高效节能技术具备较好的研发积累，产业化阶段的完成时间为 1～5 年。专家对于工业固体废弃物处理技术、机械制造系统能效提升技术及使能系统的产业化阶段的时间判断，观点高度一致，所有专家认同 6～10 年的产业化阶段完成周期。还有，超过 90% 的参与调查专家也对废弃家电回收资源化再利用关键技术、产品生命周期评估（LCA）技术及基础数据库的判断，持同样的判断意见。

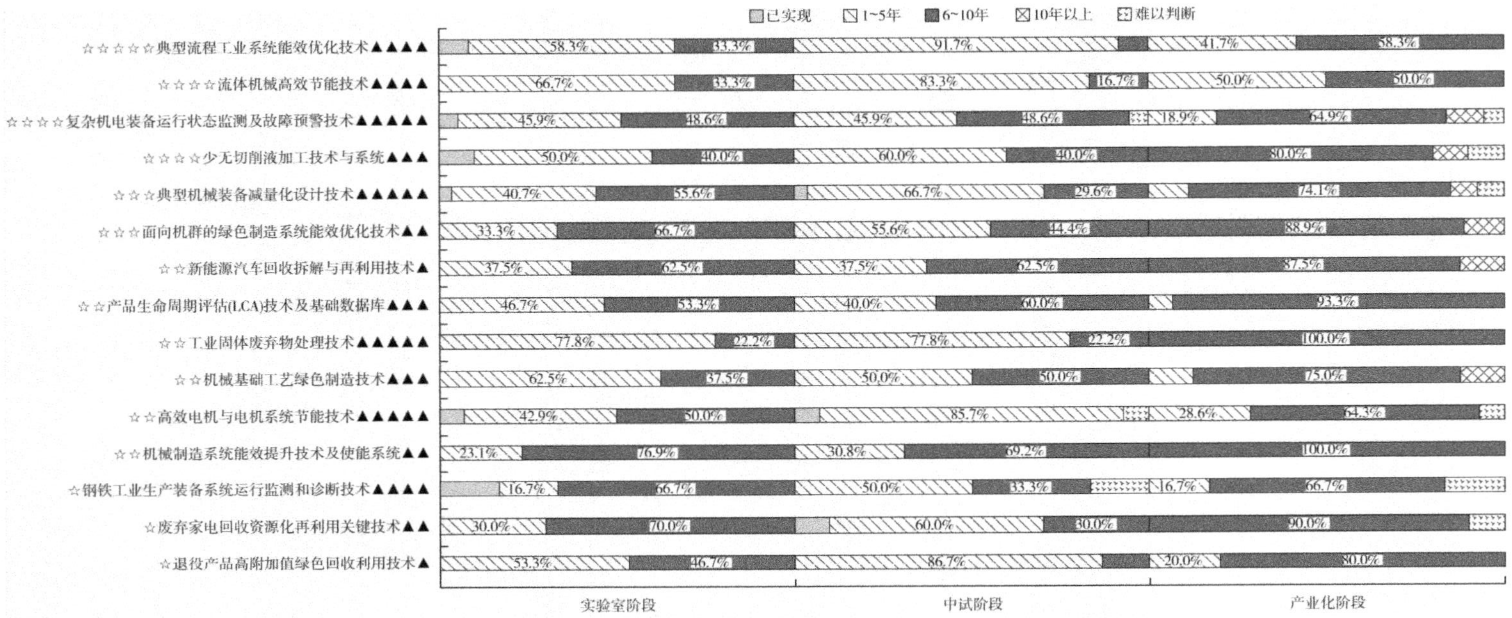

第9章 中国制造技术的路线图指引

图9-7 绿色制造子领域技术发展阶段实现时间判断

9.3 制造技术呈现交叉融合和群体跃进态势

从全球范围看,科学技术已然成为推动经济社会发展的主要力量,创新驱动是大势所趋。新一轮科技革命和产业变革正在孕育兴起,一些重要科学问题和关键核心技术已经呈现出革命性突破的先兆。现阶段从信息技术到生命科学、生物技术,再到新能源、纳米基础和新材料,各类技术相互交替、相互促进。学科交叉融合更加紧密,交叉学科占全部研究领域的比例接近1/3,基础研究与应用研究到产业化的界限日益模糊。学科之间、科学与技术、科技与产业相互融合和转化更加迅速,带动众多学科和技术群体跃进,变革突破的能量正在不断积蓄。

重大装备与工艺子领域技术发展急需材料技术突破的支撑

重大装备与工艺子领域30项参与调查的技术中,超过半数的技术,有50%以上的专家人次认为该子领域的技术发展需要新材料领域技术的突破,其次是信息技术发展的支撑,如超细精密零件半自动装配及测量关键技术、复杂装备与工艺的物理建模及全流程仿真等,专家认为更多需要信息领域技术的发展推动。但也有技术,如面向超深页岩的压裂装备设计与制造技术,有40.9%的专家判断人次认为与能源领域技术密切相关,其次是新材料领域,还有22.7%的专家认为资源环境技术的发展有利于推动该技术发展创新。专家对于特大型绿色矿物加工技术装备技术的判断较为发散,有32.4%的专家人次认同资源环境技术的作用,其次是有29.4%人次认可新材料领域的技术发展推动,还有23.5%人次判断来自能源领域的技术发展作用比较大。专家判断太阳能发电系统大型微结构关键部件成套制造装备技术各有35.0%人次认为技术发展需要新材料、能源领域的技术研发支持,20.0%的专家人次强调信息技术的支撑作用。对于搭载新型动力/能源的工程机械关键技术的判断,更多比例的专家认为与能源领域紧密相关,还分别有35.1%、24.3%的专家人次认为该技术的发展有赖于新材料领域、信息领域的技术发展。有36.1%专家人次认为极端制造环境下高精度大尺寸测量技术与设备需要信息技术发展的推动,30.6%专家则认为是新材料领域技术的支撑发展,还有19.4%则强调地球观测与导航技术发展的作用(图9-8)。

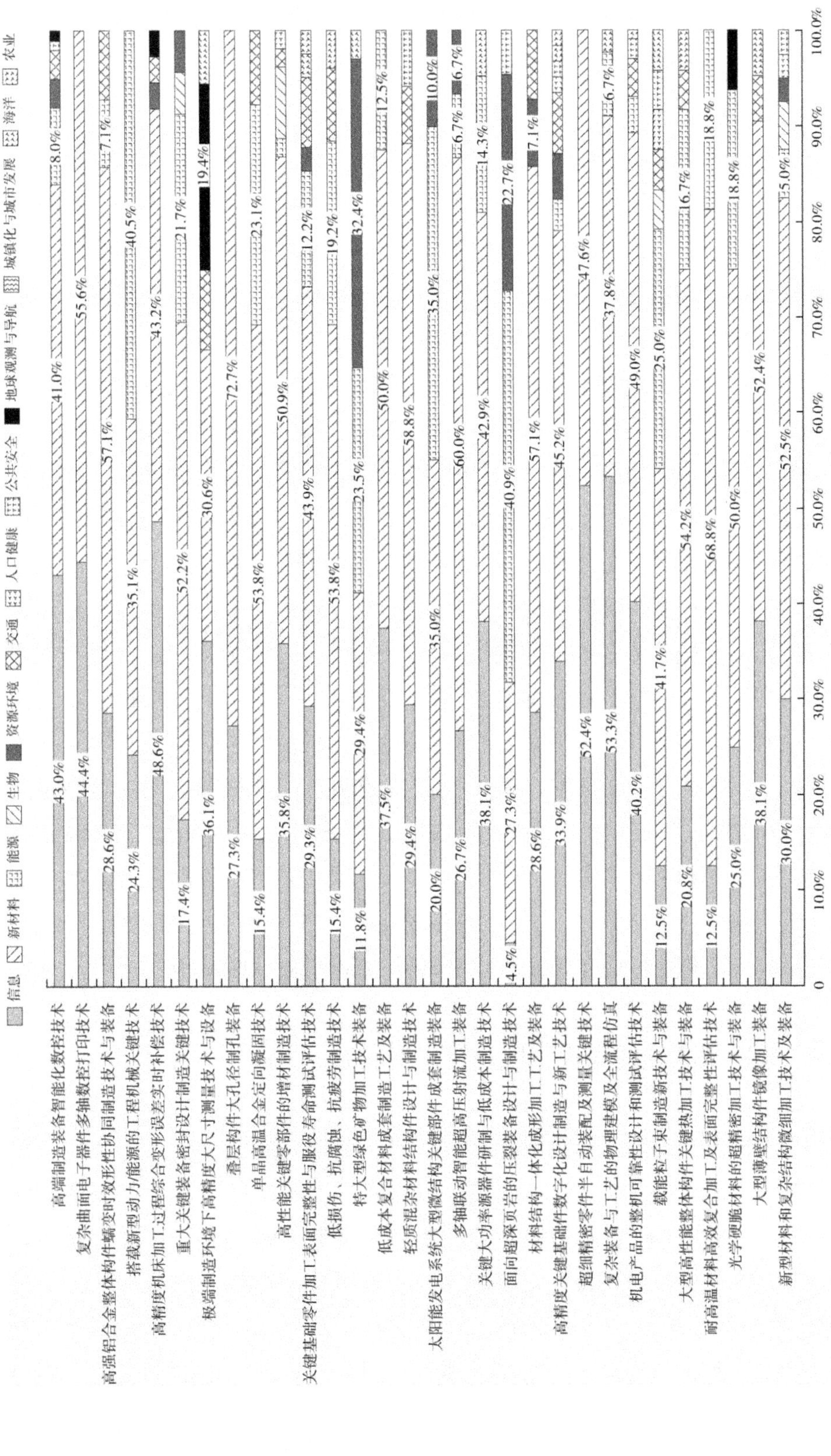

第 9 章 中国制造技术的路线图指引

图 9-8 重大装备与工艺子领域技术与其他领域融合分布

系统控制子领域技术发展离不开信息技术发展的推动

系统控制子领域除了太阳能热发电系统控制技术，几乎所有技术发展都与信息技术的支撑最紧密相关。太阳能热发电系统控制技术是绿色能量方向继光伏发电后的一项新技术，其中，光热发电利用控制大规模的镜面实现太阳光高聚光比集热产生高参数蒸汽驱动汽轮发电机，由于发电机制与常规火电相当而实现高品质的电能质量。该技术作为新能源技术，与能源领域的技术发展密切相关，有50.0%的专家人次的专家强调与能源领域技术的相关性，有25.0%的专家人次认为需要信息技术的推动，还有各占12.5%的专家人次认为需要解决新材料技术发展和资源环境领域技术发展问题。流程工业过程模拟优化技术、流程工业大数据处理及应用技术、流程工业智能分析与决策技术、制造过程能效监测与管控、装备过程智能检测/监测与诊断技术、制造信息物理融合系统（MCPS）的多学科领域协同设计、泛在感知与全分布式控制、化工过程模拟优化技术、面向先进制造的多网络集成与控制技术等技术，专家普遍认为需要信息技术的推动，但也形成一定的共识，就是与能源领域技术发展紧密相关。对于工业控制系统信息安全技术，有50.0%的专家人次认可信息技术支撑的重要性，但也有42.9%的专家人次认为与公共安全领域技术发展分不开，属于典型的跨领域技术。基于大数据的制造业宏观调控与决策技术，除了信息技术推动以外，各有16.7%的专家人次认为该技术发展得益于能源领域和城镇化与城市发展领域的技术发展，还有8.3%认为在农业领域也有较好的渗透。而高RAMS（可靠性、可用性、可维修性和安全性）工业测控系统设计技术与多个领域交叉融合，最主要还是在信息技术领域和交通领域（图9-9）。

制造服务子领域技术发展有赖于信息技术的发展

专家对于支撑制造服务子领域技术发展的主要领域判断主要集中在信息技术领域。除此之外，不同的技术对应不同技术领域支撑有不同的选择。如制造服务云平台，该技术是实现由生产型制造向服务型制造转变的战略基础，其关键是将各类制造资源和制造能力虚拟化、服务化，构成制造资源和制造能力的服务云池，并进行协调的优化管理和经营。作为平台技术，几乎与所有领域都有交叉，深度渗透。工业大数据技术亦是如此，除了信息技术领域，还与新材料、能源、交通、城市化与

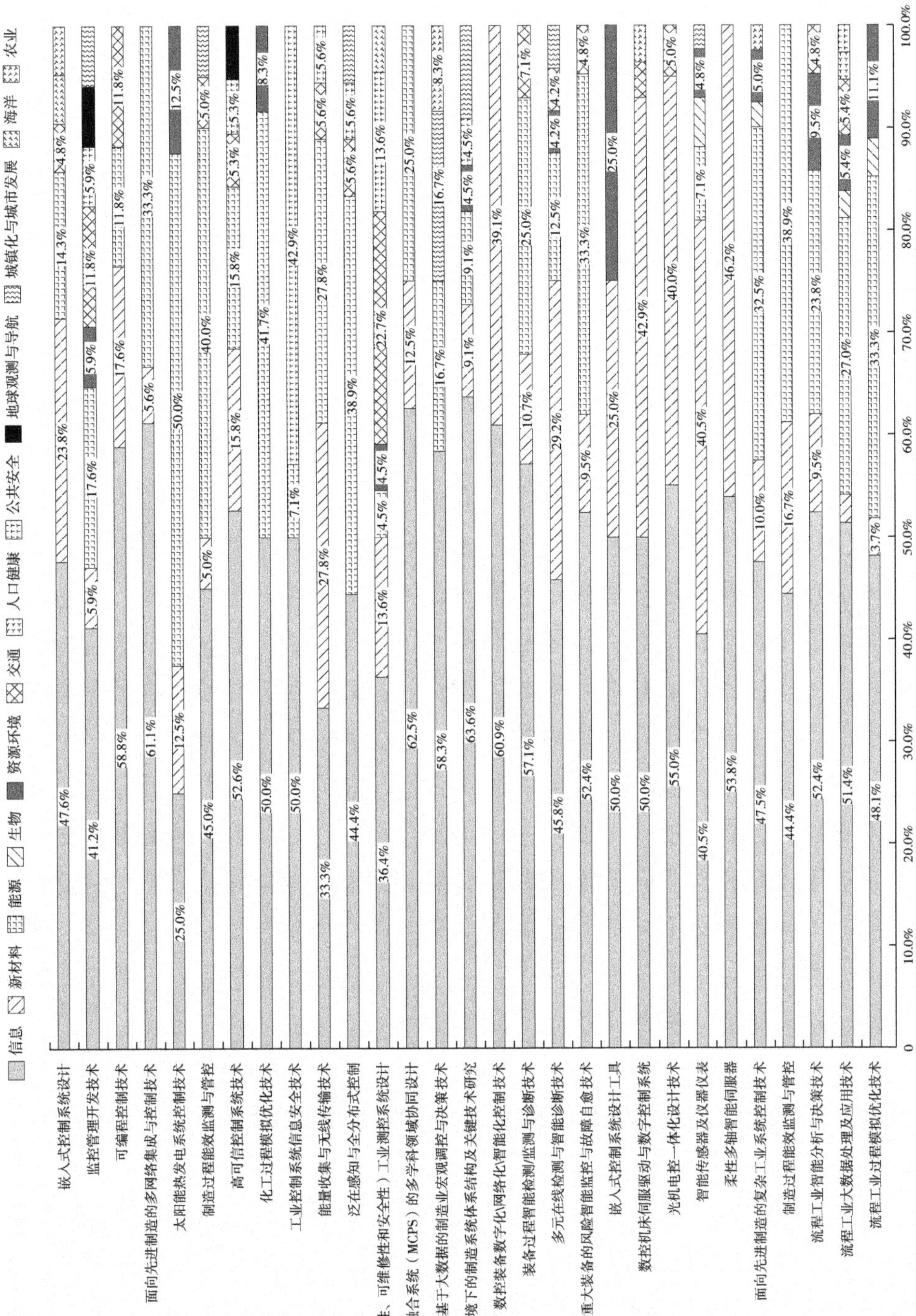

第9章 中国制造技术的路线图指引

图9-9 系统控制子领域技术与其他领域融合分布

城镇发展等领域有紧密联系。还有一些技术，如制造物联关键技术，制造执行、自动化生产线等技术还有赖于新材料技术的发展应用。认知制造技术的发展，除了信息技术领域推动，有23.6%的专家人次强调生物技术发展的支撑。制造过程优化和执行系统，有27.3%专家人次认为与能源领域的技术发展紧密相关（图9-10）。

智能机器人子领域技术发展关键在于信息技术的提升

　　智能机器人子领域技术发展主要有赖于信息技术的创新发展，同时，部分技术还和新材料、生物等技术领域紧密相关。如工业机器人技术、机器人机电一体化技术、机器人机构与传动技术、机器人传感器技术、机器人控制技术、机器人驱动技术、极端环境下服役机器人技术、机器人感知技术、多机器人协作技术、机器人系统集成技术、机器人模块化技术、机器人软件平台技术等技术，专家判断主要的技术供给来自信息技术领域和新材料技术领域。而对于机器人仿生技术、机器人交互技术、机器人安全技术、机器人人机接口技术、机器人智能技术、机器人认知技术、发育和自适应技术、机器人生机电融合技术、机器人微纳操作技术等技术，专家认为除了信息技术支撑以外，主要的是来自于生物技术领域的深度融合。其他，如家庭服务机器人技术、机器人安全技术、机器人人机协作技术、可穿戴智能设备技术等技术发展，各有超过20%的专家人次认为还与人口健康领域技术发展紧密相关。专家对于发育和自适应技术的判断，意思表示有较好的收敛，各有50%人次认为该项技术的发展离不开信息或生物技术领域的研究支撑。机器人通信技术除了信息技术支撑之外，各有15.4%专家人次认为该技术在公共安全领域、地球观测与导航领域都有交叉（图9-11）。

微纳制造子领域技术发展重点需要解决信息和新材料技术制约

　　微纳制造子领域绝大部分技术都与信息领域、新材料领域技术发展紧密相关，重点需要解决信息和新材料领域的技术制约。其中，微型能量收集技术，各有31.3%的专家人次认为与信息领域、新材料领域、能源领域技术发展交叉融合，需要不同领域专家联合开展研究。对于微流控芯片技术、医疗MEMS、植入式MEMS技术，认为生物领域技术发展对这部分技术影响较大。生物传感、药物定向释放等技术相结合的诊断、治疗将对疾病的预后及疾病的早期诊断等发挥重要作用，制药、

第 9 章 中国制造技术的路线图指引

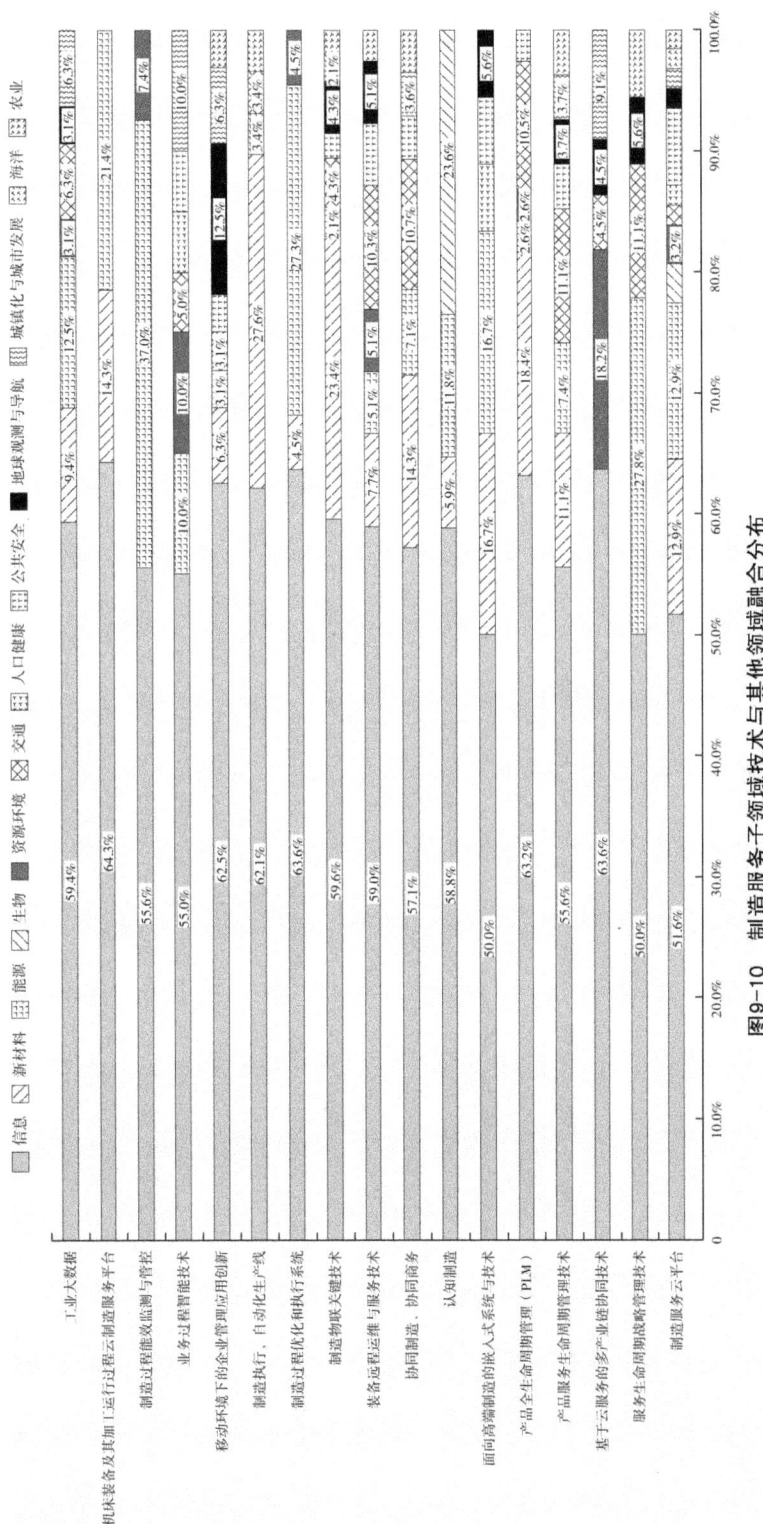

图 9-10 制造服务子领域技术与其他领域融合分布

图9-11 智能机器人子领域技术与其他领域融合分布

活体诊断、医疗器件等的市场份额均有百亿美元规模，其中多数与 MEMS 技术相关。因此，分别有 28.2%、40% 的专家人次强调医疗 MEMS、植入式 MEMS 与人口健康领域的高度相关性。MEMS 传感器在航空航天、生化医疗、食品安全等领域得到广泛的应用，而微纳制造技术作为 MEMS 传感器的实现手段，它直接决定了传感器的性能与制作成本，是传感器可产品化和批量化制造的前提。因此，参与调查专家认为微纳传感器技术与多个领域交叉，是比较典型的跨领域技术（图 9-12）。

绿色制造子领域技术交叉融合明显，涉及信息、新材料、能源、环境等诸多领域

绿色制造是一个综合考虑环境影响和资源效率的现代制造模式，其目标是使产品从设计、制造、包装、运输、使用到报废处理的整个产品生命周期中，对环境的影响（副作用）最小，资源效率最高。因而，该子领域技术与信息、新材料、能源、资源环境等领域技术密切相关。其中，机械基础工艺绿色制造技术、少无切削液加工技术与系统、退役产品高附加值绿色回收利用技术、新能源汽车回收拆解与再利用技术、工业固体废弃物处理技术、废弃家电回收资源化再利用关键技术等技术的发展，一方面需要来自新材料领域技术发展的支撑；另一方面与资源环境领域的技术发展紧密结合，应用广泛。典型机械装备减量化设计技术、流体机械高效节能技术、高效电机与电机系统节能技术等技术的发展更多是来自新材料领域、能源领域的技术突破与应用。对于面向机群的绿色制造系统能效优化技术、机械制造系统能效提升技术及使能系统、典型流程工业系统能效优化技术等相关能效优化、提升技术，信息领域技术发展的贡献最大，同时，也有 1/3 左右的专家强调与能源领域技术发展的密切作用（图 9-13）。

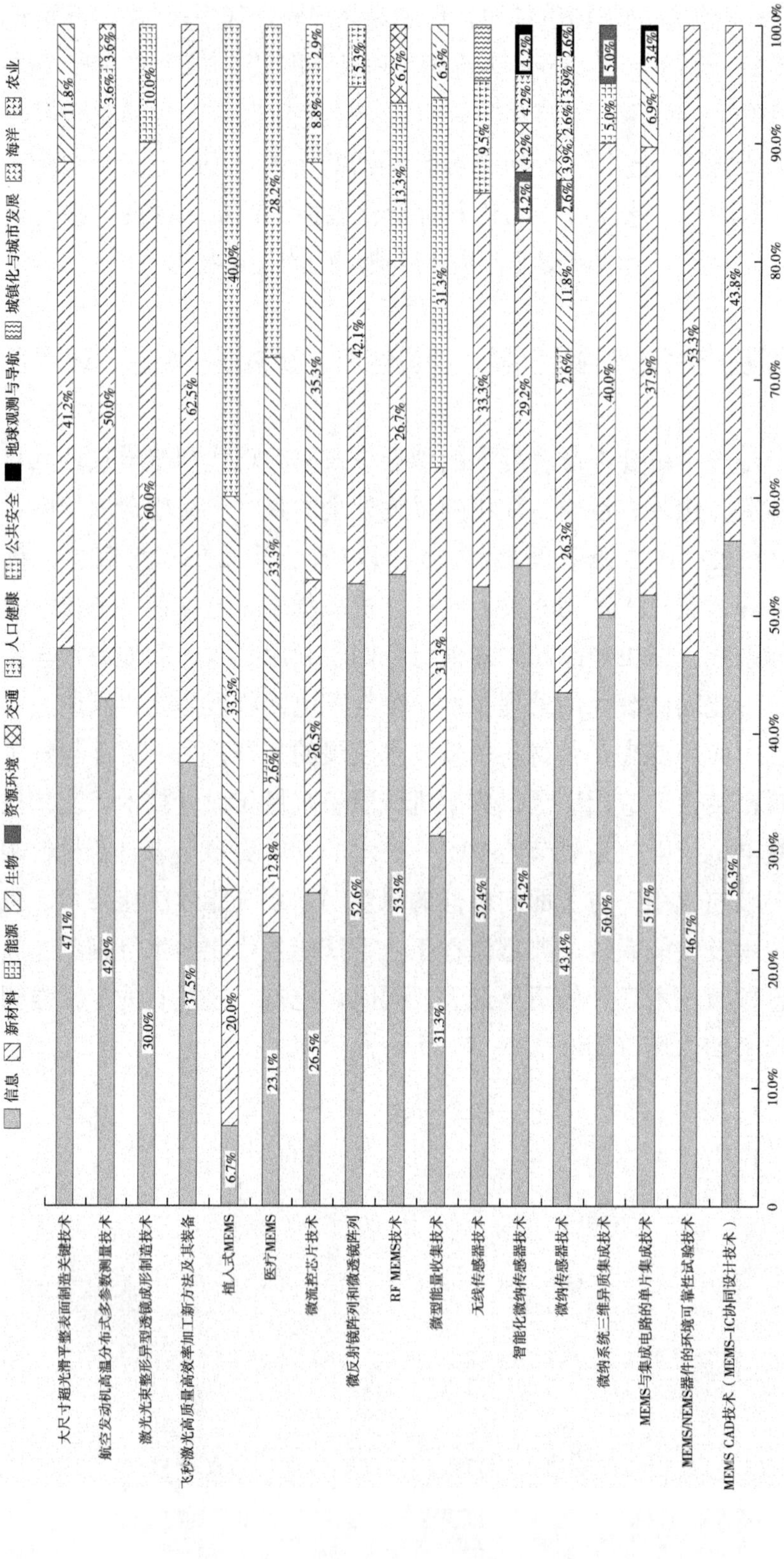

图9-12 微纳制造子领域技术与其他领域融合分布

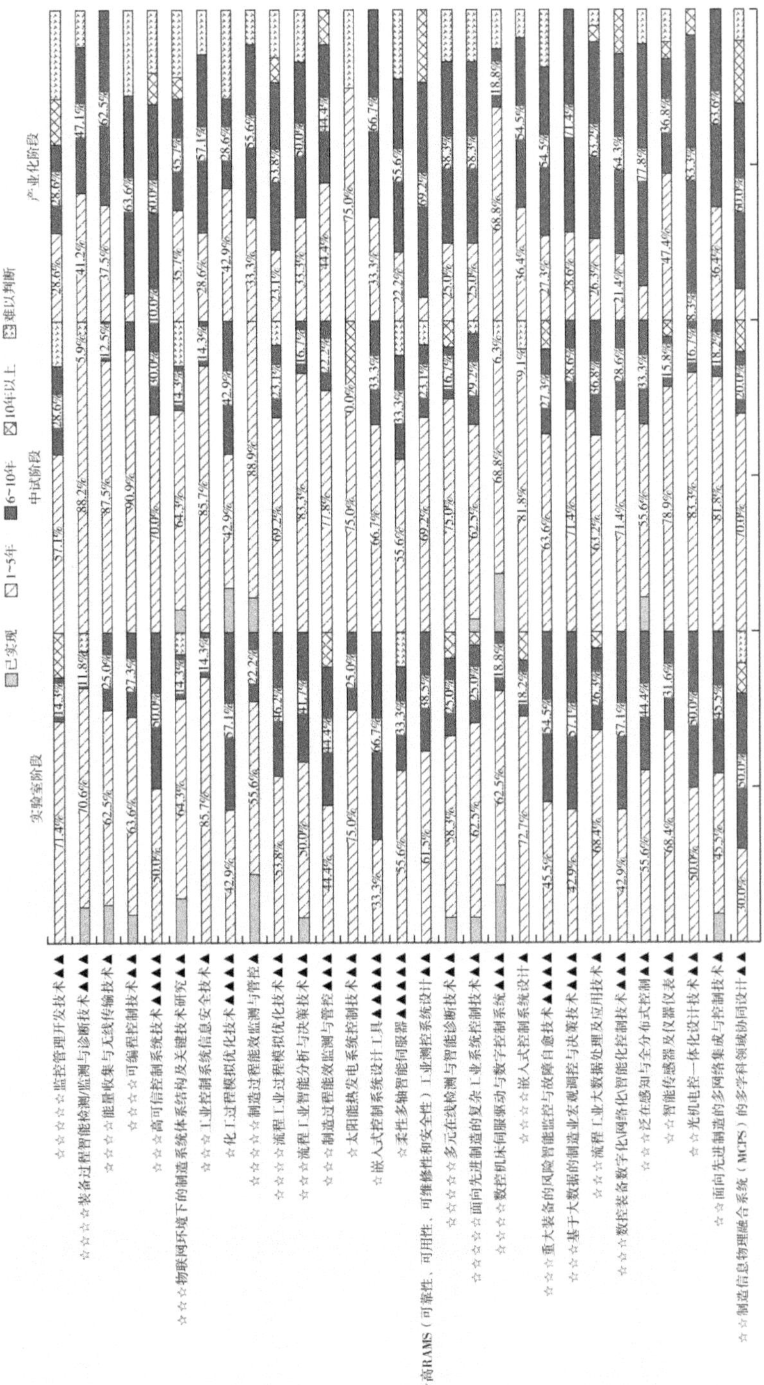

图9-13 绿色制造子领域技术与其他领域融合分布

进路判别

中国制造如何走向制造强国?

第10章 正确认识中国制造技术的"掣肘"

全球各国家和地区之间在生产率和生活水平等方面的巨大差距,使得追赶成为一个长期受到关注的话题。作为中国经济增长的新动力,技术追赶与创新受到了无论是产业界、政府政策制定者还是国内外学术研究者的广泛关注。大量研究指出,技术能力的提升是产业和企业竞争力的主要决定因素,只有通过提升技术能力、促进企业转型和产业升级,向全球价值链的高端攀升,才能实现赶超(Cohen et al.,1990; Kim, 1997; Lall, 1990; Verspagen, 1991; 路风 等, 2003; 朱瑞博 等,2011)。对半个多世纪的非西方经济体的追赶经验分析后,Amsden(2001)指出如果单纯遵循比较优势战略只会使落后的国家更加落后,而后天形成的技术能力对于经济发展的必要性正变得越来越高。与此同时,基于低劳动成本这一比较优势的追赶模式已经越来越不符合现实,基于技术创新的追赶成为实现经济追赶的必由之路。

20世纪最后20年,伴随着信息革命的爆发,水平化、模块化分工变得普遍,技术、资本、人力等资源在全球进行配置。与此同时,中国实行经济改革与开放,通过不断的努力,抓住新时代背景下的机遇,很快成为"世界工厂"。中国的生产率水平与发达国家的差距快速缩小,经济和技术水平得到了迅猛的提高。在这追赶过程中,中国制造起到了非常重要的作用。制造领域技术水平和创新能力是各行业调整转型、优化升级的物质基础和重要保障。近年来,发达国家纷纷制定再工业化战略,加紧从技术、规则和市场等方面设置新的门槛,以知识产权限制为主的国际技术竞争使中国制造向价值链高端提升的难度加大,给中国制造技术追赶带来压力。据国内外技术竞争调查结果显示,我国整体上已经从原来的全面跟跑进入跟跑、并跑、领跑三者并存格局,但仍以跟跑为主。制造领域近30%的技术已处于并跑或领跑状态。未来一段时期,中国制造领域技术的发展将会取得更大的成就,与发达国家的技术差距进一步缩小。但是如何解释技术追赶发生的前提条件是什么，哪些因素影响技术竞争格局的变化，知识产权限制扮演什么样的角色？对这些问题的考察不仅有利于厘清发展中国家制造技术进步和制约因素，而且可以为政府制定创新政策提供有益参考。

10.1 理解制造技术进步及影响因素

人类社会进入 21 世纪后，科学技术以前所未有的速度发展，给各国政治、经济和社会发展带来深刻的变革。全球化使经济和科技竞争日趋激烈，新兴多学科、交叉学科和跨学科技术不断涌现，大大增加了新技术开发的难度、风险和投入成本。准确把握未来科技发展趋势及其对经济、社会和环境的影响，确定重点研究开发领域，构建符合未来发展的国家创新体系，是当前需要解决的首要课题，技术预测应运而生。技术预测可以解决创新系统的闭锁（lock-in）问题，这不只对消费者经济体（发达国家）是必需的，对于新兴经济体（发展中国家）在维持经济发展动能的观点上更是重要（Tukker，2005）。Kuwahara（1999）归结日本的国家技术预测计划提出一个论点：预测活动不只可以创造科技的发展方向并借由交叉比对，找出横跨不同领域的新技术（跨领域技术）及发展方向，并且也可借由及早评估而提高研究发展计划的实现程度。Sharif（1999）指出后发国家融入世界经济过程中，应注重挖掘，采取技术跨越式发展，但前提是做好技术预测。Toma（2004）提出在今日复杂的社会系统，警告和决策的时间越来越短，除非借着使用新的认知工具，考察未来发展，否则任何应用在目前的信息空间的演算系统均无法预测改变。这个时候，专家下意识判断有很大的优势，可以利用大脑强大的分析能力，将大量的信息和各种经验整合为一个综合判断（Vanston，2003）。通过专家调查的方式进行技术预测，对未来技术发展趋势做判断成为最主流的方法之一（EFMN，2008）。

技术未来发展趋势的一个重要判断就是与领先技术国家的差距程度变化，是继续落后，还是通过追赶，与领先国家处于同步，甚至实现赶超。技术赶超是实施后发优势的关键，也是后发国家培育技术能力的一条主要路径，但是后发技术赶超的关键是什么？或者说影响后发技术赶超的因子是什么？不同学者答案是不一样的。通常来说，如果忽略技术的特征和类型，创新是很容易扩散的，技术落后的国家能通过吸收最先进技术很快实现技术追赶（Barro et al.，1995；Grossman et al.，1994；Romer，1994）。另外，大量观点也指出，技术的扩散和应用并不是没有成本、无条件的。大量理论和实证文献已经关注国家间技术扩散过程中知识产权保护扮演的角色。Acemoglu（2006）、Aghion（2005）等认为，在早期发展阶段，落后于前沿技术的国家通过一些非竞争政策（no-competitive policy）进行技术模仿实现追赶的效果比较好。成功追赶的国家往往都采取了知识产权保护体制，但并未严格限制本土企业有效复制发达国家开发的或使用的技术的能力（Mazzolem et al.，2007）。后发国家可以通过技术外溢实现技术能力提升，但发达国家也会通过各种技术和知识产权保护手段减少技术外溢，压缩发展中国家利用技术后发优势的空间（李建民，2006）。

Fagerberg（1994）的调查研究报告中发现，后发国家技术赶超的关键因子是技术差距，而 Cohen 等（1990）指出技术赶超实现的关键则是技术的自我积累性和路径依赖性，也就是说技术差距和技术能力共同决定了技术赶超的实现。持有类似观点的学者还有 Findly（1978）、Kokko（1994）、Blomstrom（1999）等，以及侯高岚（1995）的要素积累学说。实际上，技术差距是一种现实，而技术能力是技术赶超的关键。Borenztein 等（1998）认为发展门槛的提出，给后发技术赶超提供了一个比较贴近实际的思路。后发国家或地区要想有效地实现技术赶超和经济收敛，就应该具备一定的劳动技术水平和基础设施水平，即技术能力才能跨过发展门槛，实现技术赶超和经济赶超。这一门槛实际上就是后发国家或地区的技术能力，并且也有大量的学者从技术能力角度考虑，进行了细致的研究，结果表明后发地区的"赶超"依赖于自身的技术能力，即后发地区吸收发达地区先进技术的能力依赖于过去能力的积累，如 Kokko（1994）、Lapan（1972）等。他们认为，如果后发地区技术基础薄弱，技术积累差，学习模仿先进技术的技术能力差，会影响示范—模仿机制发挥作用。同时，后发地区技术能力不足，也会使技术溢出发生作用的关联机制受到影响。但是，中国的技术追赶与那些新兴工业化国家在特定市场、制度等方面存在显著的差异，不能简单复制其技术追赶经验（吴东 等，2013）。而且，后发国家技术追赶不能单纯依靠技术引进提高技术能力，必须通过内部研发投入提高吸收能力和再创新能力（Cohen et al.，1990）。就我国来说，企业已经成为全社会研发经费投入的主体，然而，我国企业的创新能力并未得到显著的提升，制约了企业主体作用的发挥，导致我国技术创新水平与发达国家的差距较大（孙福全 等，2006）。

作为后发国家，我们国家的技术发展已从全面跟跑到领跑、并跑、跟跑三者并列，部分技术处于领先的位置。技术未来发展的趋势变化判断很重要，有利于找准未来技术发展政策的定位，但是仅了解判断结果是远远不够的，研发积累情况、技术差距现状、技术竞争程度等都有可能影响未来技术发展的趋势判断，但是哪些因素影响显著、影响程度如何,不得而知。

10.2　制造技术进步受限于内部积累和外在竞争

实证模型

假如国外技术非常容易扩散和应用,后发国家可以通过低成本技术模仿快速技术追赶,甚至可能获取最前沿技术实现跨越式发展(Barro et al.,1995;Grossman,1994;Romer,1994;Soete,1985)。但是,从外部因素来讲,严格的技术转让限制使得后发国家无法很快接近技术前沿,技术追赶变得很困难(Xiao et al.,2013)。而且,技术追赶意味着追赶者必须具备一定的研发基础并且发展自己的技术能力。技术能力具有一定积累的特性(Bell et al.,1993;Aw et al.,1998),之前的技术能力的积累程度决定了日后技术发展的方向和速度(Juma et al.,2002)。因此,构建技术追赶函数,该函数既受国际严格技术转让的影响,也取决于本身的技术能力积累或基础。这意味着技术追赶函数可以表示为:

$$Y = \alpha_0 + \alpha_1 Base + \alpha_2 Patent + \beta_1 Z + \varepsilon。 \tag{10-1}$$

其中,$Base$ 表示该技术在我国的研发基础,表面技术能力积累程度;$Patent$ 代表技术竞争程度,以该技术受到的知识产权限制程度来衡量;Z 为除技术研发基础、技术转让限制以外的一组变量,变量的选择主要来自相关经典文献与被调查技术及参与调查专家背景特征的结合。该控制变量包括所有被调查技术所属领域(F_i)反映的技术性质;参与调查专家的年龄(Age)、机构来源($Univ$)及职称情况($Prof$)等反映专家背景特征的变量。由于研发投入作为知识函数最基本的解释要素之一,作为技术追赶,研发投入同样很重要,本书采用研发投入渠道($firmRD$)来分析以企业为主的研发投入是如何影响我国制造领域技术追赶的。

后发国家技术追赶最为关注度的是与技术领先国家的技术收敛趋势,但技术追赶最终需要落实到具体技术与技术领先国家的差距大小与赶超程度。在现实中,后发国家真实的技术追赶状态的精确表象是很难观察到的。技术追赶是一个潜在变量,按照直接的统计数据目前看来是无法进行估计的。也有不少研究通过论文或专利数量及引用程度等反映"量"和"质"的指标与发达国家进行比较,得出我国科学研究从跟跑向领跑转变(贺德方,2013)的结论。要看到,由于现代社会的复杂性和相互作用,尤其对于充满不确定性的未来技术发展趋势判断,不存在能够把握未来的合理技术方法。因此，最好的方法就是尽可能地获取信息，然后依据个人的"直觉"（intuition）信息处理能力，提供一个有洞察力的见解（Vanston，2003）。借鉴这一思路，结合国家技术预测问卷调查所提供的信息，根据专家所能观察到的后发国家技术追赶的程度，被解释变量 Y 表示参与调查专家对被调查技术追赶情况的判断。调查时的问题是"与国际领先水平相比较，该技术按照预定目标实现后将处于的状态"，要求被调查专家从跟跑、并跑、领跑之间进行选择，分别赋值"1、2、3"。技术赶超低于一定临界值（C_1）时，调查者会认为技术发展还处于跟跑状态，高于临界值 C_1 但低于临界值 C_2 时，会认为技术发展已处于与领先国家并跑状态，以此类推，当 Y_i 高于临界值 C_2 时，调查专家就会认为技术发展水平处于国际领先水平。由于 Y_i 是潜变量（latent variable），无法观察和得到这些临界值，但能够获得被调查者对关键技术发展水平的判断的值（D_i），以及"临界"值，即

如果 $D_i \leqslant C_1$，$Y_i=1$；

如果 $C_1 \leqslant D_i \leqslant C_2$，$Y_i=2$；

如果 $D_i \geqslant C_2$，$Y_i=3$。

一项技术的发展水平的归类取决于它的赶超分数是否跨过某个临界值。在这个设定中，只要随机误差项与解释变量之间是相互独立的，使用最大似然法估计出来的参数将是一致估计量。

在模型估计过程中，还需要考虑那些影响后发国家技术追赶却难以被具体量化的因素，如不同技术的人力资本水平、政策因素等，这些非观测效应包含在模型（10-1）中的 ε 中。

$$Y = \alpha_0 + \alpha_1 Base + \alpha_2 Patent + \alpha_3 FirmRD + \alpha_4 Patent \times Base + \\ \alpha_5 Patent \times FirmRD + \alpha_6 Patent^2 + \beta_1 Z + \varepsilon。 \quad (10-2)$$

在模型（10-2）中，引入技术竞争程度与技术研发基础、研发投入渠道与技术研发基础等代表技术研发状况的交互项来分析技术竞争的调节作用。若技术研发基础与技术竞争乘积项为正，则反映在国际技术转移过程中，如果已经具备技术自生能力的基础，即使发达国家设置技术扩散障碍，后发国家依然可以通过不同技术路径实现技术蛙跳或弯道超车。还将再进一步考察技术竞争二次项，若技术竞争及其二次项系数 α_2、α_6 均显著不为零，则根据 α_2 和 α_6 符合可以对技术竞争与技术发展格局变化之间的关系进行如下判断：①若 $\alpha_2 > 0$，$\alpha_6 < 0$，则技术竞争与技术发展格局变化的关系呈现倒"U"形曲线关系，即当技术竞争小于拐点值时，技术发展

趋于领先水平，但当技术竞争过于激烈时，技术发展将会受到限制，落后于发达国家的技术发展；②若 $\alpha_2<0$，$\alpha_6>0$，则技术竞争与技术发展格局变化呈现"U"形曲线关系，即技术竞争小于拐点值时会阻碍技术追赶，超过拐点值后反而有利于技术实现追赶。通过对二次项系数的检验，可以察觉知识产权限制是抑制了技术追赶，还是促进了技术追赶。

数据来源与变量描述

样本数据来源于2014年科技部进行的技术预测问卷调查，主要以先进制造领域的151项技术为调研对象，要求参与调查专家为高等院校、企业、行业协会、学会的研究人员或技术部门管理人员，通过网上调查的形式，共回收有效问卷14 252份。问卷内容包括：技术研发基础、研发投入经费来源情况、知识产权限制程度等变量信息。

表10-1是对模型中变量的描述性统计分析，包括均值、标准差及相关系数。从表中可以看出，技术研发基础、研发经费来源、知识产权限制程度与技术追赶存在显著的相关关系，初步表明，这些因素对技术发展趋势存在影响。

在回归分析之前，对于多重共线性进行了检验。利用方差膨胀因子法进行的多重共线性检验，方差膨胀因子（VIF）均小于1.8，特征值（eigenvalue）最大值为28，说明自变量之间不存在明显共线性。

研发积累显著推进中国制造技术进步

表10-2是回归结果。从自变量与因变量的关系来看，模型1、模型2、模型3均表明技术研发基础与技术追赶的系数显著正相关，说明该项技术积累越好，具备一定的技术能力基础，该项技术就越有可能实现技术赶超。因为，只有具备一定的技术能力后，才有可能去消化吸收、使用、调整和改变已有技术，并在变化的市场环境中创造新技术。如半导体照明制造技术方向，通过科技部863计划重大项目和国家科技支撑计划的实施，功率型芯片从无到有，国产芯片封装后光效达到130流明/瓦，接近国际先进水平，为我国半导体照明战略性新兴产业的发展提供了持续的动力和保障。例如，我国在云制造的研究一直有较好的技术积累，其典型技术特征是制造资源和能力的数字化、物联化、虚拟化、服务化、协同化、智能化。目

第10章 正确认识中国制造技术的"掣肘"

表 10-1 描述性统计分析与变量间相关关系

	变量	均值	标准差	性别	年龄	企业	教授	研发基础	企业经费	专利制约	技术追赶
控制变量	Gender	0.911	0.284	1.000							
	Age	46.639	8.078	−0.032*	1.000						
	Firm	0.233	0.423	0.029	0.051***	1.000					
	Prof	0.796	0.403	−0.008	0.313***	−0.299***	1.000				
	Base	2.674	0.737	−0.008	0.000	−0.145***	0.021	1.000			
自变量	FirmRD	0.300	0.403	0.016	0.036**	0.238***	−0.103***	−0.065***	1.000		
	Patent	1.324	0.717	0.007	−0.032*	−0.014	0.003	−0.134***	0.017	1.000	
因变量	TechCatch	1.970	0.652	0.018	0.000	−0.058***	0.008	0.275***	−0.126***	−0.201***	1.000

注：***表示显著性水平 $P<0.01$，**表示显著性水平 $P<0.05$，*表示显著性水平 $P<0.10$。

前，在这个领域上我国在世界上已处于领先地位，对我国进入"工业4.0"时代提供直接支撑。这一切都离不开国家科技部门长期的科技计划项目支持。研发经费主要来源的估计值显著负相关，意味着在其他条件不变的情况下，如果主要依靠企业技术研发投入，该项长期处于落后、跟跑状态的可能性将变得更大。这主要是因为我国的企业还没有真正成为技术创新的主体，缺少高层次的创新人才，技术创新能力较弱，完全依赖企业研发投入实现技术追赶的可能性很小。

同样，知识产权限制对中国制造技术追赶的影响显著负相关，表明技术发展受专利制约越严重，技术追赶就越难，实现赶超的机会就越小。通常来说，一项技术受国际专利制约程度越大，不利于后发国家的技术学习与能力积累，长此以往，将长期落后于掌握核心技术的国家。就先进制造领域来说，跨国公司掌握制造产业的核心技术和高端产业链，并且通过申请专利和制定"垄断性质"技术标准，来压制中国制造技术和产业的发展。以我国占有绝对资源优势的稀土为例，由于稀土产业链下游高附加值的磁材核心技术被日本为首的西方国家跨国公司所掌握，我国2/3的稀土资源只能以资源或初级产品的方式出口国外，有些稀土产品只有在我国缴纳巨额专利费后才能生产。再以多晶硅行业为例，太阳能电池产业链中利润最高的是多晶硅提纯，这一核心技术为日本德山公司、美国海穆劳克集团公司、德国瓦克公司等所垄断，这些公司一直对中国实行技术封锁。中国制造发展面临核心技术和关键装备受人掣肘的局面，实现技术追赶的道路仍然十分漫长。

表 10-2 对未来技术发展趋势的排序 Probit 回归结果

		模型 1	模型 2	模型 3
控制变量	Gender（男=1，女=0）	0.058 (0.072)	0.066 (0.072)	0.076 (0.073)
	Univ（大学=1，其他=0）	0.269*** (0.044)	0.191*** (0.044)	0.160*** (0.045)
	Prof（教授=1，其他=0）	−0.066 (0.055)	−0.056 (0.056)	0.079 (0.056)
	F_1（重大装备与工艺子领域技术=1，其他=0）	0.084 (0.069)	0.092 (0.069)	0.145 (0.070)
	F_2（系统控制子领域技术=1，其他=0）	0.262*** (0.074)	0.275*** (0.075)	0.307*** (0.075)
	F_3（制造服务子领域技术=1，其他=0）	0.058 (0.077)	0.070 (0.077)	0.152* (0.079)
	F_4（智能机器人子领域技术=1，其他=0）	0.127* (0.072)	0.146** (0.073)	0.164** (0.073)
	F_5（绿色制造子领域技术=1，其他=0）	0.203** (0.085)	0.273** (0.086)	0.306*** (0.086)
自变量	Patent	−0.328*** (0.029)	−0.284*** (0.030)	−0.277*** (0.030)
	Base		0.405*** (0.029)	0.400*** (0.029)
	FirmRD			−0.277*** (0.046)
	Log likelihood	−2980.760	−2881.452	−2863.534
	Pseudo R^2	0.031	0.063	0.069

注：（ ）为估计参数值的标准差；＊＊＊表示显著性水平 $P<0.01$，＊＊表示显著性水平 $P<0.05$，＊表示显著性水平 $P<0.10$。

10.3 竞争与追赶存在非线性关系

如前所述，研发积累和技术竞争导致了不同的影响效果及影响程度，但两者之间可能存在的互动关系也是需要回答的。根据模型（10-2）的回归结果如表 10-3 所示。技术研发基础和技术竞争的交叉项显著正相关。这意味着，技术竞争和技术的研发基础对技术未来发展的趋势具有正的联合影响。说明该项技术能力的积累对未来技术竞争格局的变化的影响是与所处的技术竞争环境有关的,受到知识产权限制程度越大,技术研发基础对技术未来发展的影响程度越大。这是因为那些技术能力积累较好的技术具备实现技术赶超的可能性,即使会直接影响到技术领先国家的竞争利益,受到较大专利制约,但这越证明技术发展的重要性,会更加重视技术能力的积累,抓住有利时机,赶上甚至超过技术领先国家。技术竞争程度与企业渠道的研发投入交互项系数为正,且显著,这说明,该项技术主要依赖企业的研发投入,专利制约对技术未来发展趋势,实现技术赶超的影响是正面的,对未来技术发展的正面推动作用显著。

表 10-3 含有交叉项、二次项的模型回归结果

	控制变量	模型 4	模型 5	模型 6	模型 7	模型 8
	专家背景变量	控制	控制	控制	控制	控制
	技术所属领域变量	控制	控制	控制	控制	控制
自变量	$Patent$	−0.964*** (0.059)	−0.332*** (0.029)	−0.973*** (0.059)	−0.564*** (0.089)	−1.237*** (0.103)
	$Patent \times Base$	0.248*** (0.020)		0.250*** (0.020)		0.250*** (0.020)
	$Patent \times FirmRD$		0.122*** (0.023)	0.127*** (0.023)		0.129*** (0.023)
	$Patent^2$				0.081*** (0.029)	0.092*** (0.029)
	$Log\ likelihood$	−2897.406	−2966.508	−2882.289	−2976.804	−2877.434
	$Pseudo\ R_2$	0.058	0.035	0.063	0.032	0.064

注:( ) 为估计参数值的标准差;＊＊＊表示显著性水平 $P<0.01$,＊＊表示显著性水平 $P<0.05$,＊表示显著性水平 $P<0.10$。

模型(10-2)中设置了代表技术竞争程度的专利受制约情况变量的平方项,引入技术竞争的非线性作用。从表 10-3 中可以看出,专利制约的系数值显著负相关,二次项系数值表现为显著正相关,呈现"U"形关系,表明技术竞争的激励程度扩大了与领先国家技术水平的差距,一定程度上的专利制约导致我国技术发展长期处于落后、跟跑的状态,但是技术竞争越激烈这种影响反而会变小,甚至有助于实现技术追赶。这是与前期相关实证研究结论所不同的。国际上技术趋于平台化、模块化,极大地降低了后发企业参与进来的技术壁垒。当技术竞争不激烈的时候,像中国这样的后发国家可以从最简单、最小的模块,从附加值最低的环节介入,逐

渐累积经验、能力和资源，进而通过一个个模块往上，逐步向技术的更高阶梯延伸。而且，大量跨国公司的涌入，它们的技术和管理实践经验曝光于本土企业的视野，为本土企业提供了大量的学习机会。随着技术竞争的激励加剧，专利制约程度增加，部分技术研发基础不是很好的技术，会失去技术学习的能力，始终处于落后的位置。但当技术竞争越发激励，对我国技术专利制约非常大的时候，一般来说，这部分技术都是一些非常敏感而且重要的技术，要清醒地认识到，"真正的核心技术是市场换不来的，也是花钱买不到的"（温家宝，2006），打破西方技术封锁唯一的出路便是自主创新，依靠自主创新才能够从根本上摆脱产业技术受制于人的被动局面，加强研发部署来突破竞争对手的技术封锁，在国际竞争中真正体现我国的实力。

为了检验上述结论的稳健性，需考察本书的数据是否存在结构性的变异。虽然该次调查的技术是由先进制造技术领域专家组凝练提供，一定程度上代表了该领域核心关键技术，但是所属不同的子领域，参与调查的专家可能会对技术发展趋势及其各影响因素的理解、判断出现结构性的变动，从而使得整体样本的回归结果有偏差。鉴于此，分别对各子领域的调查数据进行回归，结果（表10-4）显示，知识产权限制对各制造子领域技术追赶均有显著负向影响，而且与研发投入来源、研发基础等因素存在相互促进关系。同时，也可看到，系统控制、智能机器人、绿色制造等子领域的回归结果显示，知识产权限制的二次项系数为正，但不显著，表明随着知识产权限制的加强，会促进这些子领域的技术追赶，但效果可能不如重大装备、制造服务、微纳制造等子领域来得更为明显。总体来讲，整体样本回归得到的结论是可信的。

表 10-4 对技术子领域的模型回归结果

专家背景变量（控制）	重大装备			系统控制			制造服务		
Patent	−0.295*** (0.054)	−0.907*** (0.110)	−1.272*** (0.211)	−0.395*** (0.073)	−1.187*** (0.153)	−0.962*** (0.260)	−0.335*** (0.080)	−1.311*** (0.173)	−1.680*** (0.268)
Patent×Base		0.237*** (0.036)	0.238*** (0.036)		0.300*** (0.050)	0.302*** (0.050)		0.390*** (0.060)	0.395*** (0.060)
Patent×FirmRD		0.117** (0.047)	0.123** (0.048)		0.114** (0.056)	0.113** (0.056)		0.136*** (0.052)	0.140*** (0.052)
Patent²			0.116** (0.057)			−0.083 (0.077)			0.148* (0.082)
Log likelihood	−757.143	−732.073	−730.011	−497.626	−476.716	−476.143	−431.791	−430.148	
Pseudo R²	0.022	0.054	0.057	0.045	0.085	0.086	0.028	0.083	0.086
No.	784	784	784	531	531485	485	485		

专家背景变量（控制）	智能机器人			微纳制造			绿色制造		
Patent	−0.286*** (0.066)	−0.803*** (0.141)	−1.076*** (0.236)	−0.314*** (0.079)	−0.915*** (0.150)	−1.625*** (0.299)	−0.430*** (0.106)	−0.805*** (0.184)	−0.828*** (0.366)
Patent×Base		0.194*** (0.047)	0.190*** (0.047)		0.232*** (0.049)	0.232*** (0.049)		0.158** (0.064)	0.159** (0.064)
Patent×FirmRD		0.157*** (0.056)	0.161*** (0.056)		0.172** (0.075)	0.183** (0.075)		0.061 (0.073)	0.061 (0.073)
Patent²			0.095 (0.066)			0.235*** (0.085)			0.009 (0.114)
Log likelihood	−565.927	−554.514	−553.471	−389.041	−374.574	−370.726	−294.574	−290.888	−290.885
Pseudo R²	0.024	0.043	0.045	0.048	0.084	0.093	0.042	0.054	0.054
No.	604	604	604	425	425	425	319	319	319

注：（　）为估计参数值的标准差；＊＊＊表示显著性水平 $P<0.01$，＊＊表示显著性水平 $P<0.05$，＊表示显著性水平 $P<0.10$。

第 11 章　做好中国制造技术的前瞻预测

11.1　政策调整离不开预测

预测已演变成为一种有效的政策工具，通过汇集不同的利益相关者的视角，来研究科技领域或社会经济领域不定的未来情况，从而推动不同层次的利益决策。一系列技术、经济、社会、政治、环境的趋势和发展，影响所有国家及大多数政策领域。为了应对这些发展所带来的挑战，需要一种未来导向的思考方式。前瞻性强调了不同未来状态出现的可能性，而不是假设已有一个预定的未来，因此，重点在于对未来状态的塑造。做好前瞻性预测，可以提高决策制定和实施的灵活性，拓宽政策思维。

前瞻性方法应用越来越广泛，不仅有国家层面的预测，也有区域性，还有行业性的预测，表明预测成为一种与创新系统不同的有用的政策工具。主要基于以下几方面的考虑。

全球化的重要性，降低技术、组织的变化带来的不确定性及不断学习和运用知识的重要性，未来很难用精确的模型进行准确预测。灵活的、开拓思维的探索未来的可能性是大势所趋。对于可能的未来的研究，多样性是至关重要的，包含解决方法及政策选择的多样性。就政策制定而言，技术和社会经济变化在速度、复杂性和不确定上的差距越来越大，一方面，选择合适的政策，把握技术发展的轨迹；另一方面，就长远考虑，需要加强对政策制定过程的指导。还有就是考虑到政府和经济增长的压力，政府部门需要在有限的公共资源中努力平衡预算。政策制定者还必须应对社会对新技术的担忧。例如，担忧与道德和安全相关联的人工智能、机器人技术；智能制造发展等带来的社会排挤。甚至科技的可信度也在降低，科学研究不再代表"真理",基于科学研究的政策的客观性容易受到(公民、利益集团等)质疑。

"温水煮青蛙",所以政策制定部门时常需要一个更为基本的政策反思:政策制定者时不时需要思考现行的政策是否可以继续推行,它们有没有正确地实现并反映趋势,是否阻止或减缓负面趋势并适应未来有利发展?预测可帮助收取微弱的信号:关于需要重新评估和整顿的现行政策的微弱但十分重要的暗示。换句话说,前瞻性预测可以作为早期预警系统的关键部分,并且可作为适应"学习型社会"的工具。

总而言之,决策制定者要找到解决上述挑战的对策,需要参与的、透明的、前瞻性方法。预测——作为一个体系,参与决策过程,收集未来情报,建立中长期愿景,意在影响当今决策制定和调动联合作用,为推动政策前行提供有效的工具(Gavigan et al.,2001)。它有助于在面临多个选择的复杂情况下做出选择,联结具有互补知识和经验的不同团体。这样做,探讨广大利益相关者的不同愿景,从而得到更加透明的政策制定过程,提供一个获得公众支持的方法,从而使政策顺利实施。

11.2 从技术预测转向集成政策策略

20世纪60年代,政府决策部门制定出台的政策均受到今天常称之为"挑选赢家"的影响,有前景的行业和特殊群体被挑选为特定的公众或战略利益方,因此容易受到资金支持。政府对计划的实施和管理起了很大作用,但辨别技术未来发展能力的局限性逐渐显现,20世纪70年代末,出现了新的研究形式,重构了技术创新政策框架,随后演变成为现在研发和创新(RIDI)的系统方法,它不仅处理框架条件,也处理创新系统的制度和结构设置(Dosi,1988;Edquist,1997;Freeman,1991,2002;Fagerberg et al.,2005)。在这种政策框架指引下,20世纪90年代,政府采用自上而下的方式挑选技术。

近年来,可以观察到政策制定在发生变化:从建立框架条件和结构设置到策略决策制定:STI(science,technology and innovation)政策给一个国家或地区的投资组合更大的权重,更加关注长远的发展。然而,也意识到创新过程的逐步复杂性,强调自下而上的组成网络和集群是专业化的新兴领域提高创新绩效的重要工具(OECD,2002)。

类似于这种在创新过程中的方法转变,也体现在政策制定过程中概念理解的转变。考虑到对政策规划和复杂的社会系统的思考,近年来的政策制定过程强调交流、学习、政策制定和实施的分权和集中(Smits,2002;Smits et al.,2004)。最初的政策制定的主流技术和线性模型（如"建模—实施—评估"阶段）已被循环模型取代，评估将对政策制定和实施做出反馈。在循环模型中，政策学习被视为政策治理的基本要素。然而，由于政策的负责性和不定性特征，特别是创新政策，普遍认为不存在政策制定的明确方法和占主导地位的理论（OECD，2005）。从另一个角度看，我们迫切需要可持续适应和调整政策的相关联的工具（Carlsson et al.，2006）。

最近，我们意识到政策的实效性不仅取决于政策的制定，还取决于政策参与度。分散政策制定的概率（Kuhlmann，2001）使我们注意到不同政策的实施广泛依赖于知识、经验和利益相关者的能力。从联系的视角来看，政策的制定不仅只与政府有关，也与公众及个人在社会转变中的决策和对社会的反馈有关。为了使政府决策更加有效，需要利益相关者的参与。此外，政府的角色从一个中央指导实体向集体决策的主导者转变。

政策制定方法的转变已经反映在预测方法的运用上

预测方法的实施过程汇集了专家、研究院、产业政策制定者、社会团体代表。这些参与主体在前瞻性方法中扮演了重要的角色，他们分享对现存问题的认识，使得目标和发展方向得以确定。

这种集中对问题的理解会提高分散决策的一致性，符合前瞻性过程共享框架。也就是说，通过调整预期从而"创造"自我实现的预言来定义未来。人们认为这种所谓的过程输出比实质性的输出（有形的），如报告、列表、建议更为重要。

近来，无论是集体层面还是个人层面对运用前瞻性方法支持战略形成的兴趣都有所增加，如"适应性预测"（Eriksson et al.，2008），或"可持续性预测"（Truffer et al.，2008）。这样的兴趣增长是因为意识到前瞻性方法的"转化问题"，主要依赖共享的过程，即共享对于问题的思考和决策的个人和集体观点。从这个角度看，前瞻性方法可以被认为是决策制定网络化和分散化的不可或缺的元素，为决策制定提供3个至关重要的作用（Da Costa et al.，2008；Eriksson et al.，2008；Weber，2006），符合政策制定过程网络化分散模型同步过程而不是逐步实施：首先是信息传递。通过生成编码信息和关于动态变化、未来挑战和选择统一的结果，从而指导政策制定。将各高层次的利益相关者加入其中，他们之间的联系和个人学问和理解的过程在此起了重要的作用。其次是战略咨询功能（战略政策咨询），为政策定义提供支持，通过合并在战略定位认知和政策制定主观选择上的见解，从而形成新的政策概念。也就是说，除了提供信息，政策咨询工作旨在针对主观政策制定过程解释信息，并将它们转化为新的政策。最后是政策促进，将前瞻性方法作为系统性工具使用（Smits et al.，2004），即与传统指导方法互补。通过学习接口，促进发展方向的共同愿景的形成，建立特定的分布式智能基础设施，从而建立集体学习过程。所以，前瞻性可增加特定政策的反响以促进政策实施（Da Costa et al.，2008）、推动当前动态和未来发展、创造利益相关者之间新的网络和愿景。

前瞻性方法的未来发展方向

　　前瞻性方法不应因为自己的利益或是现在在国际组织中及全球流行而被推广使用。证明前瞻性对决策制定的影响是至关重要的。这种影响依赖于社会所面临的相关重大问题，其时间和质量的"产品"——报告和建议——也是至关重要的。只有实质性，精心制定提案可以吸引领导和决策者的关注，因此有可能得到实施。否则参与者在前瞻性项目中投入的时间、精力，以及在项目中花费的所有经费将白白浪费。但结果表明，在这种令人失望的情况下，参与者之间的网络建设、沟通和加强合作仍是至关重要的，虽然这些难以衡量和观测，也对后续项目的实施不一定有效。

　　这种转变反映了对前瞻性未来相当保守的态度，认为前瞻性将主要局限于信息传递阶段。前瞻性与生俱来的探索性，使得它的目的在于超前的思考以对意想不到或不寻常的发展做出准备。基于这种考虑，前瞻性变成了决策过程的一个组成部分，起到了通知、咨询和促进的作用。它是决策过程中预期、战略的需要及分布式决策中更好地决策的需要，且前瞻性在这两个方面发挥主要作用。前瞻性还可能演变成一种接受未来开放性的更真实的评估工具，通过强调未来变化和影响的定性性质。这可能不是前瞻性专家的首选模型，但它是建立在渗透到公共管理的目前技术评估文化，转变为决策和决策支持的主要模式。

11.3　科学研判中国制造技术方向与路径

明确中国制造技术预测的目标和定位

　　随着我国政府宏观管理职能从原有的指令性计划向计划、政策、法令与指导等多功能组织及多方面协调的方式转变。政府对科技发展的组织、管理、协调和控制更多地需要依靠对科学技术发展现状与前景的把握，使得科学技术政策与计划更具有科学性、合理性、民主性和广泛认同性。技术预测和关键技术选择在其内容、性质、研究和确定方式及过程上应能充分体现上述特征。

为了保障国家重大战略需求目标的实现，中国制造技术预测的总体目标是，通过开展技术预测研究，为实现国家战略目标寻找中国制造的技术路径，为国家科技宏观管理提供决策依据，为社会公众研判制造技术发展趋势提供信息支撑，逐步形成科学、民主的科技治理体系。

为了实现这一总体目标，中国制造技术预测要从我国社会经济发展需求出发，进行合理规划和组织，通过严密的工作程序和科学的方法，以保证整个领域技术预测的科学性和权威性。对从事科学技术研究的各方面专家、管理决策人员，以及利用科技成果的企业及社会组织而言，既有预测结果的科学合理性，又有过程的广泛参与动力及对预测结果的认知响应。如果明确了技术预测的目标、原则与评价准则，应该可以达到选出项目的集中，从而避免过去一直困扰决策部门的科技资源有限，资助项目分散的弊病。

谋划促进科技创新发展的新体系

我国已有的科技创新体系，成型于高度统一的计划经济体制，与当今世界高度开放活跃的网络型创新体系很难适应，必须放眼世界创新发展的新方式，突破传统渐变式系统，重塑现代多元多点多方式的新型创新体系。

一是强化面向世界科技前沿的国家战略支撑体系。坚持国家战略需求和科学探索目标相结合，加强对关系全局科学问题的研究部署，增强原始性创新能力，提升我国科学发现、技术发明和产品产业创新的整体水平。围绕涉及长远发展的"卡脖子"问题，加强基础研究前瞻布局，明确阶段性目标，集成跨学科、跨领域的优势力量，实现前瞻性基础研究、引领性原创成果重大突破，为产业技术进步积累原始资源，增强源头供给。二是构建应对产业变革和技术创新的预警体系。颠覆性技术现已成为世界各国新一轮博弈的制高点，是重塑行业竞争格局的重要驱动力，主动布局颠覆性技术则是各个国家和地区增强核心竞争能力、龙头企业生存发展的必然选择。要加强对颠覆性技术替代传统产业拐点的预判，高度关注可能引起现有投资、人才、技术、产业和规则"归零"的颠覆性技术，前瞻布局新兴产业前沿技术研发，在信息、制造、生物、新材料、能源等领域，特别是交叉融合的方向，加快部署一批具有重大影响，能够改变或部分改变科技、经济、社会、生态格局的颠覆性技术研究，在新一轮产业变革中赢得竞争优势。

做好中国制造的技术预测评估

德尔菲技术预测调查为高端制造技术前瞻提供了借鉴参考的估值，对判断一国制造技术所处的技术水平及未来技术发展方向是一个有益的补充。一个国家技术领域水平及其未来技术发展前沿包含非常复杂的内涵，并非单纯从技术进行竞争分析，而是包含了经济发展、人文环境、创新制度等在内的综合性考量，专家主观判断的优势在于能将积累的大量知识信息和各种经验进行整合，下意识做出综合性判断。通过专家打分的形式量化了中国制造技术水平状况及其未来趋势，为政府部门提供了很有价值的决策参考，是一个有益的补充。本次高端制造领域选择的关键技术与主要国家机构预测结果基本一致。同时，要认识到技术预测作为基础性、长期性工作的重要性，借鉴日本、韩国等的做法，对具体的组织机构、人员配备、组织方式等做出制度性安排，建立一支稳定的研究队伍，周期性开展技术预测活动。

进行长远规划，形成国家、部门、区域和企业技术预测多层次体系

在过去40年中，日本政府虽然多次更迭，但历届政府都高度重视技术预测研究，并给予积极支持。正是由于政府的高度重视和社会广泛支持，日本技术预测持续进行了40年，共进行了10次预测活动，技术预测已对政府科技政策的制定、R&D经费投入及企业制定发展规划发挥了积极作用。

技术预测研究是一项复杂的系统工程，涉及科技、经济、社会等各方面的因素。包括对技术发展规律、现状、趋势进行研究，对技术对社会经济发展的影响、社会经济发展对技术的需求进行分析等，需要进行跟踪研究和长期积累。日本就是在持续不断的研究中积累了丰富经验，使技术预测在经济建设中的作用越来越大，并得到社会各界的广泛认同。我国的技术预测研究工作虽然取得了一定成绩，但还是存在一些问题，主要是缺乏长远和系统考虑。因此，应对技术预测进行长远规划，进一步加大研究深度和经费投入，使之成为长期和连续不断的工作。在这样长期的、连续不断的预测工作中，还可以对每次预测活动的经过加以评价，分析成功经验与不利因素，改进提高，推动我国技术预测与科技治理的发展。借鉴各国政府在科学技术宏观管理上的两类研究计划，推行与之对应的基础性探索预测和国家战略性技术预测，根据当前我国科技经济发展的需求，在制造技术领域，应部署国家、部门、区域和企业多层次的技术预测，形成"评价、预测、选择、路线图"在内的中国制造技术预测体系。

在国家层次上，应长期、系统、连续性地开展具有战略意义的国家领域技术预测，摸清家底，进行关键技术或重点领域选择，并对制造领域核心关键技术开展技术路线图研究。以此作为政府科技决策部门制定科技发展规划及对各部门的科技活动进行组织协调的依据，并据此实施国家重点关键技术发展计划。

区域、部门及行业的技术预测可以在国家技术预测的基础上，结合本部门特点来进行，并依据预测结果，合作制订重大技术发展计划，再由各部门分头组织实施。各计划中比较具体的技术项目，可以发挥各部门专长，由各部门在实施过程中进一步细化落实。

企业技术预测也可以在国家技术预测的基础上，结合企业自身发展战略来进行。尤其是大企业可以利用国家技术预测结果，结合本企业的特点进行综合分析，在不断变化的市场中寻找机遇，从而明确研发方向。

加强政府部门的技术预测合作与协调、扩大社会参与程度

从科技部、中国科学院、中国工程院、中国科协等部门分别开展的技术预测和关键技术选择来看，具有如下特点：各个关键技术选择结果存在重复交叉，专家队伍高度一致，方式运用单一，在通用性关键技术与应用工程技术项目之间缺乏相关性的联系与配合。由此可见，我国政府部门在对国家战略计划重点发展的技术管理决策上，逐步趋向科技宏观管理上的协调与统一，但是效果还没有显现。重点领域的选择也不够集中，而且产业应用技术和基础技术没有在概念上加以分辨，因此选出的结果不够清晰。这对各部门在组织重大工程技术发展及通用技术的合作研发上，将会出现技术路线、研制开发方式及组织落实上的困难，从而难以实现跨越发展的目标。因此，加强我国政府部门的技术预测合作与协调，建立起以国家意志为目标的关键技术或重点领域选择的组织、程序及方法是当前亟待解决的重要问题。

技术预测来自于社会各方面专家的创造性思维，因此，需要扩大社会参与程度。日本咨询专家人数多达几千人，而且来自广泛的领域，这些专家主要是从事研

究开发的专业人员和科研管理人员,包括在相关领域中具有专业和广博知识背景的研究人员。同时,还考虑了不同职业类别和专家的年龄结构,使调查结果反映了社会各方面的意见。英、德、韩等国家参与技术预测调查的专家也达上千人。这些经验值得我们借鉴。在进行我国技术预测时,不仅要考虑高校和研究机构科研人员的意见,而且要听取社会学家、经济学家、企业家及社会各方面的意见。

企业是技术创新的主体。在我国技术预测中,尤其要鼓励更多的企业参与国家技术预测,只有这样,技术预测才能更加符合社会经济发展的需要,预测结果才能得到更广泛的传播和利用。随着近几年我国经济形势的变化,企业对技术创新的热情增加,今后企业界将会对新技术有重要需求,参与技术预测的热情将会大大增加。

从我国历次规划,尤其是第五次国家技术预测来看,扩大预测的参与人数不是问题。在未来的科技工作中,应将过去规划会议中的大量人力物力组织起来,集中用于国家技术预测上,并将技术预测作为科技规划和战略决策的基础。同时,在参与人员的选择上,既可以吸收非科技领域的专家参与,也可以吸收企业界人士参加,更要吸引在第一线工作的研究开发及经营管理人员和海外专家的参与。

第12章　政府"有所为，有所不为"

12.1　认清中国制造技术水平

以智能、绿色、服务为主要特征的先进制造技术将对传统的制造业生产组织模式产生革命性的影响

进入21世纪以来，在经济全球化和社会信息化的背景下，国际制造业竞争越来越剧烈，发展模式正在发生深刻的变化，对先进制造技术的需求越加迫切。云计算、大数据、移动互联网、物联网、人工智能等新兴信息技术正在全球范围内引发一场新的科技革命和产业革命。以智能机器人、3D打印制造和数字化制造技术为核心的智能制造技术，以基于信息物理系统（CPS）、工业物联网和工业互联网为主的"工业4.0"计划已经初现端倪。其中，制造业智能化、服务化、绿色化趋势最为引人瞩目，信息技术与制造业的融合正在深刻变革着企业的产品设计、工艺制造、经营管理等业务模式。

制造智能化

随着互联网、物联网的发展，越来越多的制造企业通过应用嵌入式技术、计算机技术、微电子技术等新型信息技术于企业产品及制造过程，提升产品智能化程度和研发设计、生产制造和经营管理智能化水平，打造高端产品和装备，占据产业制高点，同时由于制造装备的控制技术得到极大的提高，使制造装备的自诊断、自维护、自恢复成为现实，并将推动制造装备向智能化阶段迈进。如德国推出的"工业4.0"、美国提出的"智能制造"、日本提出的"智能制造系统计划"等。

制造绿色化

面对经济社会可持续发展提出的低碳环保和循环利用要求，制造企业推进绿色相关技术在材料与产品开发设计、加工制造、销售服务及回收利用等产品全生命周期中的应用，形成高效、节能、环保和可循环的新型制造工艺和装备，不断降低企业产品生产制造及使用过程的资源消耗和环境影响，实现企业经济效益和社会效益的协调优化。例如，世界上最大的工程机械厂家之一的卡特彼勒公司，正是通过差异化的技术回收物料，并采用环保的可持续性方案，从而将部件恢复至如同全新设备的状态，仅2012年就整修和恢复了约220万件机械。全球三大工程机械制造商之一的JCB公司也通过交换服务，为工厂所有的机器提供全方位的再制造零部件，从而节省了40%~50%的成本。

此外，发达国家纷纷制订国家计划来鼓励制造绿色化。例如，英国瞭望计划就提出了英国2013—2050年的绿色化目标：2013—2025年实现最小化材料输入、减少浪费、提高能源效率、在低碳领域技术领先；2025—2050年实现产品再制造、可持续性评估、升级产业链，保证产能的目标；而2050年之后则要达到更节约能量和材料的产品、产品处于生产循环、整个供应链环节的柔性制造三大目标。

制造服务化

在同质化竞争和供大于求的全球市场环境下，制造业产业价值链的高端向研发和产品运营维护等服务生命周期转移，制造企业不再仅仅提供产品，而是成为提供产品、服务、支持、自我服务和知识的集合体。服务与制造相互渗透与融合，从生产型制造走向服务型制造，制造业的服务化已成为当今制造业发展的大趋势，这也使得产业模式向"定制化的规模生产"和"服务型生产"改变。如世界知名的IBM公司，其硬件收入仅占全部收入的24.61%，服务收入为75.39%；GE公司的服务收入占总收入的比重为59.1%；而我国陕鼓集团的服务收入仅占13.38%。

中国已经成为世界制造大国，但很明显，还不是制造强国

虽然，我国与技术领先国家的技术差距不断缩小，部分技术方向已处于国际领先水平,但在技术发展水平、技术发展阶段与美国、德国、日本等国家相比,还有较大的竞争劣势。当前,世界经济和产业格局正处于大调整、大变革和大发展的新的历史时期。我国制造业发展对科技创新的需求从来没有像今天这样迫切,必须依靠创新驱动发展,加快从要素驱动发展为主向创新驱动发展转变,抢抓新科技革命和产业变革的战略机遇,重塑我国制造业竞争优势。

中国制造领域技术水平形成领跑、并跑、跟跑的基本格局,大部分处于跟跑状态。绝大部分关键技术还处在跟跑阶段。

中国制造基础研究薄弱,向领先优势技术转化的能力较弱。专家调查显示,我国所提供的 8 项技术来源,主要集中在重大装备与工艺(2 项)和系统控制(4 项)子领域,在系统控制子领域中,我国为太阳能热发电系统控制技术、数控机床伺服驱动与数字控制系统等 4 项技术提供了技术源头,智能机器人和制造服务子领域中分别有极地科考机器人装备基础技术、网络化产品协同设计各 1 项技术来源于我国,而在微纳制造子领域,参与调查的 17 项技术中,我国未能提供技术源头。

美国牢牢占据着先进制造领域的优势地位。

中国制造与领先国家相比,技术竞争处于劣势。根据调查表明,我国处于实验室、中试、产业化阶段的技术中,处于中试阶段的技术最多。技术领先国家主要集中在产业化阶段。从这次技术竞争调查来看,我国在先进制造领域与国际领先水平技术发展阶段的总体差距明显。从制造领域各个子领域来看,除去待定技术,我国在微纳制造、智能机器人子领域有超过一半的技术还处于实验室阶段。重大装备与工艺、系统控制子领域技术相对而言以中试阶段占比最大,其中,系统控制子领域有近半的技术处于中试阶段。重大装备与工艺、制造服务子领域有 39% 左右的技术已进入产业化阶段。总体对比我国与技术领先国家的技术发展阶段,有近 2/3 的技术在发展阶段上落后于技术领先国家,我国处于技术竞争的不利地位。

关键技术对于经济、社会、国家安全等方面的技术支撑推动作用体现不一,不同关键技术具有其突出的技术重要性

科学技术发展对于经济社会可持续发展的推动作用已成为共识,但是如何辨别不同技术对于支撑经济社会发展的不同方面的作用是不清晰的。而聚类分析可以将变量数据根据自身特征,按照不同技术重要性的亲疏程度进行分类,并通过多个分类结果对数据可以进行深层次的推断分析。

经过聚类分析可以发现，在培育战略性新兴产业和发展高技术产业方面，重大装备与工艺子领域的载能粒子束制造新技术与装备、关键大功率源器件研制与低成本制造技术、高性能关键零部件的增材制造技术等，系统控制领域的流程工业大数据处理及应用技术、制造信息物理融合系统的多学科领域协同设计、数控装备数字化/网络化/智能化控制技术、智能传感器及仪器仪表等，制造服务子领域的制造服务云平台、工业大数据等，智能机器人子领域的多机器人协作技术、机器人机电一体化技术、机器人人机接口技术、工业机器人技术、可穿戴智能设备技术等，微纳制造子领域的植入式 MEMS、微纳传感器技术、微流控芯片技术等，以及绿色制造子领域的退役产品高附加值绿色回收利用技术、机械制造系统能效提升技术及使能系统等技术具有较好的技术重要性表现。

在改造和提升传统产业方面，重大装备与工艺子领域的高端制造装备智能化数控技术、超细精密零件半自动装配及测量关键技术、关键大功率源器件研制与低成本制造技术等，系统控制子领域的流程工业智能分析与决策技术、制造过程能效监测与管控、太阳能热发电系统控制技术等，制造服务子领域的制造服务云平台、工业大数据等，智能机器人子领域的机器人机电一体化技术、机器人人机接口技术、多机器人协作技术、工业机器人技术、机器人传感器技术等，微纳制造子领域的微纳传感器技术、智能化微纳传感器技术、微流控芯片技术等，绿色制造子领域的机械制造系统能效提升技术及使能系统、典型流程工业系统能效优化技术、流体机械高效节能技术等关键技术群的技术重要性较高。

在资源能源节约和生态环境保护方面，重大装备与工艺子领域的太阳能发电系统大型微结构关键部件成套制造装备、特大型绿色矿物加工技术装备等，系统控制子领域的制造过程能效监测与管控、流程工业智能分析与决策技术、太阳能热发电系统控制技术等，制造服务子领域的制造服务云平台、工业大数据等，智能机器人子领域的多机器人协作技术、机器人感知技术、工业机器人技术、机器人智能技术等，微纳制造子领域的智能化微纳传感器技术、微流控芯片技术、微纳传感器技术等，绿色制造子领域的退役产品高附加值绿色回收利用技术、废弃家电回收资源化再利用关键技术、新能源汽车回收拆解与再利用技术等关键技术群的技术重要性是相对最高的。

在改善和提高人们生活水平与质量的作用方面，重大装备与工艺子领域的机电产品的整机可靠性设计和测试评估技术、关键大功率源器件研制与低成本制造技术、新型材料和复杂结构微细加工技术及装备等，系统控制子领域的流程工业智能分析与决策技术、制造过程能效监测与管控、太阳能热发电系统控制技术等，制造服务子领域的制造服务云平台、制造过程能效监测与管控、工业大数据等，智能机器人子领域的发育和自适应技术、机器人生机电融合技术等，微纳制造子领域的植入式 MEMS 及绿色制造子领域的复杂机电装备运行状态监测及故障预警技术、钢铁工业生产装备系统运行监测和诊断技术等关键技术群的技术重要性较为突出。

在增强国家和国防安全方面的作用体现比较突出的技术包括，重大装备与工艺子领域的关键基础零件加工表面完整性与服役寿命测试评估技术、轻质混杂材料结构件设计与制造技术、关键大功率源器件研制与低成本制造技术等，系统控制子领域的智能传感器及仪器仪表、高 RAMS（可靠性、可用性、可维修性和安全性）工业测控系统设计、重大装备的风险智能监控与故障自愈技术等，制造服务子领域的面向高端制造的嵌入式系统与技术、装备远程运维与服务技术、产品全生命周期管理等，智能机器人子领域的多机器人协作技术、机器人认知技术、机器人传感器技术、机器人仿生技术等，微纳制造子领域的航空发动机高温分布式多参数测量技术、MEMS 与集成电路的单片集成技术、RF MEMS 技术等，以及绿色制造子领域的复杂机电装备运行状态监测及故障预警技术等关键技术群。

总体来看，对于培育战略性新兴产业和带动高技术产业发展作用最为明显的是智能机器人子领域的关键技术，技术重要性相对较弱的是绿色制造子领域的关键技术；对于改造和提升传统产业的作用最为明显的关键技术群来自制造服务子领域，其次是智能机器人领域，相对最弱的是微纳制造子领域的关键技术；绿色制造子领域的关键技术对于资源能源节约和生态环境保护的作用最为明显；对于改善和提高人们生活水平和质量的推动作用最为明显的是智能机器人子领域的关键技术，相对而言，重大装备与工艺子领域的关键技术的支撑作用体现得不够直接；针对国家和国防安全，智能机器人子领域的关键技术的推动作用最为明显，而绿色制造子领域关键技术相对来说要弱些。

关键技术所具有的技术积累，形成的研发基础是影响未来技术竞争潜力的关键变量

中国未来先进制造技术领域关键技术能走到什么位置，在国际竞争格局上表现怎样，还有哪些因素与未来技术发展目标具有较强对应关系，这些都是在了解我国先进制造技术发展现状及其对我国经济社会发展的支撑作用之外迫切需要解决的问题。

通过判别分析发现，无论是两组群判别分析还是 Logistic 回归判别分析，都能得到一个共同的结论，就是研发基础可以合理地解释（及预测）高端制造前瞻技术的并跑或跟跑与否，技术重要性、专利制约程度等指标对于中国先进制造未来技术竞争格局的趋势判断的相对重要性要弱。据此，也可以判定，在未来技术竞争潜力的判断中，关键技术所具有的技术积累，形成的研发基础是关键变量。

由此，在进行对应关系的分析过程中，判断中国先进制造技术的未来技术竞争潜力，对于研发基础的对应关系强弱判断是关键，技术重要性及专利制约程度是重要的参考。可以发现，在重大装备与工艺子领域，光学硬脆材料的超精密加工技术与装备、多轴联动智能超高压射流加工装备、低成本符合材料成套制造工艺及装备、特大型绿色矿物加工技术装备、重大关键装备密封设计制造关键技术、高强铝合金整体构件蠕变时效形性协同制造技术与装备、高端制造装备智能化数控技术等技术群不仅具有较好的研发基础，而且技术重要性也相对比较突出，具有较好的技术竞争潜力；在系统控制子领域，处于对应关系图中第二、第三象限的技术群对于研发基础及技术重要性的对应关系较强，占了所有 70% 多的技术，尤其是流程工业过程模拟优化技术、面向先进制造的复杂工业系统控制技术、智能传感器及仪器仪表、工业控制系统信息安全技术、嵌入式控制系统设计等技术，未来技术竞争潜力较好；在制造服务子领域，关键技术散点与指标散点距离较近，比较集中，其中制造服务云平台、制造物联关键技术、制造过程能效监测与管控等技术，与研发基础、技术重要性等指标的对应关系较为明显，具有较强的技术竞争潜力；在智能机器人子领域，各项关键技术散点比较分散，相对而言，工业机器人技术、机器人智能技术、可穿戴智能设备技术、多机器人协作技术不仅重要性突出，而且也具备了较好的研发基础，未来具有一定的技术竞争潜力；在微纳制造子领域，微纳传感器技术、智能化微纳传感器技术、无线传感器技术、微型能量收集技术及微流控芯片技术等都与研发基础、技术重要性指标有较强的对应关系，技术积累好，且对我国经济社会发展的科技支撑作用明显；在绿色制造子领域，各项技术分布较为分散，各项指标不在同一象限，典型流程工业系统能效优化技术、流体机械高效节能技术等技术与研发基础具有较好的对应关系，机械基础工艺绿色制造技术、机械制造系统能效提升技术及使能系统等技术与技术重要性指标散点的对应关系较好，该子领域技术难以直接地利用对应关系判断出具有较好技术竞争潜力的关键技术。

制造前沿技术的发展有赖于内部技术积累与外部技术竞争的双重影响，需要辩证看待投入渠道作用与技术竞争影响

通过对制造领域的技术预测问卷调查分析可以得出以下结论与启示：验证了前期研究结论，即后发国家实现技术追赶或赶超有赖于自身的技术能力积累。技术积累薄弱，学习、吸收先进技术的能力就差，技术能力就很难跨过发展门槛。经常可以看到一个奇怪的现象，很多后发国家和地区引进了领先国家的先进技术，但是却陷入了一个"引进、落后、再引进、再落后"的怪圈，根本原因就是后发地区缺乏与之相匹配的技术基础，使得引进的技术无法有效地得到消化吸收，无法支撑赶超领先国家的技术发展。我国目前的当期研发投入规模已居世界第3位，但20多年来的累积研发投入仅为美国的1/9，历史欠账较多，技术积累不足。很多起跑线是一致的新兴技术，由于缺乏过去长期的技术积累，技术发展过程中的加速度明显要落后于技术领先国家。

既然研发积累很重要，那实现中国制造技术追赶主要靠谁来实现研发，企业还是政府？从实证研究来看，要实现技术追赶或赶超，光靠企业研发投入是行不通的。纵观整个20世纪，美国的研发都离不开政府。整个30年代，美国企业和政府的研发投入是六四开，企业出六成，另外四成由政府和大学出。而其中又主要是公立大学投资，这仍然源自美国政府。第二次世界大战后，美国研发出资比重就倒过来：政府出六、企业出四（余淼杰，2014）。就我国来说，一方面，企业缺乏高层次创新人才，基础研究积累不足，还无法胜任真正创新主体的主角地位；另一方面，新产品研发和其他基础研究失败率太高，对企业盈利的直接帮助可能也不大，重要的是，还存在"免费搭车"的问题。一些行业排头兵企业，如华为、中兴等的技术装备基本达到世界水平，在部分领域与跨国公司同台竞争。但大部分企业仍处于技术跟踪和模仿制造，以及低端加工制造和低价竞争阶段，难以较快积累足够资金和技术能力。

12.2　制造技术的研发经费渠道

政府为什么对企业R&D进行资助，学者研究的主要观点是认为需要矫正R&D活动的市场失灵现象。Arrow（1962）的R&D活动外部性理论支持了政府对R&D

活动的干预。外部性理论认为R&D活动具有公共物品属性，因而，个体投资者将无法独占其创新成果的全部收益。R&D活动完全交给市场，依赖企业的自身积极性，R&D资源投入就会不足，会低于社会理想水平。此时，政府R&D资助便可以扩大研发资金的供给，纠正R&D的市场失灵现象。但是，企业获得政府R&D资助以后可能存在两种结果：一方面，经过政府R&D的资助，企业可以降低研发成本和风险，缩短企业R&D活动的私人收益和社会收益之间的差距，使得企业的R&D活动有利可图，激励企业扩大自身R&D投资；当然，政府R&D资助会有选择性，并不是资助所有企业，但受资助也就意味着一种肯定，有利于吸引更多的外部私人投资。这些原因都会产生政府R&D资助对企业R&D的激励效应。另一方面，政府R&D资助提升对研发资源的需求，提高研发资源的价格，这样会使得企业的研发成本提高，进而可能使企业被迫转向其他的更为盈利的项目，降低R&D投资。特别是，如果政府资助了本可以由企业自身资金就可以实施和完成的R&D项目，那么这些企业很可能仅仅用政府的资金替代自身的投资，产生替代效应。

这方面的研究是比较多的，包括Leyden和Link（1991）、Mamuneas和Nadiri（1996）利用美国数据，Klette和Moen（1999）利用挪威数据，Czarnitzki和Hussinger（2004）利用德国数据，Duguet（2003）利用法国数据，Busom（2000）、Gonzalez和Pazo（2008）利用西班牙数据，朱平芳和徐伟民（2003）、许治和师萍（2005）、解维敏等（2009）利用中国数据等，以上诸多研究表明政府R&D资助可以有效降低企业研发成本和风险，使得企业的研发变得有利可图，刺激了企业更大的R&D支出，同时，也有不少学者研究发现政府R&D资助一定程度上会挤出企业的R&D投资，降低了行业整体的研发投入水平（Lichtenberg，1987，1988；Wallsten，2000；Gorg & Strobl，2007）。

重大装备与工艺

在重大装备与工艺子领域，光学硬脆材料的超精密加工技术与装备、载能粒子束制造新技术与装备、超细精密零件半自动装备及测量关键技术、高性能关键零部件的增材制造技术、极端制造环境下高精度大尺寸测量技术与设备、高强铝合金整体构件蠕变时效形性协同制造技术与装备、复杂曲面电子器件多轴数控打印技术等技术，参与调查的专家多数以上认为政府研发投入将是上述技术研发的主要经费来源。耐高温材料高效复合加工及表面完整性评估技术、大型高性能整体构件关键热加工技术与装备、复杂装备与工艺的物理建模及全流程仿真、高精度关键基础件数字化设计制造与新工艺技术、面向超深页岩的压裂装备设计与制造技术、太阳能发电系统大型微结构关键部件成套制造装备、轻质混杂材料结构件设计与制造技术、特大型绿色矿物加工技术装备、叠层构件大孔径制孔装备、重大关键装备密封设计制造关键技术、高精度机床加工过程综合变形误差实时补偿技术、搭载新型动力/能源的工程机械关键技术、高端制造装备智能化数控技术等与产业应用紧密相关的技术，多数专家认为研发投入的主要渠道是企业研发投入（图12-1）。

系统控制

在系统控制子领域，大多数专家认为该子领域关键技术的创新发展有赖于企业的研发投入，尤其是重大装备的风险智能监控与故障自愈技术、装备过程智能检测/监测与诊断技术，有超过80%的参与调查该技术的专家认为研发经费的主要渠道来自企业，还有超过70%的调查专家同样认为面向先进制造的复杂工业系统控制技术、多元在线检测与智能诊断技术、数控装备数字化/网络化/智能化控制技术、能量收集与无线传输技术、嵌入式控制系统设计等技术的主要研发投入主体是企业。当然，也有超过半数的专家认为基于大数据的制造业宏观调控与决策技术、高RAMS（可靠性、可用性、可维修性和安全性）工业测控系统设计的研发投入经费主渠道是政府。还有不少技术，如光机电控一体化设计技术、嵌入式控制系统设计工具、工业控制系统信息安全技术、化工过程模拟优化技术、太阳能热发电系统控制技术、面向先进制造的多网络集成与控制技术，专家的判断较为发散，认可多种经费渠道的作用（图12-2）。

制造服务

随着新一轮科技革命和产业变革的兴起，越来越多的制造企业开始在实物产品的基础上向客户提供各种增值服务，在满足客户高层次服务需求的同时，提供服务的能力成为决定制造企业竞争力和盈利能力的重要因素。制造业的服务化成为制造业发展的新趋势，也是中国制造转型升级的重要方向。进入后工业社会，制造业的价值分布将从制造环节向服务环节转移，服务性活动所占比重越来越大。从技术预测调查的专家分布可以看出，制造服务子领域的绝大部分技术创新研发的主要经费

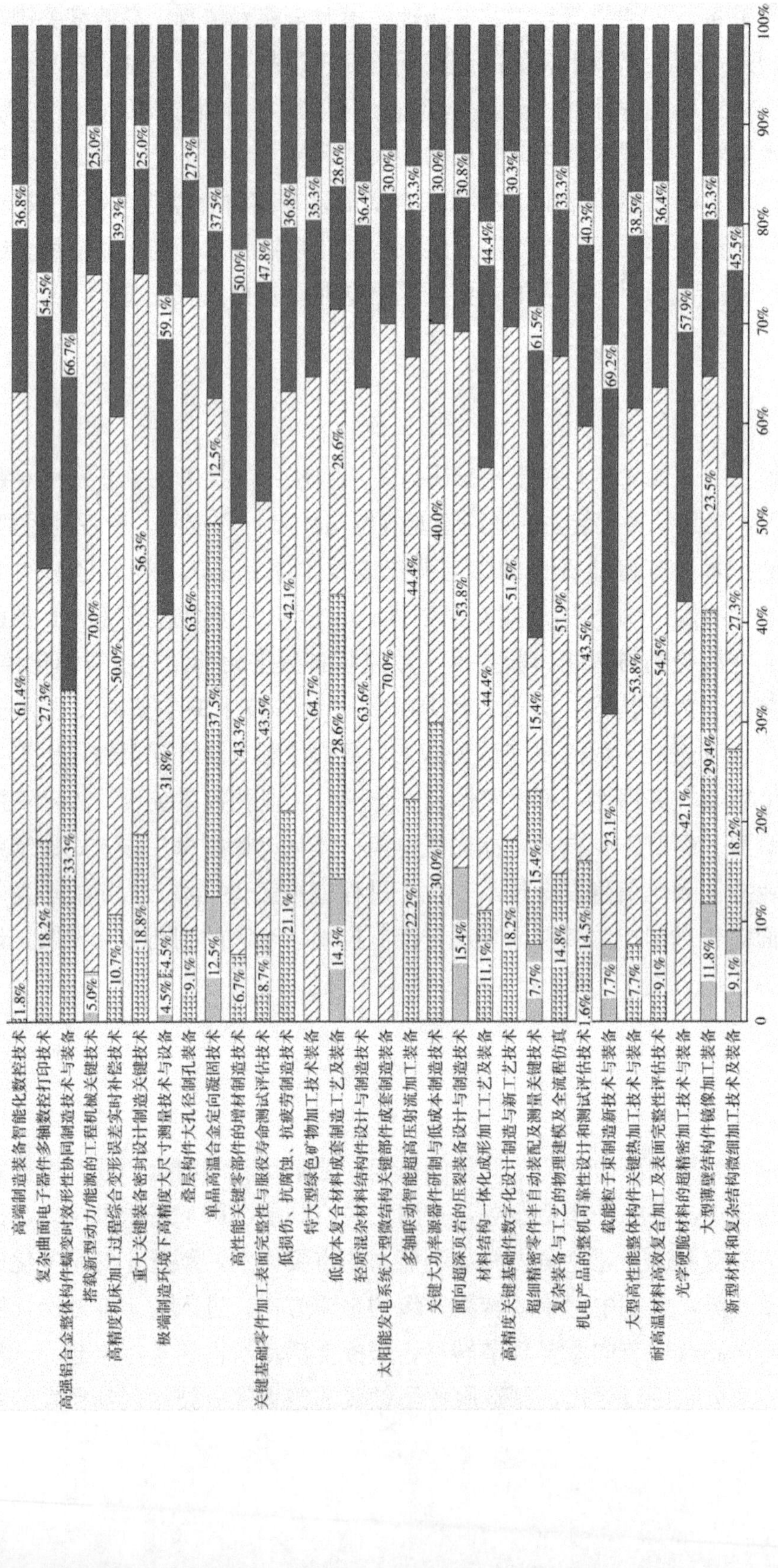

图12-1 重大装备与工艺子领域技术研发渠道判断的专家比例

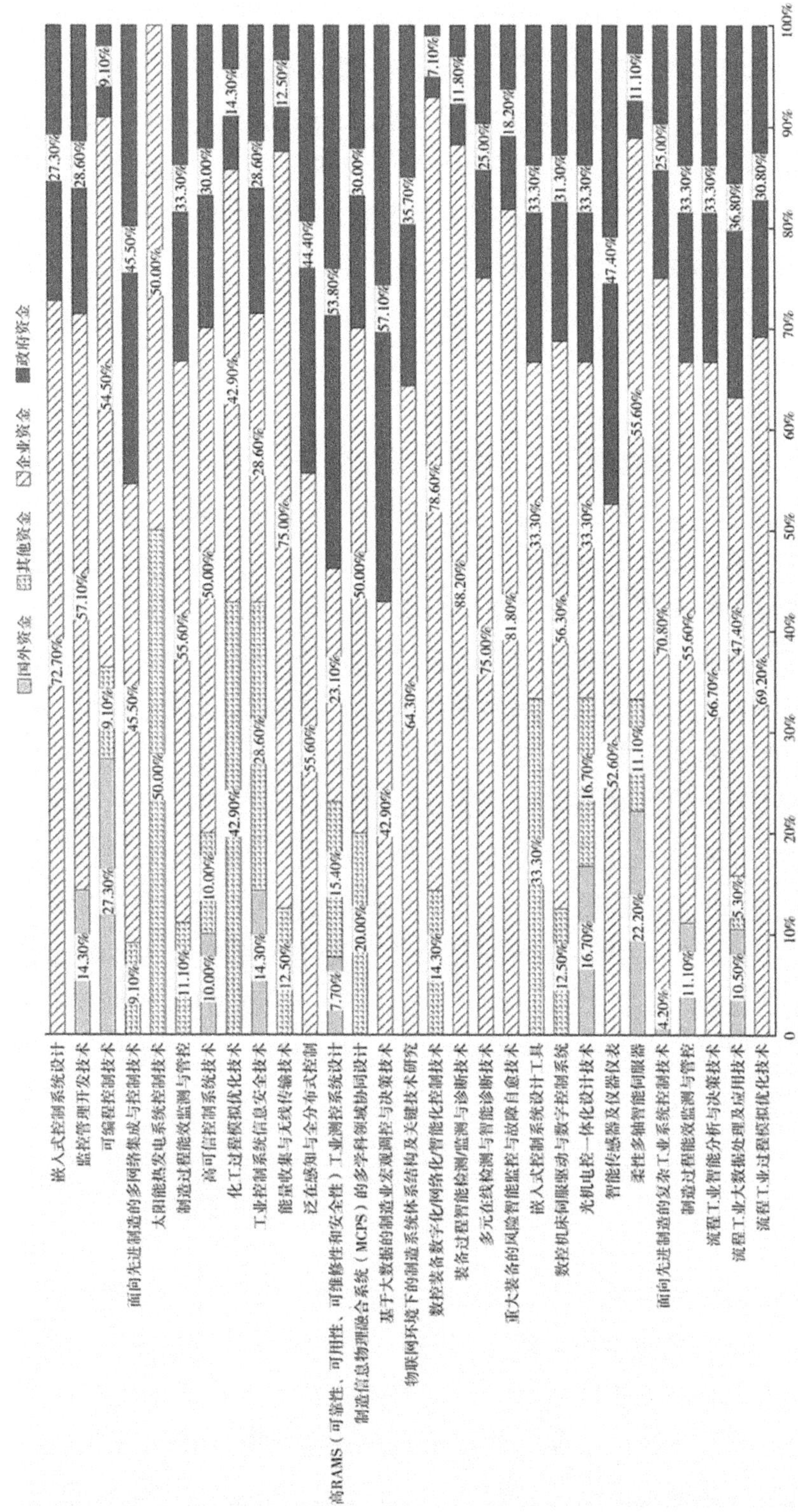

第12章 政府"有所为,有所不为"

图12-2 系统控制子领域技术研发渠道判断的专家比例

渠道来自企业的投入，尤其是制造过程优化和执行系统，专家的意见高度一致，参与调查该技术的92.9%的专家认同企业研发经费主渠道的判断。对于工业大数据这项技术而言，超过半数专家认为政府的研发投入更为重要，也有46.4%的专家认为产品全生命周期管理技术的主要经费来源是政府研发投入，超过39.3%的认为企业研发经费为主渠道的专家判断。专家对于服务生命周期战略管理技术的判断，研发经费主要来自企业和政府的投入的专家判断，各占44.4%，难以形成共识（图12-3）。

智能机器人

智能机器人子领域共有28项技术参与预测调查，其中，专业服务机器人技术、家庭服务机器人技术、机器人机电一体化技术、机器人结构与传动技术、机器人驱动技术、机器人通信技术、机器人安全技术、机器人人机接口技术、机器人人机协作技术、多机器人协作技术、云机器人技术、机器人系统集成技术、机器人微纳操作技术等技术，都有超过50%的每项技术参与调查专家认为其主要研发经费渠道来自企业，对机器人系统集成技术研发投入经费的判断共识度更高，有86.7%的专家认可企业研发经费主渠道的观点。当然，也有不少专家认为机器人技术更多地需要政府的研发投入，如极端环境下服役机器人技术、机器人仿生技术、机器人交互技术、机器人智能技术、机器人感知技术、机器人导航技术、机器人认知技术、机器人生机电融合技术等技术，主要依赖企业研发投入，难以解决制约技术发展的关键性的应用基础研究，共性技术问题。还有机器人传感技术、发育和自适应技术、机器人模块化技术、机器人软件平台技术等，专家的判断较为发散，各有不少专家认为研发经费主要来源于企业或是政府，也有专家认为有些技术经费主要来自于国际合作（图12-4）。

微纳制造

专家对于微纳制造子领域技术研发经费渠道的判断，相较其他领域，更多希望政府的研发投入能够成为主要渠道。MEMS/NEMS器件的环境可靠性试验技术、微纳传感器技术、微型能量收集技术、微流控芯片技术、植入式MEMS、大尺寸超光滑平整表面制造关键技术等各项技术调查专家有超过50%比例认为研发经费渠道主要来自政府的投入，也有MEMS CAD技术（MEMS-IC协同设计技术）、微

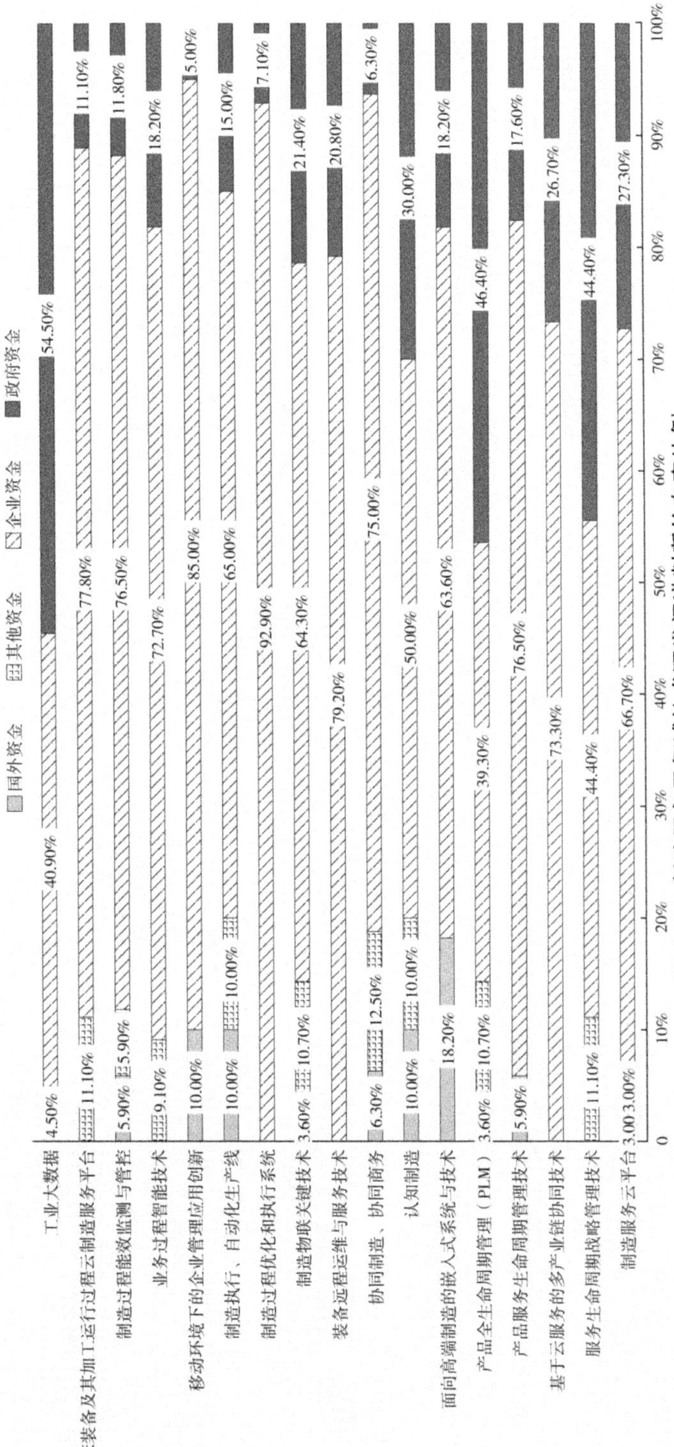

第12章 政府"有所为，有所不为"

■ 国外资金　⊟ 其他资金　□ 企业资金　■ 政府资金

子领域	国外资金	其他资金	企业资金	政府资金
工业大数据	4.50%		40.90%	54.50%
机床装备及其加工运行过程云制造服务平台		11.10%	77.80%	11.10%
制造过程能效监测与管控	5.90%	5.90%	76.50%	11.80%
业务过程智能技术	9.10%		72.70%	18.20%
移动环境下的企业管理应用创新	10.00%		85.00%	5.00%
制造执行、自动化生产线	10.00%	10.00%	65.00%	15.00%
制造过程优化和执行系统			92.90%	7.10%
制造物联关键技术	3.60%	10.70%	64.30%	21.40%
装备运程运维与服务技术			79.20%	20.80%
协同商务、协同制造	6.30%	12.50%	75.00%	6.30%
认知制造	10.00%	10.00%	50.00%	30.00%
面向高端制造的嵌入式系统与技术	18.20%		63.60%	18.20%
产品全生命周期管理（PLM）	3.60%	10.70%	39.30%	46.40%
产品服务生命周期管理技术	5.90%		76.50%	17.60%
基于云服务的多产业链协同技术			73.30%	26.70%
服务生命周期战略管理技术		11.10%	44.40%	44.40%
制造服务云平台	3.00%	3.00%	66.70%	27.30%

图12-3 制造服务子领域技术研发渠道判断的专家比例

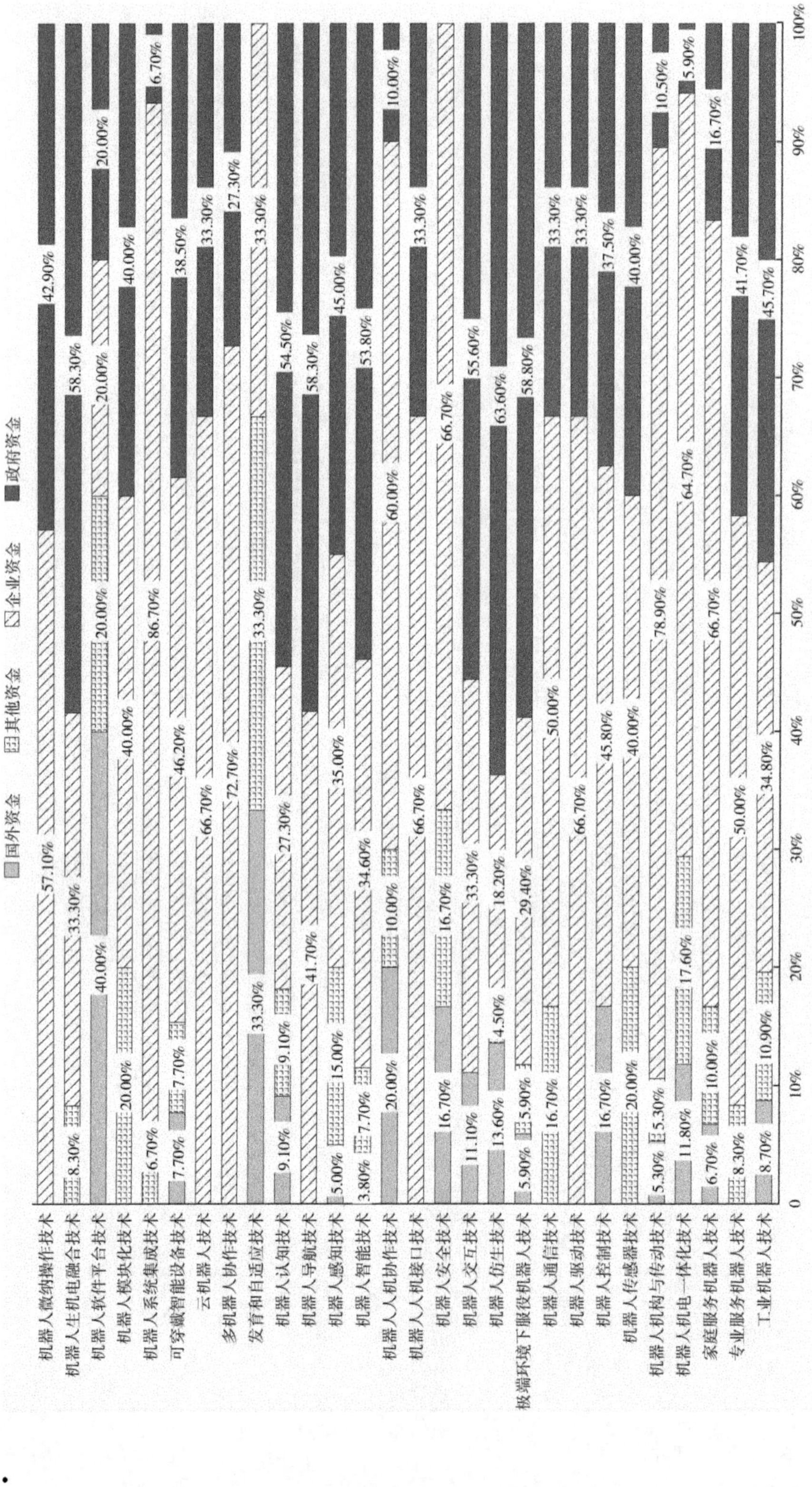

图12-4 智能机器人子领域技术研发渠道判断的专家比例

纳系统三维异质集成技术、医疗 MEMS 等技术,虽然专家的判断较为发散,但最大比例的专家还是认为政府研发投入的支持是最主要的。其中,也有微反射镜阵列和微透镜阵列、飞秒激光高质量高效率加工新方法及其装备、激光光束整形异型透镜成形制造技术等技术,多数专家认为企业研发投入是主要的经费渠道(图12-5)。

绿色制造

绿色制造子领域的关键技术,参与调查的专家意见相对比较集中,认为绿色制造技术的研发主要由企业提供经费支持,没有一项技术有超过半数以上的专家认为该由政府的研发投入成为研发经费的主要来源渠道。其中,典型机械装备减量化设计技术、典型流程工业系统能效优化技术、高效电机与电机系统节能技术、退役产品高附加值绿色回收利用技术、新能源汽车回收拆解与再利用技术等技术,有超过70%的专家比例强调企业研发经费的主渠道作用。仅有少量技术,如产品生命周期评估(LCA)技术及基础数据库、少无切削液加工技术与系统,有较大比例的专家认为政府研发投入应该成为主要经费渠道(图12-6)。

12.3　化解双重失灵的中国制造政策取向

"看得见的手"和"看不见的手"

新古典经济学告诉我们,政府的任何干预都会使得经济偏离资源最优配置的状态,减少社会福利。在真实世界,规模经济、垄断力量的存在,是早期意义上的市场失灵,因此,产业规制政策就成为主旋律。传统新古典理论最大难点就是对技术创新的处理,一般认为技术创新及应用没有附加的成本、风险或者其他约束,这样就没有明显的创新失灵和制度失灵。但随着后发国家,尤其是东亚国家通过技术引进、集成再创新等手段不断提升产业和技术竞争力,日本、韩国最为典型,使得西方政府官员和经济学家认识到:市场在资源配置特别是创新资源配置过程中的"成本"可能比主流观点预料的要严重得多(陈志,2017)。斯蒂格利茨在多个场合提及产业政策所针对的市场失灵,可以看作是创新政策范畴,即创新活动的正外部性、信息扩散和搜寻的公共品性质、新兴产业在初期市场的不足和缺失,对应采取

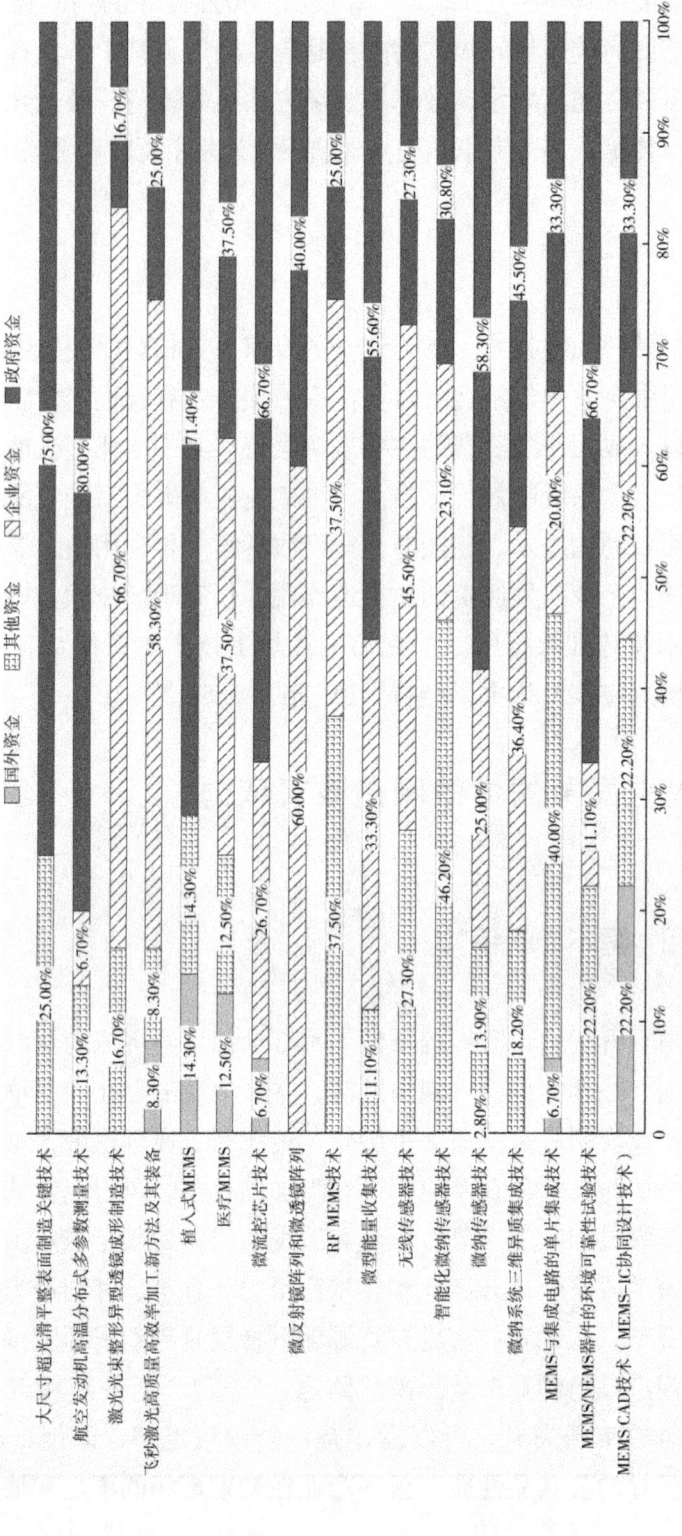

图12-5 微纳制造子领域技术研发渠道判断的专家比例

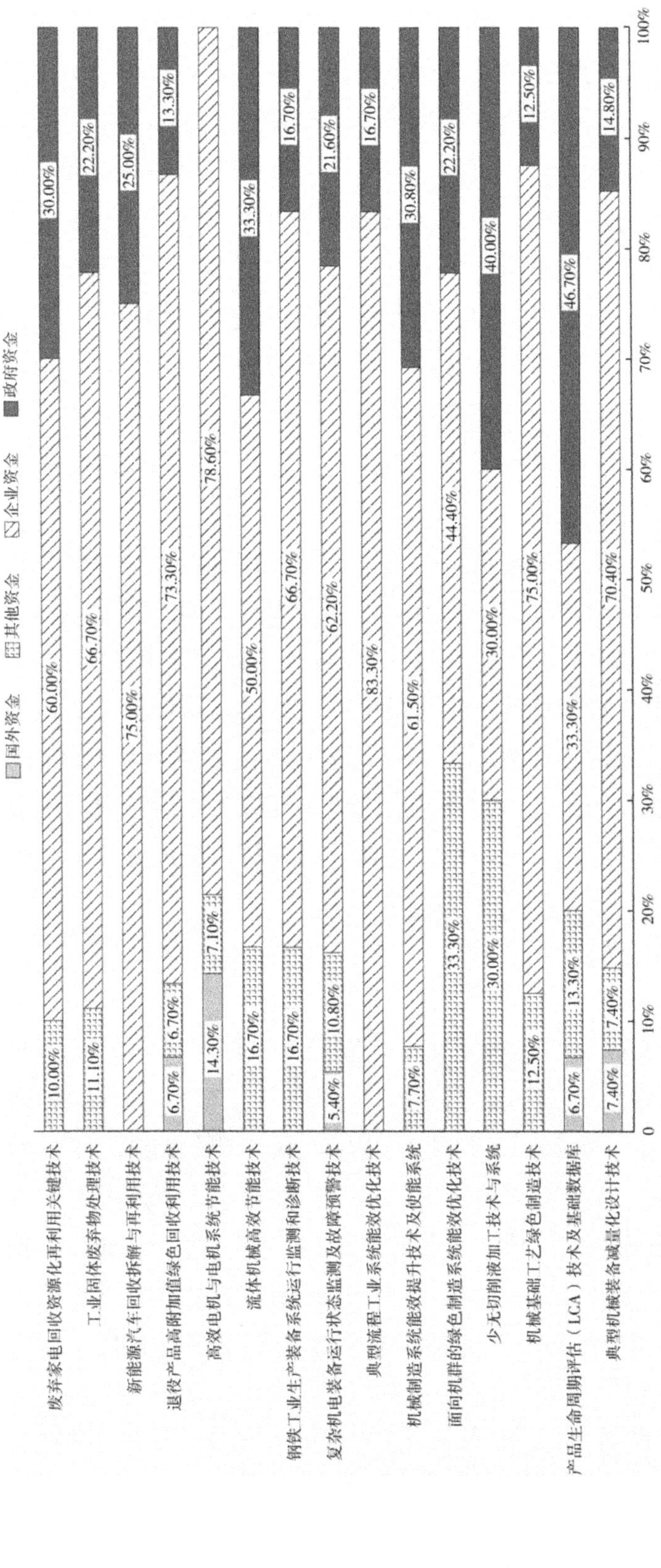

第12章 政府"有所为，有所不为"

图12-6 绿色制造子领域技术研发渠道判断的专家比例

的创新政策包括对研发进行公共投资，促进创新主体合作，政府采购创新产品。

创新政策最经典的理由是市场失灵与外部性，首先被提及的是对知识生产的认识，认为只是公共品，知识生产还有高度不确定性，这实际上是为对基础研究进行公共科技投入提供了正当性。当然，这一切与布什《科学——无止境的前沿》这份报告的巨大贡献是分不开的。更加深入的研究集中在创新收益的分配和不确定性方面，核心是研发投资活动不足。创新政策中存在以上新古典意义上的市场失灵的优点是清晰，但最大的缺点是难以捕捉现实中技术进步的复杂性。在演化经济学中，正是由于多种类型的创新主体不断进行相互学习、竞争才导致创新，企业的绩效不仅仅依靠自己的学习和努力，还要依靠自己和系统中各个创新主体的互动。如果这个互动效果不好，就会影响技术进步。这种类似的创新系统各要素的种种不适应与错配现象，就是"系统失灵"。

制造技术创新发展，流程可以分为3个阶段：资金投资高的基础研究阶段、资金涌入更多的产业化阶段、中间实验阶段（实验生产和生产原型能力阶段）。中间实验阶段，也叫"缺失的中间带"，正是市场失灵地带，需要政府的力量介入。我国规模以上工业企业资产总计已经超过100万亿元，这样庞大的市场和高度市场化的领域，政府无法干预也干预不了。但是在某些前瞻性领域，如高端装备领域等，就要发挥好政府的作用。有效市场的出现离不开有为政府，政府的引导作用不可替代，只有更好发挥政府的引导作用，才能更好发挥市场配置资源的作用。

推动中国制造迈向高端

中国制造过去30年的快速发展，有赖于人口红利带来的低成本，这也是中国制造走向全球的利器。在美国，超过41%的服装、72%的鞋类和84%的旅行用品都是在中国生产[1]，中国制造对美国人产生从头到脚的影响，可见中国制造在全球人类的生活中扮演了多么重要的角色。但是，随着中国的发展，人口红利所体现的优势在弱化，制造业的平均成本增长非常迅速，相比之下，如越南等东南亚国家更低的人工成本更具有吸引力。而且，虽然传统制造产品的需求已经大幅下降，但地方政府仍旧考虑就业、GDP等因素，通过财政支持等手段维持，甚至扩张原有产

---

[1] "每个美国家庭都离不开'中国制造'"[EB/OL]. (2018—04—03)[2018—05—20]. http://xinhuanet.com/world/2018—04—03/c_129842846.htm.

能，不少地方制造过剩问题凸显。长此以往影响企业技术创新，影响中国跟进第四次工业革命的发展机会。

就目前的中国制造来说，两个突出问题是低端产能过剩和核心技术缺乏。关键在于要从产业链考虑技术创新。过去30多年的发展，使中国成了全球的制造工厂，可是，美国、德国和日本等装备制造强国却成了工厂的工厂（factory of factories）。中国制造企业的高端装备设备，大都是国外企业提供的。装备制造业大而不强，与以产业链创新布局的方式不足有很大关系。全球的制造业多以复杂的产业链形式存在，不从完整的产业链角度去考虑，显然是无法避免技术竞争缺乏优势的困境，很难进行持续的技术革新。中国高铁之所以可以称为中国制造的名片，是因为当初引入国外技术的时候，从整个产业链考虑创新，是当时最为正确的决策。在"工业4.0"时代，由于高度网络化在生产制造核心价值链上的实现，相关核心技术的创新很少是由简单的单个技术创新来实现。在数控机床领域，可编程逻辑控制系统（programmable logic controller，PLC）是一个常用的核心器件，但超过95%以上的市场份额都是由国外企业占有，如西门子、三菱、欧姆龙、施耐德等，它们利用自身工业自动化整体解决方案能力，已经牢牢占据着细分市场的垄断地位。要打破这个格局，就需要从产业链的技术创新入手，科学制定制造领域科技发展路线图，在关键器件、高端设备、先进工艺、软硬件协同等方面，明确重心以突破瓶颈制约，从根本上改变关键核心技术受制于人的局面。

保持定力，推动落实中国制造发展战略

"中国制造2025"一经发布就引起了国内外强烈反响，很多国际组织进行了跟踪研究。舆论导向从最开始的关注和肯定，逐步演变为误读和曲解，各种指责越演越烈。这些组织虽然对"中国制造2025"在加大研发投入、注重质量效益等方面给予充分肯定，但总体上仍以指责和曲解为主。表面上，这是对中国制造发展战略的关注，实质上是利用话语霸权，对我国的制造业发展施加压力，甚至挑起外资企业的敌对和不满情绪，降低我国制造业发展环境的吸引力。针对这种苗头性、倾向性的现象，需要我们高度警惕和积极应对[1]。

---

① 国际组织对"中国制造2025"的质疑及启示[EB/OL]．（2017-08-21）[2018-05-20]．http://www.cneo.com.cn/article-34143-1.html．

欧美国家对"中国制造2025"的质疑，主要集中在一些处于产业链条中附加值最高环节上的核心技术。这些技术是产业竞争的制高点，不突破、不发展，那我们将只能停留在低端层次，永远受制于人。弥补制造业发展瓶颈和短板，是制造强国建设的必由之路。我国整体上还是一个追赶型的国家，在坚持市场主导地位的同时，政府作用也要更好发挥来应对市场失灵。针对阻碍发展的关键节点，优化技术供给侧和需求侧的协同创新。继续发挥中央财政在基础研究投入中的主体和引导作用，积极引导企业加强应用基础研究。高度关注可能引起现有投资、人才、技术、产业、规则"归零"的颠覆性技术，前瞻布局新兴产业前沿技术研发。对于他国对于中国制造发展政策的指责是发达国家的一贯做法，主动应对，及时澄清客观事实，发挥好第三方智库和知名学者的作用，宣传中国制造全球贡献，驳斥中国制造全球威胁，防止其扰乱视听。深化开放合作，加强国际双边、多边之间的交流和合作，提高制造业国际化发展水平。针对链条上的薄弱环节，高端研发企业和技术人才的引进非常关键。加大对优质制造企业和资本的"引进来"，通过给予公平的政策保障，推进项目和资本落地，共享我国发展改革的红利。

认真对待技术贸易壁垒和技术竞争

"一半是火焰，一半是海水"，这是中国制造当前的写照。一些制造业企业面临挑战，生存日益困难；还有一些重视创新的企业逆风飞扬，具备了全球技术竞争的能力。造成巨大差异的，是这些企业对于创新、对于知识产权的迥然不同的态度。没有创新，知识产权就是壁垒，让企业在国际市场面前望而止步；重视创新，知识产权就是保护，使产品能够畅通无阻（肖丹，2014）。

未来我国在重点制造行业可能遭受更激烈的贸易摩擦。目前有一种倾向，发达国家从"自由贸易"逐渐转向所谓的"公平贸易"，全力确保自己的竞争优势。为保住最关键的技术优势，发达国家在知识产权领域对我国的打压可能会全面升级。例如，收窄技术进口渠道，2018年7月美国国会通过出口管制法案并由商务部工业安全署发布14类前沿技术封锁清单，拟对生物技术、人工智能和机器学习等14类核心前沿技术出口管制。还进一步限制企业跨国投资，2018年11月，美国财政部外国投资委员会依据美国国会通过的《外国投资风险审查现代化法案》，正式加强对航空航天、生物医药、半导体等核心技术行业的外资投资审查，重点审查27个核心高科技行业，同时法案还规定美国商务部部长每两年向国会提交有关"中国企业实体对美直接投资"及"国企对美交通行业投资"的报告。

加强与美国等国的贸易磋商和对话是必要的。当前，中国制造已成为美国、欧盟对我国贸易政策的重大关切问题，要加强中美经贸互信交流，推动产业深度合作，充分发挥"中美战略与经济对话"、"中美产业和竞争力对话"、中美商贸联委会等经贸领域的高层对话。组织智库力量，跟踪分析美国外贸政策和贸易救济案件，进一步研究应对策略，加强对中国制造领域密切相关的敏感产品的外贸摩擦准备工作，利用WTO裁决机构对美国滥用"双反"措施形成制约。充分挖掘新兴市场的发展潜力，通过基础设施建设和产业合作，加强与东南亚、南亚、中亚、西亚、中东欧等"一带一路"沿线地区产能合作。

加强政府研发投入，做好中国制造源头技术供给

解决我国制造业核心技术的短板问题，关键是发挥市场在资源配置中的决定性作用，更好地发挥政府作用。要坚持立足当前和着眼长远相结合，聚焦产业链关键环节，以关键共性技术、前沿引领技术、现代工程技术、颠覆性技术创新为突破口，引导企业加强研发攻关和应用推广；坚持融入全球产业链与提高自主创新能力相结合，深化国际交流合作，积极利用全球创新资源，在更高起点上推进技术创新；坚持市场机制与政府作用相结合，发挥市场对技术研发方向、路线选择及各类创新要素配置的决定性作用，同时强化国家战略引领，引导创新要素更多地投向核心技术攻关，大力营造公平竞争的市场环境。

同时，要运用"看得见的手"发挥政府干预作用。通过增加政府对核心技术的产业发展关键共性技术的直接引导投资、首套购买和技术补贴的实施力度，促进技术驱动式的产业结构升级。运用"看不见的手"发挥产业传导介质功能，通过做好核心技术自主创新的规划实施、经济调节、市场规范、环境改善、政策引导、企业服务等工作，引导企业重视并增强基础研究，逐步增加对原理性技术的前瞻性开发。把提升原始创新能力摆在更加突出的位置，进一步加强基础研究前瞻部署，加大应用基础研究力度，推动不同领域创新要素有效对接。创新政府管理方式，引导企业积极投入基础研究。加大中央财政对基础研究的稳定支持力度，健全技术创新基金运行机制，引导地方、企业和社会力量增加基础研究投入。加强转制科研院所创新能力建设，引导有条件的院所更多地聚焦科学前沿和应用基础研究，打造引领行业发展的原始创新高地。

参考文献

[1] ACEMOGLU D, AGHION P, ZILIBOTTI F. Distance to frontier, selection, and economic growth [J]. Journal of the European economic association, 2006, 4 (1): 37-74.

[2] AGHION P, HOWITT P. Appropriate growth policy: a unifying framework [J]. Journal of the European economic association, 2006, 4: 269-314.

[3] ALBRIGHT R E, KAPPEL T A. Roadmapping the corporation [J]. Research technology management, 2003, 42 (2): 31-40.

[4] AMSDEN A H. The rise of "the rest": challenges to the west from late-industrializing economies [M]. Oxford: Oxford University Press, 2001.

[5] ARDEN W. Review key challenges [J]. Material today, 2003, 6 (5): 40-44.

[6] ARROW K. The economic implications of learning by doing [J]. Review of economic studies, 1962, 29 (80): 155-173.

[7] AW B Y, BATRA G. Technological capability and firm efficiency in Taiwan [J]. World bank economic review, 1998, 12 (1): 59-79.

[8] BALDI L. Industry roadmaps: the challenge of complexity [J]. Microelectronic engineering, 1996, 34 (1): 9-26.

[9] BARKER D, SMITH D J H. Technology foresight using roadmaps [J]. Long range plan, 1995, 28 (2): 21-28.

[10] BARRO R J, SALA-I-MARTIN X. Economic growth [M]. New York:

Magraw-Hill, 1995.

[11] BEKEY G, AMBROSE M, KUMER V, et al. WTEC panel report on international assessment of research and development in robotics [R]. World Technology Evaluation Center, Inc., 2006.

[12] BELL M, PAVITT K. Technological accumulation and industrial growth: countrasts between developed and developing countries [J]. Industrial and corporate change, 1993, 2 (1): 157-210.

[13] BLOMSTROM M, SJOHOLM F. Technology transfer and spillovers: does local participation with multinationals matter? [J]. European economic review, 1999 (43): 915-923.

[14] BRAY O H, GARCIA M L. Technology roadmapping: the integration of strategic andtechnology planning for competitiveness [C] //Innovation in technology management: the key to global leadership. PICMET'97. IEEE, 1997: 25-28.

[15] BUSOM I. Empirical evaluation of the effects of R&D subsidies [J]. Economics of innovation and new technology, 2000, 9 (2): 111-148.

[16] CHOI M, SANGHO J, MIN H S. Technology level assessment by publication analysis: application in agriculture research [C] //PICMET Proceedings, August 5-9, 2007.

[17] CHOI M, CHUNG K, LEE S, et al. The evaluation of technology level on Korea's mid and long-term strategic technologies [J]. Journal of Korea technology innovation society, 2005 (8): 651-677.

[18] COHEN W M, LEVINTHAL D A. Absorptive capacity: a new perspective on learning and innovation [J]. Administrative science quarterly, 1990, 35 (1): 128-152.

[19] CONNOLLY M, VALDERRANNA D. North-south technological diffusion and dynamic gains from trade [J]. Working papers in applied economic theory, 2005.

[20] COSNER R R, HYNDS E J, FUSFELD A R, et al. Integrating roadmapping into technical planning [J]. Research technology management, 2007, 50 (6): 31-48.

[21] CZARNITZKI D, HUSSINGER K. The link between R&D subsidies, R&D spending and technological performance [Z]. ZEW discussion paper, 2004: 4-56.

[22] CARLSSON B, ELG L, JACOBSSON S. Reflections on the co-evolution of innovation theory, policy and practice: the emergence of the Swedish Agency for Innovation Systems [C] //The 40th Anniversary Conference of SPRU: The Future of Science, Technology and Innovation Policy: Linking Research and Practice, September 11-13, 2006.

[23] DEMIRMEN F. Mathematical search procedures in facies modelling in sedimentary rocks [M] //MERRIAM D F. Mathematical models of sedimentary processes. New York: Plenum Press, 1972: 81-114.

[24] DUGUET E. Are subsidies a substitute of a complement to privately funded R&D? evidence from France using propensity score methods for non-experiment data [C]. 2003.

[25] DOSI G. The nature of the innovative process [M] // DOSI G, FREEMAN C, NELSON R R, et al. Technical change and economic theory. London: Pinter, 1988: 221-238.

[26] DA COSTA O, WARNKE P, SCAPOLO F, et al. The impact of foresight on policy making: insights from the FORLEARN mutual learning process [J]. Technology analysis and strategic management, 2008, 20 (3): 369-387.

[27] EDQUIST C. Systems of innovations: technologies, institutions and organizations [M]. London: Pinter, 1997.

[28] ERIKSSON A, WEBER M. Adaptive foresight: navigating the complex landscape of policy strategies [J]. Technological forecasting and social change,

2008, 75 (4): 462-482.

[29] FAGERBERG J. Technology and international differences in growth rates [J]. Journal of economic literature, 1994, 32: 1147-1175.

[30] FINDLY E. Technology transfer and economic development lessons of history [J]. The journal of developing areas, 1978, 21: 403-427.

[31] FREEMAN C, SOETE L. The economics of industrial innovation [M]. 3rd ed. Cambridge: The MIT Press, 1997.

[32] FREEMAN C. Networks of innovators, a synthesis of research issues [J]. Research policy, 1991, 20 (5): 499-514.

[33] FAGERBERG J, MOWERY D C, NELSON R R. The Oxford handbook of innovation [M]. Oxford: Oxford University Press, 2005.

[34] Global foresight outlook 2007: mapping foresight in Europe and the rest of the world [Z]. Delft: European Foresight Monitoring Network, 2008.

[35] GARCIA M L. Introduction to technology roadmapping: the semiconductor industry association's technology roadmapping process [R]. Sandia Report, 1997.

[36] GARCIA M L, BRAY O H. Fundamentals of technology roadmapping [R]. Technology report of Sandia National Labs, 1997.

[37] GARELLI S. Competitiveness of nations: the fundamentals [J]. IMD world competitiveness yearbook, 2003: 702-713.

[38] GROENVELD P. Roadmapping integrates business and technology [J]. Research technology management, 1997, 40 (5): 48-55.

[39] GROSSMAN G M, HELPMAN E. Protection for sale [J]. American economic review, 1994, 84 (4): 833-850.

[40] GILFORD J P. Psychometric methods [M]. 2nd ed. New York: NY McGraw-Hill, 1954.

[41] GONZALEZ X, PAZO C. Do public subsidies stimulate private R&D spending? [J]. Research policy, 2008, 37 (30): 371-389.

[42] GROG H, STROBL E. The effect of R&D subsidies on private R&D [J]. Economica, 2007, 74 (294): 215-234.

[43] GAVIGAN J P, SCAPOLO F, KEENAN M, et al. FOREN guide: foresight for regional development network: a practical guide to regional foresight [EB/OL]. [2010-05-26]. http://foren.jrc.es.

[44] HAMILTON W F. Managing technology as a strategic asset [J]. International journal of technology management, 1997 (14): 2-4.

[45] HARRELL S, SEIDEL T, FAY B. The national technology roadmap for semiconductorsand SEMATECH future directions [J]. Microelectronic engineering, 1996 (30): 11-15.

[46] HARRING R J. Motorola's use of the product technology roadmap [J]. The national com-munication forum, 1984 (2): 78-80.

[47] HSIAO F S T, HSIAO M C W. Catching up and convergence: long-run growth in east Asia [J]. Review of development economics, 2004, 8 (2): 223-236.

[48] JAGER-WALDAU A. R&D roadmap for PV [J]. Thin solid films, 2004 (451-452): 448-454.

[49] Japan Science and Technology Agency and Center for Research and Development Strategy. International comparison of science and technology capability [J/OL]. Judged by Japanese experts, 2011 (10). [2015-12-13]. http://www.jst.go.jp/crds/pdf/en/CRDS-FY2011-RR-03_EN.pdf.

[50] JUMA C, CLARK N. Technological catch-up: opportunities and challenges for developing countries, SUPRA occasional paper for research centre for the social sciences [C]. University of Edinburgh, 2002.

[51] KAPPEL T A. Perspectives on roadmaps: how organizations talk about the future [J]. Journal of production innovation management, 2001, 18 (1): 39-50.

[52] KIM L. Imitation to innovation: the dynamics of Korea's technological learn-

ing Boston [M]. MA: Harvard Business Press, 1997.

[53] KOKKO A. Technolony, market characteristic, and spillovers [J]. Journal of development economics, 1994, 43: 279-293.

[54] Korea Evaluation Institute of Technology, Center for Research and Development Strategy. Comparison between the results of international technology level evaluation conducted by KEIT and CRDS [EB/OL]. [2018-08-20]. http://www.jst.go.jp/crds/pdf/2012/XR/CRDS-FY2012-XR-02.pdf.

[55] KUWAHARA T. Technology forecasting activities in Japan [J]. Technological forecasting and social change, 1999, 60 (1): 5-14.

[56] KLEDDE T, MOEN J. From growth theory to technology policy: coordination problems in theory and practice [J]. Nordic journal of political economy, 1999, 25: 53-47.

[57] KUHLMANN S. Management of innovation systems: the role of distributed intelligence [M]. Antwerp: Maklu Uitgevers NV, 2001.

[58] LAI M Y, WANG H, ZHU S J. Double-edged effects of the technology gap and technology spillovers [J]. China economic review, 2009, 20 (3): 414-424.

[59] LALL S. Building industrial competitiveness in developing countries [M]. Washington: OECD Publications and Information Centre, 1990.

[60] LAPAN H, BARDHAN P. Localized technical progress and transfer of technology and economic development [J]. Journal of economic theory, 1973 (6): 585-595.

[61] LINTON J D, WALSH S T. Roadmapping: from sustaining to disruptive technologies [J]. Technology forecasting and social change, 2004, 71 (1-2): 1-3.

[62] LEYDEN D, LINK A. Why are governmental R&D and private R&D complements? [J]. Applied economics, 1991, 23 (10): 1673-1681.

[63] LICHTENBERG F. The effect of government funding on private industrial re-

search and development: a reassessment [J]. Journal of industrial economics, 1987, 36 (1): 97-104.

[64] LICHTENBERG F. The private R&D investment response to federal design and technical competitions [J]. American economic review, 1988, 8 (3): 550-559.

[65] MAZZOLENI R, NELSON R R. Public research institutions and economic catch-up [J]. Research policy, 2007, 36 (10): 1512-1528.

[66] MCCARTHY R C. Technology roadmapping: linking technological change to businessneeds [J]. Research technology management, 2003, 46 (2): 47-52.

[67] MAMUNEAS T, NADIRI I. Public R&D policies and cost behavior of the US manufacturing industries [J]. Journal of public economics, 1996, 63 (1): 57-81.

[68] NOLAN P D, LENSKI G. Technoeconomic heritage, patterns of development, and the advantage of backwardness [J]. Social forces, 1985, 64 (2): 341-358.

[69] OECD. Technology and the economy: the key relationship [Z]. 1992.

[70] OECD. Dynamising national innovation systems [R]. Paris: OECD, 2002.

[71] OECD. Organization for economic co-operation and development [R] //Governance of Innovation Systems. Synthesis Report, Paris: OECD, 2005.

[72] PHAAL R, FARRUKH C. Fast-start technology roadmapping [J]. Technology management, 2000: 1-12.

[73] PHAAL R, FARRUKH C, PROBERT D. Technology roadmapping: linking technology re-sources to business objectives [J]. University of cambridge, 2001: 1-18.

[74] PHAAL R, FARRUKH C, PROBERT D. Customizing roadmapping [J]. Research technology management, 2004, 47 (2): 26.

[75] PHAAL R, FARRUKH C, PROBERT D. Technology roadmapping: a

planning framework for evolution and revolution [J]. Technology forecasting and social change, 2004, 71 (1-2): 5-26.

[76] PHAAL R, FARRUKH C, PROBERT D. Developing a technology roadmapping system [Z]. Cambridge: IEEE, 2005.

[77] PHAAL R, MULLER G. Anarchitectural framework for roadmapping: towards visualstrategy [J]. Technology forecasting and social change, 2009, 76 (1): 39-49.

[78] PROBERT D, RADNOR M. Frontier experiences from industry-academia consortia: corporate roadmappers create value with product and technology roadmaps [J]. Research technology management, 2003, 46 (2): 27.

[79] ROMER P M. The origins of endogenous growth [J]. Journal of economic perspectives, 1994, 8: 3-22.

[80] SARITAS O, ONER M A. Systemic analysis of UK foresight results: joint application of integrated management model and roadmapping [J]. Technology forecasting and social change, 2004, 71 (1-2): 27-65.

[81] SHARIF N. Strategic role of technological self-reliance in development management: implications for developing countries [J]. Technological forecasting and social change, 1999, 62 (3): 219-238.

[82] SOETE L. International diffusion of technology, industrial development and technological leapfrogging [J]. World development, 1985, 13 (3): 409-422.

[83] SMITS R. The new role of strategic intelligence [R] //TÜBKE A, DUCATEL K, GAVIGAN J, et al. IPTS technical report series EUR 20137 EN: Strategic policy intelligence: current trends, the state of play and perspectives. Seville: IPTS, 2002.

[84] SMITS R, KUHLMANN S. The rise of systemic instruments in innovation policy [J]. International journal of foresight and innovation policy, 2004, 1 (1-2): 4-32.

[85] TURNER K, HANLEY N. Energy efficiency, rebound effects and the environmental Kuznets Curve [J]. Energy economics, 2011, 3 (5): 709-720.

[86] TAYLOR M S. Trips, trade, and growth [J]. International economic review, 1994, 35 (2): 361-381.

[87] THE ROYAL SOCIETY. Knowledge, networks and nations: global scientific collaboration in the 21st century [Z]. Elsevier, 2011.

[88] TOMA L. Decision making in a fast speed world: an early warning system for avoiding crises [J]. International journal of foresight and innovation policy, 2004, 1 (3-4): 218-231.

[89] TUKKER A. Leapfrogging into the future: developing for sustainability [J]. International journal of innovation and sustainable development, 2005, 1 (1): 65 -84.

[90] TRUFFER B, VOSS J-P, KONRAD K. Mapping expectations for system transformations: lessons for sustainability foresight in German utility sectors [J]. Technological forecasting and social change, 2008, 75 (9): 1360-1372.

[91] UTTERBACK J M, ABERNATHY N. The dynamic model of product and process innovaiton [J]. Omega, 1975, 3 (6): 649-655.

[92] VANSTON JOHN H. Better forecasts, better plans, better results [J]. Research technology management, 2003, 46 (1): 47-58.

[93] VAN ELKAN R. Catching up and slowing down: learning and growth patterns in an open economy [J]. Journal of international economics, 1996, 3 (41): 95-111.

[94] VANSTON JOHN H. Better forecasts, better plans, better results [J]. Research technology management, 2003, 46 (1): 47-58.

[95] VERNON R. International investment and international trade in the product cycle [J]. Quartley journal of economics, 1966 (5): 197-207.

[96] VERSPAGEN B. A new empirical approach to catching up or falling behind

[J]. Structural change and economic dynamics, 1991, 2 (2): 359-380.

[97] WALSH S. Roadmapping a disruptive technology: a case study the emerging-microsystems and top-down nanosystems industry [J]. Technology forecasting and social change, 2004, 71 (1-2): 161-185.

[98] WILLYARD C H, MCCLEES C W. Motorola's technology roadmap process [J]. Research management, 1987: 13-19.

[99] WALLSTEN S. The effects of government industry R&D programs on private R&D: the case of small business innovation research program [J]. RAND journal of economics, 2000, 31 (1): 82-100.

[100] WEBER M. Foresight and portfolio analysis as complementary elements in anticipatory policy-making [M] //VOSS J-P, BAUKNECHT D, KEMP R. Reflexive governance for sustainable development. Cheltenham: Edward Elgar, 2006.

[101] XIAO Y G, TYLECOTE A, LIU J J. Why not greater catch up by Chinese firms? the impact of IPR, corporate governance and technology intensity on late comer strategies [J]. Research policy, 2013, 42: 749-764.

[102] YANG M. Intellectual property rights, licensing, and innovation in an endogenous product cycle model [J]. Journal of international economics, 2001, 53 (1): 169-187.

[103] 彼得·马什. 新工业革命 [M]. 赛迪研究院专家组, 译. 北京: 中信出版社, 2013.

[104] 常建坤. 技术创新推进我国传统产业升级改造 [J]. 中国流通经济, 2006 (5): 38-41.

[105] 陈峰. 美国的高技术产业竞争战略及其对我国的启示 [J]. 科学学研究, 2005, 23 (5): 641-644.

[106] 崔淼. 技术引进与自主创新的协同: 理论与案例 [J]. 管理科学, 2013, 26 (2): 1-12.

[107] 陈志. 被"忽视"的产业政策: 创新政策的演进与未来 [J]. 学习与探索,

2017 (8): 127-131.

[108] 邓洲. 工业化后期传统产业改造与升级研究 [J]. 当代经济管理, 2013 (6): 51-57.

[109] 杜鹏. 中国制造业产业升级研究: 后发大国的视角 [D]. 武汉: 武汉大学, 2012.

[110] 杜强. SPSS 统计分析从入门到精通 [M]. 北京: 人民邮电出版社, 2010: 313.

[111] 樊纲. 论竞争力: 关于科技进步与经济效益关系的思考 [J]. 管理世界, 1998 (3).

[112] 冯鹏志. 论科学技术在当代国家安全中的地位及其影响 [J]. 桂海论丛, 2003 (2): 46-49.

[113] 傅晓霞, 吴利学. 技术差距、创新路径与经济赶超: 基于后发国家的内生技术进步模型 [J]. 经济研究, 2013 (6): 19-32.

[114] 傅江帆. 中国电子制造业产业链地理集聚 [J]. 哈尔滨工业大学学报 (社会科学版), 2011 (6): 35-40.

[115] 郭克莎, 王伟光, 我国制造业的技术优势行业与技术跨越战略研究 [J]. 产业经济研究, 2004 (3): 1-16.

[116] 郭熙保, 文礼朋. WTO 规则与大国开放竞争的后发优势战略 [J]. 经济理论与经济管理, 2007 (8).

[117] 国务院. 国务院关于加快振兴装备制造业的若干意见 [EB/OL]. [2018-05-20]. http://www.gov.cn/gongbao/content/2006/content_352166.htm.

[118] 洪银兴. 关于创新驱动和协同创新的若干重要概念 [J]. 经济理论与经济管理, 2013 (5): 5-12.

[119] 侯高岚. 资本积累与经济赶超 [J]. 当代经济研究, 2005 (11).

[120] 胡鞍钢. 中国特色自主创新道路 (1949—2012) [J]. 中国科学院院刊, 2014 (2).

[121] 胡华凯. 把核心技术掌握在自己手中 [N]. 人民日报, 2015-08-02.

[122] 黄江明, 赵宁. 资源与决策逻辑: 北汽集团汽车技术追赶的路径演化研究

[J]．管理世界 2014（9）：120-130．

[123] 黄立新．我国以科技进步促进民生改善实证研究［J］．安徽行政学院学报，2015（1）：72-78．

[124] 黄鲁成，历妍．基于专利的技术发展趋势评价系统［J］．系统管理学报，2010，19（4）：383-388．

[125] 黄群慧，贺俊．''第三次工业革命''与中国经济发展战略调整：技术经济范式转变的视角［J］．中国工业经济，2013（1）：5-18．

[126] 黄幸婷，杨煜．后危机时代战略性新兴产业发展研究：基于核心技术联盟知识创造过程的视角［J］．中国科技论坛，2010（8）：36-40．

[127] 胡森林．碳减排将改变全球贸易格局［J］．新财经，2011（6）：93-95．

[127] 吉亚辉，祝凤文．技术差距、''干中学''的国别分离与发展中国家的技术进步［J］．数量经济技术经济研究，2011（4）：49-63．

[128] 姜大鹏，顾新．我国战略性新兴产业的现状分析［J］．科技进步与对策，2010，27（17）：65-70．

[130] 姜江．培育和发展战略性新兴产业：理论与实践［M］．北京：中国财政经济出版社，2014．

[131] 李建民．分析中外知识产权争端现代思维［J］．科学管理研究，2006（3）：83-87．

[132] 李建平，李闽榕，赵新力．世界创新竞争力发展报告（2001—2012）［M］．北京：社会科学文献出版社，2013．

[133] 李孔燕，李笑春．我国社会发展领域的民生科技战略及管理创新研究［J］．科学管理研究，2013（4）：33-36．

[134] 李彦军，刘志高．扩大消费背景下资源节约的困境与出路［J］．理论月刊，2012（6）：105-111．

[135] 林毅夫．后发优势与后发劣势：与杨小凯教授商榷［J］．经济学季刊，2003（4）．

[136] 路风，慕玲．本土创新、能力发展和竞争优势［J］．管理世界，2003（12）：57-82．

[137] 吕乃基. 高技术产业化与传统产业改造的桥梁：具有中国特色的技术创新之路 [J]. 科技进步与对策, 2000, 17 (11): 36-38.

[138] 吕薇. 把握我国产业技术发展新趋势 [N]. 经济日报, 2014-04-08 (15).

[139] 林汉川, 汤临佳. 新一轮产业革命的全局战略分析：各国智能制造发展动向概览 [J]. 人民论坛·学术前沿, 2015 (11): 62-75.

[140] 宁淼, 王彤, 徐云. 资源节约型与环境友好型社会技术选择及其创新激励机制的比较研究 [J]. 中国人口资源与环境, 2008 (4): 134-138.

[141] 欧阳峣, 易先忠, 生延超. 技术差距、资源分配与后发大国经济增长方式转换 [J]. 中国工业经济, 2012 (6).

[142] 荣泰生. SPSS 与研究方法 [M]. 辽宁：东北财经大学出版社, 2012.

[143] 入世十年我国重点产业知识产权发展情况：机床 [N]. 国际商报, 2011-11-10.

[144] 上海市经济和信息化委员会, 上海科学技术情报研究所. 2015 世界制造业重点行业发展动态 [M]. 上海：上海科学技术文献出版社, 2015: 23.

[145] 宋明佳, 张庚淼. 产业国际竞争力评价指标体系研究 [J]. 人文杂志, 2003 (2): 60-65.

[146] 苏玉娟, 魏屹东. 民生科技解决民生问题的维度分析 [J]. 科学学研究, 2009, 27 (8): 1149-1153.

[147] 孙福全, 陈宝明. 企业作为技术创新主体的特征研究 [J]. 中国科技论坛, 2006 (3): 13-16.

[148] 孙智信. 我国国防科技安全战略的对策思考 [J]. 国防科技, 2006 (10): 28-30.

[149] 宿景祥. 现阶段我国国家经济安全的核心问题 [J]. 国际关系学院学报, 2006 (s1): 26-33.

[150] 孙柏林. 未来智能装备制造业发展趋势述评 [J]. 自动化仪表, 2013, 34 (1): 1-5.

[151] 施定国. 加快推进浙江高端装备制造业发展 [J]. 浙江经济, 2013 (9): 38-39.

[152] 唐未兵，傅元海，王展祥．技术创新、技术引进与经济增长方式转变 [J]．经济研究，2014（7）：31-43．

[153] 滕洪胜．韩国技术报告评述韩中美欧日技术实力与差距 [J]．全球科技经济瞭望，2013，28（11）：59-63．

[154] 仝允桓，谈毅，绕祖海．基于内容与对象的技术评价方法匹配研究 [J]．科学学与科学技术管理，2004（7）：64-67．

[155] 万钢．把握全球产业调整机遇，培育和发展战略性新兴产业 [J]．求是，2010（1）：28-30．

[156] 万勇，马廷灿，潘懿．微纳制造技术文献计量分析 [J]．制造技术与机床，2012（1）：21-26．

[157] 王海政，谈毅，仝允桓．面向公共决策技术评价的多维融合方法体系 [J]．科学学与科学技术管理，2006（7）：19-26．

[158] 王鸿康．传统装备制造业实现技术创新的方法和路径探讨 [J]．中国高新技术企业，2007（11）．

[159] 王明礼，王艳雪．民生科技的价值取向与实现途径 [J]．科学学研究，2010（10）：1441-1444．

[160] 温家宝．认真实施科技发展规划纲要，开创我国科技发展的新局面 [J]．人民日报，2006-01-13．

[161] 吴东，吴晓波．技术追赶的中国情境及其意义 [J]．自然辩证法研究，2013（11）：45-50．

[162] 王婷，谭宗颖，谢光锋．从发达国家制造业回流看中国制造业的发展 [J]．科学管理研究，2014，32（3）：113-116．

[163] 王立宏．企业技术创新路径依赖的演化分析 [J]．山东社会科学，2013（3）：154-157．

[164] 胥和平．中国战略技术及产业发展的系统思考 [J]．中国工业经济，2002（8）：5-14．

[165] 徐根兴．制造业振兴与国家经济安全 [J]．上海行政学院学报，2001（4）．

[166] 徐冠华．中国高新技术产业发展战略研究 [J]．经济界，2000（5）：4-9．

[167] 许晔, 程家瑜. 美国科技竞争战略及应对策略 [J]. 科学管理研究, 2009 (1): 26-29.

[168] 肖丹. 保护知识产权就是保护创新 [J]. 中国科技奖励, 2014 (4): 3.

[169] 许治, 师萍. 政府科技投入对企业 R&D 支出影响的实证分析 [J]. 研究与发展管理, 2005, 17 (3): 22-26.

[170] 解维敏, 唐清泉, 陆姗姗. 政府 R&D 资助, 企业 R&D 支出与自主创新: 来自中国上市公司的经验证据 [J]. 金融研究, 2009 (6): 86-99.

[171] 杨文举. 适宜技术理论与中国地区经济差距的实证研究 [D]. 武汉: 武汉大学, 2006.

[172] 杨晓玲. 论技术引进与自主创新: 兼论我国推进技术进步的自主创新战略 [J]. 天津社会科学, 1999 (6): 68-72.

[173] 易先忠. 技术差距双面效应与主导技术进步模式 [J]. 财经研究, 2010 (10).

[174] 尹文书. 高新技术产业发展与国家经济安全 [J]. 科学决策, 2003 (8).

[175] 余淼杰. 全球经济格局的两个 118 年 [J]. 凤凰周刊, 2014 (25).

[176] 余小平. 资源节约技术进步机制的选择与培育 [J]. 中南林业科技大学学报, 2007, 1 (3): 95-98.

[177] 俞文华. 面向全球市场的技术竞争: 增长贡献、优势动态和结构趋同: 基于 WIPO 的 PCT 申请统计分析 [J]. 中国软科学, 2012 (8): 1-22.

[178] 袁健红, 李存书. 一个规避技术出局的战略措施模型: 基于后发国家的研究 [J]. 中国科技论坛, 2010 (2): 150-155.

[179] 杨明. 数字智能化将成为制造业变革核心 [J]. 装备制造, 2012 (10): 92-94.

[180] 闫海潮. 第三次工业革命的特点及其对中国的启示 [J]. 毛泽东邓小平理论研究, 2013 (3): 69-74.

[181] 张华胜, 薛澜. 数控产业技术跨越发展战略研究 [J]. 科研管理, 2003 (3): 5-12.

[182] 张文彤. SPSS 统计分析高级教程 [M]. 北京: 高等教育出版社, 2004.

[183] 张玉卓,蒋文化,俞珠峰,等.世界能源发展趋势及对我国能源革命的启示[J].中国工程科学,2015,17(9):140-145.

[184] 《中国科技产业》编辑部.发展民生科技[J].中国科技产业,2013(6):1-2.

[185] 朱瑞博,刘志阳,刘芸.架构创新、生态位优化与后发企业的跨越式赶超:基于比亚迪、联发科、华为、振华重工创新实践的理论探索[J].管理世界,2011(7):69-97.

[186] 赵爽.辽宁省装备制造业产学研创新网络现状及发展对策研究[J].经济研究导刊,2014(18):36-37.

[187] 钟史明.新一轮能源革命分析[J].热电技术,2014(2):1-3.

[188] 朱平芳,徐伟民.政府的科技激励政策对大中型工业企业R&D投入及其专利产出的影响:上海市的实证研究[J].经济研究,2003(6):45-53.